Praxishandbuch Berechtigungen in SAP S/4HANA® inklusive SAP Fiori®

Alexander Sambill

Willkommen bei Espresso Tutorials!

Unser Ziel ist es, SAP-Wissen wie einen Espresso zu servieren: Auf das Wesentliche verdichtete Informationen anstelle langatmiger Kompendien – für ein effektives Lernen an konkreten Fallbeispielen. Viele unserer Bücher enthalten zusätzlich Videos, mit denen Sie Schritt für Schritt die vermittelten Inhalte nachvollziehen können. Besuchen Sie unseren YouTube-Kanal mit einer umfangreichen Auswahl frei zugänglicher Videos: *https://www.youtube.com/user/EspressoTutorials*.

Kennen Sie schon unser Forum? Hier erhalten Sie stets aktuelle Informationen zu Entwicklungen der SAP-Software, Hilfe zu Ihren Fragen und die Gelegenheit, mit anderen Anwendern zu diskutieren:

https://forum.espresso-tutorials.com/.

Eine Auswahl weiterer Bücher von Espresso Tutorials:

- Julian Harfmann, Sabrina Heim, Andreas Dietrich:
  Compliant Identity Management mit SAP® IdM und GRC AC
  http://5222.espresso-tutorials.de
- Bianca Folkerts:
  Praxishandbuch für die Risikoanalyse mit SAP® GRC Access Control *http://5292.espresso-tutorials.de*
- Denis Reis:
  SAP BI – Berechtigungen sind einfach: Das Wesentliche auf den Punkt gebracht
- Andreas Prieß, Manfred Sprenger:
  Schnelleinstieg SAP®-Berechtigungen für Anwender und Einsteiger – 2., erweiterte Auflage *https://es-tu.de/9abQwV*

Bibliografische Information der Deutschen Nationalbibliothek
Die Deutsche Nationalbibliothek verzeichnet diese Publikation in der Deutschen Nationalbibliografie; detaillierte bibliografische Daten sind im Internet über https://portal.dnb.de abrufbar.

Alexander Sambill
Praxishandbuch Berechtigungen in SAP S/4HANA® inklusive SAP Fiori®

ISBN: 978-3-960123-49-1

Lektorat: Bernhard Edlmann

Korrektorat/Lektorat: Die Korrekturstube – Lektorat & Korrektorat

Coverdesign: Philip Esch

Coverfoto: © Sashkinw | Nr. 149116975 – istockphoto.com

Satz & Layout: Johann-Christian Hanke

1. Auflage 2024

URL: *www.espresso-tutorials.de*

Feedback:
Wir freuen uns über Fragen und Anmerkungen jeglicher Art. Bitte senden Sie diese an: *info@espresso-tutorials.com*.

Inhaltsverzeichnis

Vorwort

In den letzten Jahrzehnten ist die Digitalisierung in Unternehmen mit vernetzten plattformübergreifenden sowie mobilen Technologien rasant vorangeschritten. Hinzugekommen sind neue interne sowie externe IT-Richtlinien, die es nicht nur zu beachten gilt, sondern die auch starken Einfluss auf die Systemkonzeption und die technische Abwicklung aller Geschäftsprozesse haben. Eine unter diesem Vorzeichen fast unumgängliche Enterprise-Resource-Planning(ERP-)Lösung vereint alle Unternehmensprozesse, technischen Anforderungen und die Integration von Stakeholdern innerhalb einer Software. Dies gilt auch für die SAP Business Suites.

In den vergangenen Jahren haben sich die SAP-Technologien und Produkte signifikant weiterentwickelt. Mit der Einführung neuer Technologien, der Konsolidierung von Plattformen, Modulen und Lösungen sowie der Integration neuer Anwendungen hat sich das gesamte Spektrum der Geschäftsprozesse und Systemlandschaften gewandelt. Die neueste Softwaregeneration, SAP S/4HANA, stellt das Sinnbild dieser Entwicklungen dar. Mit großen Veränderungen kommen meist große Anpassungen auf den Kunden zu. Das gilt auch für das gesamte Berechtigungskonzept innerhalb von SAP S/4HANA sowie für die Transformation zu der neuen ERP-Lösung.

Dieses Fachbuch zielt darauf ab, IT-Experten, SAP-Beratern und Sicherheitsspezialisten die komplexe Welt der SAP-Sicherheits- und Berechtigungssysteme nahezubringen und sie durch die wesentlichen Aspekte der Implementierung und Verwaltung von SAP-Berechtigungen zu führen. Die Inhalte sind derart strukturiert, dass sie sowohl Einsteigern als auch erfahrenen Fachleuten wertvolle Einblicke und praktische Anleitungen bieten.

Aufbau des Buches

1. Einführung in die SAP-Berechtigungen

Das erste Kapitel bietet eine grundlegende Einführung in die Konzepte der Authentifizierung und Autorisierung innerhalb von SAP-Systemen. Es erklärt, was Berechtigungen sind, warum sie technisch notwendig sind und wie Rollen sowie Profile definiert werden. Ein besonderes Augenmerk liegt auf Berechtigungsvorschlagswerten, die als Grundlage für effektive Berechtigungskonzepte dienen.

2. Rollenkonzept

Das zweite Kapitel beleuchtet die Einflussfaktoren auf ein Berechtigungskonzept und führt in die Rollenkonzeptionierung ein. Eine besondere Rolle spielen dabei Funktionstrennungen, die sicherstellen, dass keine Interessenkonflikte oder Sicherheitsrisiken entstehen.

3. SAP Fiori

Im dritten Kapitel wird die technologische Basis von SAP Fiori vorgestellt, gefolgt von einer Einführung in die Administrationstools und den berechtigungsseitigen Paradigmenwechsel, den SAP Fiori mit sich bringt. Die Implementierung des SAP-Fiori-basierten Berechtigungskonzepts und die speziellen Berechtigungserfordernisse werden detailliert behandelt. Außerdem wird auf die Prüfung und Lösung von Berechtigungsfehlern eingegangen.

4. SAP-S/4HANA-Berechtigungsmigration

Die SAP liefert mit der Business Suite SAP S/4HANA viele Innovationen, Veränderungen und neue Möglichkeiten. Daher stelle ich in Kapitel 4 den SAP-S/4HANA-Berechtigungsmigrationsprozess einschließlich seiner Voraussetzungen, technischen Grundlagen, Architektur und Konzipierung vor. Das Kapitel bietet Tipps und Tricks sowie eine Schritt-für-Schritt-Anleitung zur Verwendung von Standard-SAP-Tools für Ihre Berechtigungsmigration zu SAP S/4HANA.

☛ Zur Terminologie im Buch

Insbesondere im Kontext von SAP Fiori wird dem englischen Sprachgebrauch der Vorzug gegeben. Daher werde ich im Folgenden, soweit sinnvoll oder notwendig, die originalen englischen Bezeichnungen und ggf. auch englische Screenshots verwenden.

Dieses Buch soll Ihnen als umfassender Leitfaden dienen, um die Herausforderungen der SAP-Berechtigungsmigration und SAP-Fiori-Berechtigungsintegration zu meistern und weiterhin die Sicherheit Ihrer SAP-Systeme zu gewährleisten. Ich hoffe, dass die behandelten Themen und praktischen Beispiele Ihnen wertvolle Erkenntnisse und Werkzeuge an die Hand geben, um Ihre Arbeit im Bereich der SAP-Sicherheit effizienter und effektiver zu gestalten.

Beste Grüße

Alexander Sambill

Widmung

Mit tiefster Dankbarkeit widme ich dieses Buch meiner Familie, die mir durch ihre beständige Unterstützung und Hingabe die Grundlage für all meine Bestrebungen geschaffen hat. Meiner Partnerin, deren unerschütterliche Liebe, Vertrauen und Zuspruch mich auf jedem Schritt dieser Reise begleitet haben – deine Stärke und Geduld sind für mich unverzichtbar. Meinen Freunden danke ich für ihre inspirierende Begleitung und die vielen Momente, in denen ihr mir geholfen habt, den Blick für das Wesentliche zu bewahren.

Ein besonderer Dank gilt meinem Lektor, dessen fachkundige Anmerkungen und sorgfältige Arbeit dieses Werk verfeinert haben. Dem gesamten Team des Verlags möchte ich meinen aufrichtigen Dank für die professionelle Zusammenarbeit und das entgegengebrachte Vertrauen aussprechen. Ohne eure vereinte Unterstützung wäre dieses Buch in dieser Form nicht möglich gewesen.

In den Text sind Kästen eingefügt, um wichtige Informationen besonders hervorzuheben. Jeder Kasten ist zusätzlich mit einem Piktogramm versehen, das diesen genauer klassifiziert:

Hinweis

Hinweise bieten praktische Tipps zum Umgang mit dem jeweiligen Thema.

Beispiel

Beispiele dienen dazu, ein Thema besser zu illustrieren.

! Achtung

Warnungen weisen auf mögliche Fehlerquellen oder Stolpersteine im Zusammenhang mit einem Thema hin.

Die Form der Anrede

Um den Lesefluss nicht zu beeinträchtigen, verwenden wir im vorliegenden Buch bei personenbezogenen Substantiven und Pronomen zwar nur die gewohnte männliche Sprachform, meinen aber gleichermaßen Personen weiblichen und diversen Geschlechts.

Hinweis zum Urheberrecht

Sämtliche in diesem Buch abgedruckten Screenshots unterliegen dem Copyright der SAP SE. Alle Rechte an den Screenshots hält die SAP SE. Der Einfachheit halber haben wir im Rest des Buches darauf verzichtet, dies unter jedem Screenshot gesondert auszuweisen.

1 Einführung in die SAP-Berechtigungen

In diesem Kapitel beginnen wir gemeinsam die Reise in die Welt der SAP-Berechtigungen. Sie erfahren, warum und in welchen Situationen Berechtigungen unerlässlich sind und weshalb sie einen zentralen Bestandteil des Sicherheitskonzepts in Ihrer SAP Business Suite darstellen. Sie erhalten eine Einführung in elementare Berechtigungskomponente wie Rollen, Profile und Berechtigungsvorschlagswerte im Kontext einer ordnungsgemäßen Zugriffssteuerung. Darüber hinaus schauen wir uns auch das Best-Practice-Vorgehen bei der Berechtigungszuweisung an und klären, welche technischen Einflüsse es zu beachten gilt.

Wir tauchen in essenzielle Grundlagenthemen wie die Authentifizierung und Autorisierung innerhalb der SAP-Landschaft ein, ich erläutere Ihnen aber auch die Berechtigungen, die den Kern der Autorisierung bilden. Anschließend betrachten wir gemeinsam die wichtigen Bestandteile einer ordnungsgemäßen Berechtigungspflege und -zuweisung sowie die historische Entwicklung der SAP-Berechtigungsvergabe, die von starren Profilen hin zu flexibleren und komplexeren Rollenmodellen fortgeschritten ist. Diese Evolution spiegelt nicht nur technische Fortschritte wider, sondern auch ein tieferes Verständnis für die Notwendigkeit eines feingranularen und gleichzeitig wartbaren Berechtigungskonzepts.

Diese Einführung in die SAP-Berechtigungen skizziert wesentliche Faktoren für einen ordnungsgemäßen Rollenbau und eine saubere Ausgestaltung der Berechtigungen. Sie dient als Wiederholung und als Vorbereitung für die nachfolgenden Spezialthemen, etwa die Rollenkonzeption, die SAP-Fiori-Berechtigungen und die SAP-S/4HANA-Berechtigungsmigration.

1.1 Authentifizierung und Autorisierung

In der Diskussion um Sicherheitskonzepte sorgt die Vermischung zweier zentraler Begriffe, Authentifizierung und Autorisierung, häufig für Verwirrung.

Eine *Authentifizierung* erfolgt, wenn Sie sich beispielsweise bei einem SAP-System mit Ihrem Benutzernamen und Passwort oder anderen Anmeldeinformationen bzw. -möglichkeiten wie *SAP Single Sign-On (SSO)* anmelden. Das System überprüft die Korrektheit dieser Angaben und gewährt daraufhin Zugang. Die Authentifizierung klärt somit die Frage, wer Sie sind, definiert aber nicht, was Sie tun dürfen.

Nachdem ein Benutzer authentifiziert worden ist, spielen Berechtigungen eine entscheidende Rolle, um zu bestimmen, welche Aktionen er im System ausführen darf. Hier kommt die *Autorisierung* ins Spiel. Ein Benutzer ohne entsprechende Berechtigungen kann sich zwar im System anmelden, aber keine Funktionen nutzen. Der Benutzer ist somit authentifiziert, aber nicht autorisiert.

Entscheidend ist im Bereich der Autorisierung, die Berechtigungen adäquat und gemäß der tatsächlichen Nutzung zu verwalten und korrekt zuzuweisen, um Zugriffe effektiv und effizient zu steuern. Hier kommt außerdem das wichtige IT-Prinzip *Least Leverage Principle* zum Tragen.

Least Leverage Principle

Berechtigungen sollten nach dem Least Leverage Principle vergeben werden, auch Need-to-know- oder Minimalrechteprinzip genannt. Der Grundgedanke ist, dass alle Benutzer ihre logischen und systemspezifischen Berechtigungen je nach Tätigkeit und Job mit einem Mindestmaß an Daten- und Systemfunktionalitätszugriff zugewiesen bekommen. Daher muss die Berechtigungsadministration garantieren, dass die Endbenutzer (einschließlich der Administratoren) ausreichende Berechtigungen erhalten, um ihre zugewiesenen Aufgaben und beruflichen Funktionen zu erfüllen. Die Zuweisung von Berechtigungen erfordert jedoch eine Beschränkung auf den kleinstmöglichen Nenner, sodass die Benutzer keinen unnötigen Zugriff erhalten (gemäß Need-to-know-Prinzip). Hinsichtlich des Internen Kontrollsystems (IKS) sind Einschränkungen oder Ausnahmen zulässig, müssen jedoch bezüglich ihrer internen oder externen Anforderungen und unternehmensspezifischen Risiken dokumentiert werden. Zudem dürfen vertrauliche Datensätze sowie Betriebssystemfunktionen nur von autorisierten Personen angezeigt, gespeichert, geändert, gelöscht, heruntergeladen oder in irgendeiner Weise verwendet werden. Ich empfehle daher, dass Sie die Nutzung solcher Funktionen und kritischen Daten sowie deren Anpassungen kontinuierlich durch interne oder externe Tools überwachen.

1.2 Was sind Berechtigungen?

Berechtigungen sind essenziell, um Endbenutzern die Ausführung von Geschäftstätigkeiten in einem System zu ermöglichen. Die Benutzer werden für Systemfunktionen autorisiert bzw. berechtigt. Typischerweise benötigen sie, entsprechend ihren spezifischen Verantwortlichkeiten und Aufgaben (den Jobfunktionen), bestimmte Berechtigungen, ohne die der Zugriff auf notwendige Systemfunktionen und Daten nur eingeschränkt oder nicht möglich ist. Abhängig von der jeweiligen Jobfunktion sollten die Zugriffsanforderungen somit variieren. In manchen Fällen kann es erforderlich sein, dass ein Benutzer mehrere positionsbezogene Berechtigungen erhält. Dies kann z. B. durch anwendungsübergreifende Funktionen, Stellvertreterrollen oder Jobsharing bedingt sein.

Berechtigungen dienen grundlegend der Steuerung des Zugangs zu sensiblen Funktionen oder Daten. Im Umkehrschluss darf der Zugriff auf geschäftskritische Systemfunktionen oder sensible Unternehmensdaten nicht allen Benutzern erlaubt sein. Unberechtigter Zugriff kann sowohl interne Richtlinien als auch Gesetze oder Vorschriften, wie beispielsweise die Datenschutz-Grundverordnung (DSGVO), verletzen.

Die Gestaltung des Zugriffsmodells und die Art und Weise, wie Sie Ihren Benutzern Zugriff gewähren, werden somit durch verschiedene *Anforderungen* beeinflusst. Diese lassen sich generell in externe und interne Anforderungen unterteilen, wobei die wichtigsten nachstehend aufgelistet sind.

Externe Anforderungen:

- rechtliche Verpflichtungen – z. B. Sarbanes-Oxley Act, Foreign Account Tax Compliance Act (FATCA), Datenschutz-Grundverordnung (DSGVO), NIS-2-Richtlinie
- GxP-Anforderungen – »Good x Practices«, z. B. Good Manufacturing Practices
- Branchenstandards – z. B. IEEE-Standards
- Zertifizierungen – z. B. Cybersecurity Maturity Model Certification, ISO/IEC 27001 – Informationssicherheitsmanagement

Interne Anforderungen:

- interne Kontrollen (z. B. über die Finanzberichterstattung)
- interne Richtlinien (z. B. IT-Verhaltenskodex)
- Prinzipien (z. B. Prinzip der minimalen Rechte)
- Standards (z. B. Best Practices und Qualitätskontrollen)
- Prozessvorgaben (kontrollierte Verfahren und Prozesse)
- Ethik und Kultur (bezüglich des Zugriffs auf Informationen und Daten)

Nicht alle diese Anforderungen müssen auf Ihr spezifisches Zugriffsmanagement zutreffen. Beispielsweise können sich externe Anforderungen wie GxP-Zertifizierungen primär auf Geschäftsvorgänge und -prozesse beziehen, während interne Kontrollen entscheidend für die Festlegung der Zugriffsrechte Ihrer Endbenutzer sind. Die Implementierung eines robusten, nachhaltigen und effektiven Berechtigungskonzepts ist entscheidend, um Kontrollen im System effizient zu etablieren. Exponentiell steigt diese Erwartungshaltung im Umfeld von großen und globalen hybriden Systemlandschaften.

Berechtigungen sind somit ein Schlüsselelement in einer Organisation, um den Zugriff auf Systemfunktionen und Daten angemessen zu gewähren oder zu verweigern. Dabei sollten Sie sowohl externe als auch interne Anforderungen berücksichtigen und den Unternehmensrichtlinien sowie Governance-, Risk- und Compliance-Anforderungen entsprechen.

1.3 Rollen und Profile

Rollen und Profile bilden auf der Ebene des Anwendungsservers in der SAP Business Suite die zentralen Elemente zur Vergabe von Berechtigungen an Endbenutzer. Diese Komponenten beinhalten Berechtigungen, die den Nutzern die Ausführung von Anwendungen, den Zugriff auf Datensätze und die Arbeit im System ermöglichen. In der Regel obliegt die Verantwortung für die Pflege dieser Elemente den Sicherheits- oder Berechtigungsadministratoren.

1.3.1 Rollen

In SAP dienen *Rollen* als technische Container für die Definition und Pflege von Berechtigungsdaten. Einst unter dem Begriff »Aktivitätsgruppen« bekannt, fungieren Rollen als Nachfolger und Ersatz für manuelle Profile, die zuvor mittels der Transaktion *SU02* erstellt wurden. Die zentrale Anwendung für die Pflege von Rollen ist der Profilgenerator per Transaktion *PFCG*. Mithilfe dieser Administratorenfunktion können Sie Rollen erstellen, ändern, analysieren, zuweisen, transportieren und löschen. Innerhalb der Transaktion pflegen Sie auch die jeweiligen Berechtigungen je Rolle.

Man unterscheidet grundsätzlich zwischen zwei Arten von Rollen: Einzelrollen und Sammelrollen. Beide sind in Ihrem Berechtigungskonzept von Bedeutung, wirken sich jedoch aufgrund ihres technischen und konzeptionellen Ansatzes unterschiedlich aus.

Tabelle 1.1 zeigt die wesentlichen Komponenten einer Einzelrolle, die auch im Profilgenerator ersichtlich sind.

Komponente	Beschreibung	Vorteil
Rollenmenü	Enthält Menüobjekte wie Transaktionen, Funktionsmodule, Web-Dynpro-Anwendungen oder OData-Service.	Sie erhalten eine Übersicht über den Rolleninhalt und können bei der Berechtigungspflege automatisch die SAP-Berechtigungsvorschlagswerte verwenden.
Rollenanwendungen	Enthält die Liste an Applikationen, die in der Rolle enthalten sind.	Es sind nicht nur basierend auf dem Rollenmenüinhalt alle Anwendungen ersichtlich, sondern auch deren Anwendungsvarianten.
Rollenberechtigung	Zeigt die detaillierten Berechtigungen, die Zugriff auf Geschäftsdaten und -funktionen ermöglichen.	Sie können die Berechtigungen für jede Rolle und Aufgabenfunktion getrennt differenzieren und pflegen.
Rollenbenutzer	Eine Rolle kann Endbenutzern zugewiesen werden, um Zugriffe bereitzustellen.	Ein Endbenutzer hat keine Zugriffe auf das System, solang Sie ihm keine Rolle mit den richtigen Berechtigungen zuweisen.

Tabelle 1.1: Wesentliche Komponenten einer Einzelrolle

Einzelrollen

Eine *Einzelrolle* stellt die zentrale Komponente in einem Best-Practice-Rollenkonzept dar. Sie beinhaltet alle relevanten Anwendungen wie Transaktionen, Funktionsmodule oder OData-Service, die über das Rollenmenü integriert werden (siehe Abbildung 1.1).

Sammelrollen

Sammelrollen sind, wie der Namen schon andeutet, Sammlungen von Einzelrollen. Sie werden verwendet, um an einen Benutzer auf indirektem Weg mehrere Einzelrollen gleichzeitig zu vergeben (siehe Abbildung 1.2).

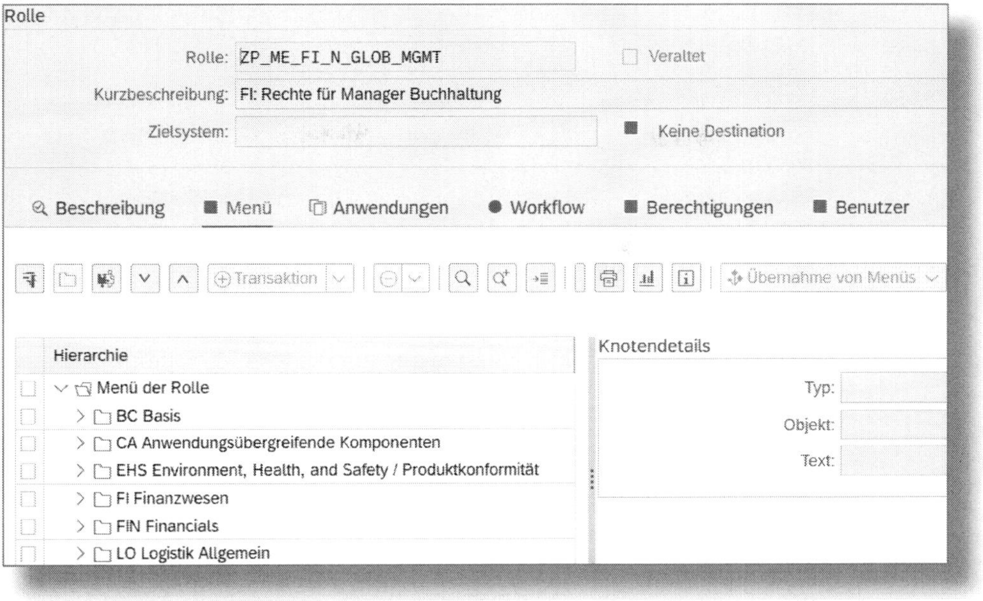

Abbildung 1.1: Transaktion »PFCG« – Einzelrolle, Registerkarte Menü

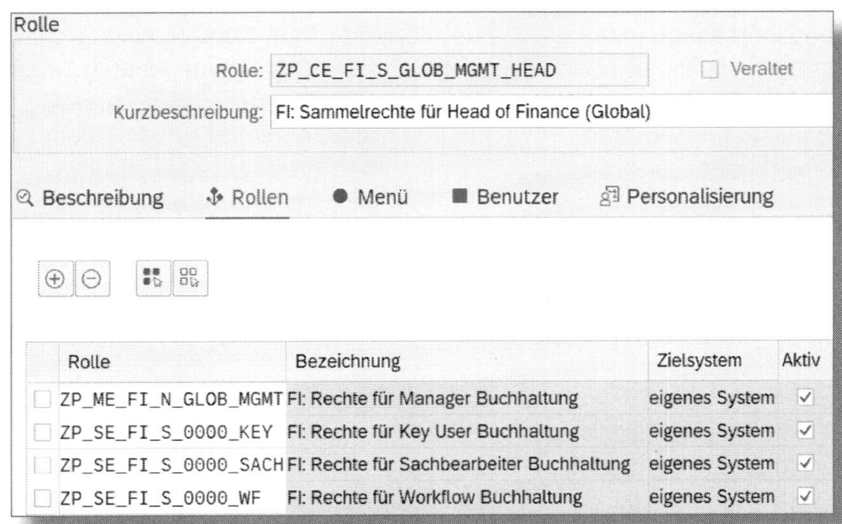

Abbildung 1.2: Transaktion »PFCG« – Sammelrolle, Registerkarte Rollen

Eine ausführliche Erläuterung der unterschiedlichen Rollentypen finden Sie in Abschnitt 2.2.3.

1.3.2 Profile

Berechtigungsprofile existierten schon lange vor den Rollen. Vor SAP R/3 waren manuelle Profile die Schlüsselelemente, um Benutzern den Zugriff auf SAP-Systeme zu ermöglichen. Heutzutage, nach Einführung von Rollen zur Berechtigungszuweisung, ist ein Profil lediglich eine technische Entität, die vom System für die weitere Verarbeitung benötigt wird.

Ein Berechtigungsprofil ist vergleichbar mit etwa auf Lebensmittelverpackungen üblichen UPC- oder EAN-Codes. In diesen sind alle erforderlichen Informationen enthalten – in diesem Fall Berechtigungsdaten. Profile sind somit die Voraussetzung dafür, dass das SAP-System die unzähligen Konstellationen von Berechtigungen, die in einem System allgemein existieren, benutzerspezifisch schnell lesen und verarbeiten kann. Für eine umfassende und vor allem standardkonforme Rollen- und Berechtigungspflege wurde die technische Komponente »Rolle« entwickelt. Damit können Administratoren Berechtigungsdaten lesen und per Transaktion *PFCG* technisch bearbeiten. Nach der Anpassung muss das *Rollenprofil* (Berechtigungsprofil) generiert werden, sodass eine prozessuale Verarbeitung seitens des Systems erfolgen kann.

In einem SAP-System existieren zwei Profiltypen – Rollenprofile und *manuelle Profile*.

☛ Profillimitierung

Seit der SAP-Basisversion 7.50 gibt es keine Limitierung von 312 Profilen pro Benutzerstammsatz mehr. Weitere Informationen zur Profilgrenze finden Sie in SAP-Hinweis 410993.

Rollenprofile

Das SAP-System analysiert die Berechtigungen innerhalb einer Rolle nicht direkt. Stattdessen bezieht es die erforderlichen Berechtigungsinformationen aus dem zugehörigen Rollenprofil. Aus diesem Grund existiert zwischen einer Rolle und ihrem Profil eine direkte Eins-zu-eins-Beziehung. In einigen Fällen kann es vorkommen, dass eine Rolle mehrere Rollenprofile hat. Diese zusätzlichen Profile sind jedoch nur *Unterprofile* des führenden *Hauptprofils* der Rolle.

> **Hauptprofile und Unterprofile von Rollen**
>
> Der Hauptprofilname besteht aus zehn Ziffern, während ein Unterprofil zwölf hat. Die Aufteilung eines Profils in Unterprofile erfolgt, wenn ein einzelnes Profil das Limit von 150 Berechtigungsobjekten erreicht hat. Dann generiert das System automatisch Unterprofile für dieselbe Rolle. Die ersten zehn Ziffern des Unterprofilnamens entsprechen dem des Hauptprofils. Der Zähler im Unterprofil besteht aus der elften und zwölften Profilziffer und läuft von 00 bis 99. Daher können Endbenutzer ein Hauptprofil und mehrere Unterprofile für eine einzige Rolle haben. Weitere Informationen zu diesem Thema finden Sie in den SAP-Hinweisen 2293683 und 410993.

Wenn Sie somit das Berechtigungsprofil für eine Rolle in SAP generieren, erstellt das System automatisch ein zugehöriges Rollenprofil, das die tatsächlichen Berechtigungsobjekte und deren Wertausprägungen enthält. Jedes Mal, wenn Sie Änderungen an den Berechtigungen einer Rolle vornehmen, ist es erforderlich, das Rollenprofil neu zu generieren, um diese Anpassungen zu berücksichtigen. Es ist somit mit einer Aktualisierung vergleichbar. Das generierte Profil finden Sie unter der Registerkarte BERECHTIGUNGEN für die betreffende Rolle in der Transaktion *PFCG* (siehe Abbildung 1.3).

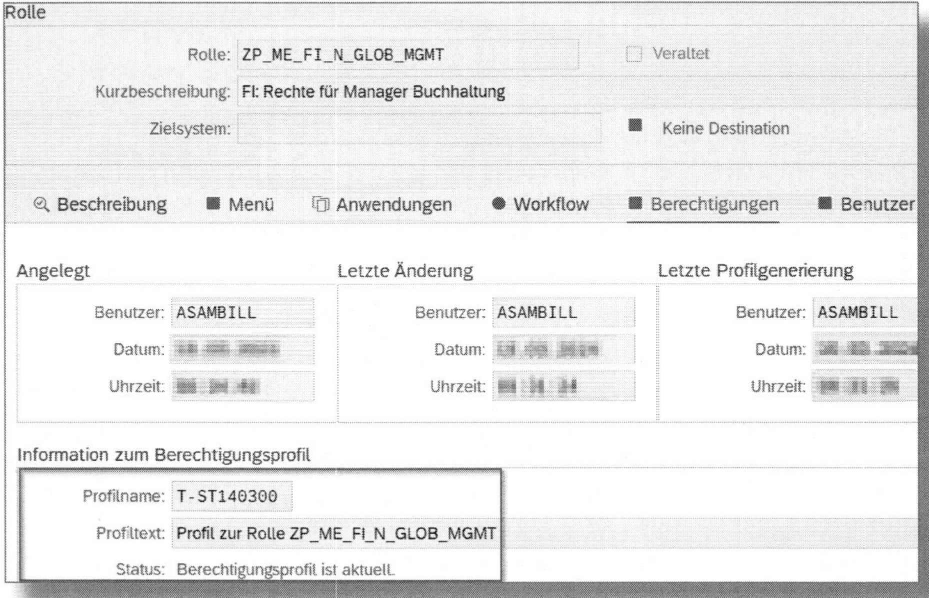

Abbildung 1.3: Transaktion »PFCG« – generiertes Rollenprofil

Für den richtigen Umgang mit Rollen ist es wichtig, den Unterschied zwischen Berechtigungsprofilen und Rollenprofilen zu verstehen – auch wenn er marginal ist. Ein *Berechtigungsprofil* beinhaltet sämtliche Berechtigungen innerhalb einer Rolle und kann auch als eigenständiges manuelles Profil existieren. Ein *Rollenprofil*, üblicherweise unterschieden zwischen Hauptrollenprofilen und Unterprofilen, ist ein generiertes Berechtigungsprofil, das eine Eins-zu-eins-Beziehung zu seiner zugehörigen Rolle aufweist. Ein Rollenprofil ist notwendig, damit das System alle Berechtigungsmerkmale innerhalb einer Rolle validieren kann. Da Sie im Normalfall nicht mit manuellen Profilen arbeiten sollten und Aktivitätsgruppen veraltet sind, stellt ein Berechtigungsprofil eine Art von Rollenprofil dar. Während Berechtigungsprofile (und die darin enthaltenen Berechtigungen) über die Transaktion *PFCG* pflegbar sind, sind Rollenprofile dies nicht. Das System generiert basierend auf dem gepflegten Berechtigungsprofil automatisch das Rollenprofil bzw. die Rollenprofile der korrespondierenden Rolle. Das Rollenprofil dient lediglich als technischer Container, den das SAP-System für die weitere Berechtigungsverarbeitung von Endbenutzern benötigt.

Rollenprofilnamen

In der Regel beginnen die vom System generierten Namen kundenspezifischer Rollenprofile mit »T-« (siehe Abbildung 1.3). Sie sollten vermeiden, diesen Namen manuell zu ändern oder mit benutzerdefinierten Rollenprofilnamen zu arbeiten. Eine Änderung dieser Voreinstellungen führte zu hohem zusätzlichen Wartungsaufwand während der Rollenerstellung und -verwaltung.

Manuelle Profile

Manuelle Profile wurden in der Vergangenheit in der Transaktion *SU02* erstellt, bevor die SAP die Transaktion *PFCG* zur Kombination und anwendungsfreundlichen Pflege von Berechtigungen auf den Markt brachte. Vor der Verbreitung von SAP R/3 war dieser Profiltyp das Schlüsselelement zur Berechtigung von Personen. Mit der Einführung von Rollen sollten manuelle Profile generell nicht mehr genutzt werden, um Endbenutzer zu berechtigen. Im Gegensatz zu generierten Rollenprofilen, die über die Transaktion *PFCG* erstellt werden, haben manuelle Profile keinen Verwendungsnachweis für die jeweils vorhandene Berechtigung. Darüber hinaus ist für sie stets ein hoher Pflege- sowie Wartungsaufwand einzuplanen.

Verwendungsnachweis

Bei korrektem Rollenbau per Rollenmenüpflege für die einzelnen Anwendungen (wie z. B. Transaktionen) ist die Nutzung des Verwendungsnachweises möglich. Hierbei handelt es sich um die sichtbare Zuordnung eines einzelnen Berechtigungsobjekts zu der diesem zugrunde liegenden Anwendung.

Sobald eine neue SAP-Upgrade-Version veröffentlicht wird, müssen Sie manuelle Profile stets manuell aktualisieren, um den veränderten Berechtigungsanforderungen des Systems gerecht zu werden. Dies bedeutet, dass Sie das System und Ihre Geschäftsanforderungen für neue Funktionen manuell anpassen müssen und den automatischen Vorschlagswertemechanismus nicht nutzen können. Außerdem lassen sich, anders als bei Rollen, für die Zuweisung von Profilen an Endbenutzer keine Gültigkeitszeiträume festlegen. Neben dem hohen Wartungsaufwand, der mit der Verwendung von manuellen Profilen einhergeht, haben diese zudem oft Überberechtigungen und unerwünschte kritische Berechtigungen zur Folge.

! Vermeidung manueller Profilzuweisungen

Es wird explizit empfohlen, SAP-Berechtigungen ausschließlich gemäß Best Practice, sprich über Rollen und deren generierte Rollenprofile, die technisch die individuellen Berechtigungen beinhalten, an Endbenutzer zuzuweisen. Zwar ist die manuelle Zuweisung von Profilen zu Benutzern nach wie vor möglich, wird aber ausdrücklich nicht empfohlen!

Einschlägige Standardprofile

Ein SAP-System enthält auch gängige *Standardprofile*, die oft bei der initialen SAP-Installation oder nach Release-Upgrades importiert oder erstellt werden. Diese Profile können Sie auch eigenständig aktualisieren. Sie gewähren umfangreichen und teilweise kritischen Zugriff auf das System, weshalb sie häufig im Fokus von Auditoren stehen.

Standardprofile zählen ebenfalls zu den manuellen Profilen. Beispiele hierfür sind Profile wie SAP_ALL, SAP_NEW, S_A.SYSTEM oder S_A. DEVELOP. Das Profil SAP_ALL umfasst nahezu alle System- und Geschäftsberechtigungen und stellt somit das umfassendste Berechtigungskonglomerat in einem SAP-System dar. Ihr systemeigenes SAP_ ALL-Profil können Sie über die Transaktion *SU21* stets neu generieren. Tabelle 1.2 bietet einen Überblick über einige gängige Standardprofile.

Standardprofile sollten nur für Testzwecke wie z. B. System- und Funktionstests auf Testsystemen sowie im Notfall für bestimmte Support- oder technische Benutzer zeitweiligen Einsatz finden.

ID	Beschreibung
SAP_ALL	Enthält nahezu alle SAP-Systemberechtigungen und gewährt Zugriff auf alle Daten, Systemkonfigurationen, Komponentenwartungen, Anpassungen und Betriebsvorgänge.
SAP_NEW	Enthält alle neuen Berechtigungen ab Basisversion 7.31. Verwenden Sie dieses Profil nur nach Upgrades, wenn Sie neue Anwendungen oder Funktionen testen müssen. Im Hinblick auf spätere Versionen ersetzt die Rolle SAP_NEW das Profil SAP_NEW (SAP-Hinweis 2227969).
S_A.SYSTEM	Enthält alle Basisberechtigungen für System-, Benutzer- und Rollenwartung.
S_A.DEVELOP	Enthält Entwicklerberechtigungen für vollen Systemzugriff.

Tabelle 1.2: Gängige Standardprofile in einem SAP-System

1.4 Berechtigungsvorschlagswerte

Berechtigungsvorschlagswerte bilden das Rückgrat für die nachhaltige Erstellung und Pflege von Rollen innerhalb der SAP Business Suite. Die Integration dieser Standardwerte in Ihr Berechtigungskonzept gewährleistet die ordnungsgemäße Nutzung von Anwendungen und reduziert den Aufwand für die Rollenpflege nach neuen SAP-Upgrades oder anderen Anpassungen, die Einfluss auf die Berechtigungen haben. Dieses Thema ist für jeden Sicherheits- oder Berechtigungsadministrator essenziell und ist die Grundlage für ein nachhaltiges, sicheres, wartbares und individuelles Berechtigungskonzept.

In jede SAP-Standardanwendung sind grundsätzlich Berechtigungsprüfungen integriert, die primär durch *AUTHORITY-CHECK-Anweisungen* im ABAP-Programmcode realisiert werden. Diese prüfen das Vorhandensein bestimmter Berechtigungsobjekte und deren Felder und Werte im Benutzerpuffer, basierend auf den jeweils zugewiesenen Rollenberechtigungen. Es existieren jedoch über 4.500 SAP-Standardberechtigungsobjekte in der SAP Business Suite. Daher ist eine der häufigsten Herausforderungen bei der Rollenpflege, die richtige Kombination der erforderlichen Berechtigungsobjekte, -felder und -werte zu finden, die für die Ausführung von Anwendungen in der Endbenutzerrolle erforderlich sind. Die Berechtigungsprüfungen schützen nahezu jede Funktionalität innerhalb der Anwendung. Die SAP stellt für jede Standardanwendung (z. B. Transaktionen, Funktionsbausteine oder Webservices) ein vordefiniertes Set an notwendigen Berechtigungen für die akkurate Rollenpflege zur Verfügung. Diese vorgeschlagenen Berechtigungen nennt man Berechtigungsvorschlagswerte. Sie definieren die notwendigen Berechtigungsanforderungen, um die im Quellcode verankerten Berechtigungsprüfungen für die vorgesehenen Programmfunktionen erfolgreich zu durchlaufen.

1.4.1 Nutzung der Berechtigungsvorschlagswerte

Schauen wir uns die Zusammenhänge zwischen Programmcode, Vorschlagswerten und Endbenutzerberechtigung anhand des Beispiels der Transaktion *FB03* – Finanzbelege anzeigen – an. Wie in Abbildung 1.4 zu erkennen, ist das ihr zugrunde liegende Hauptprogramm das Programm *SAPMF05L*.

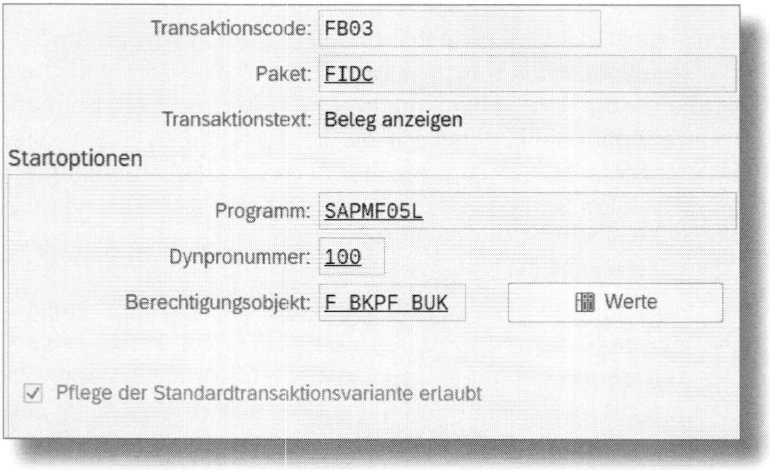

Abbildung 1.4: Transaktion »FB03« – technische Details

☛ TSTCA-Objekt

Nach dem Start einer Anwendung führt das System zusätzlich Plausibilitätsprüfungen durch, die als Vorabprüfungen bezeichnet werden können. Diese Prüfungen sind im System vordefiniert und erfolgen programmcodeunabhängig. Endbenutzer benötigen jedoch diese entsprechenden Anforderungen in ihren Benutzerpuffern, um die Anwendung starten zu können. In der Regel werden diese Vorabprüfungen von SAP angepasst und bereitgestellt. Solch eine Prüfung ist die TSTCA-Prüfung. Das TSTCA-BERECHTIGUNGSOBJEKT *F_BKPF_BUK* für die Transaktion *FB03* ist in Abbildung 1.4 zu erkennen. Wann immer eine Anwendung einen Eintrag in der Tabelle TSTCA hat, untersucht das System die notwendige Berechtigung im Benutzerpuffer des Anwenders für diese Startplausibilitätsprüfung. Obwohl diese Prüfung nicht zwingend erforderlich ist, fügt sie eine zusätzliche Sicherheitsebene hinzu und findet bei SAP-Standardapplikationen fast durchweg Anwendung. Beachten Sie daher bitte, dass Sie die gewünschte Anwendung nicht starten können, ohne dass dieses vordefinierte Tabellenobjekt TSTCA und mögliche zugehörige Werte in Ihrem Benutzerpuffer vorhanden sind, unabhängig davon, ob Ihr Benutzerpuffer alle anderen erforderlichen Start- und Programmberechtigungen, basierend auf den zugewiesenen Rollenprofilen, enthält.

Innerhalb von SAPMF05L sind diverse AUTHORITY-CHECK-Anweisungen implementiert. Sie regulieren den funktionalen Zugang zum und innerhalb des Programms. Solche AUTHORITY-CHECK-Anweisungen erkennen Sie beispielhaft in Abbildung 1.5 für das Berechtigungsobjekt F_BKPF_BED oder F_BKPF_BEK. Die darunter aufgeführten Zeilen definieren die notwendigen Berechtigungsfelder und -werte, die für die erfolgreiche Berechtigungsprüfung vom Programm vorausgesetzt werden. Folglich ist es für den Zugriff auf die Transaktion *FB03* und deren Funktionen notwendig, diese Berechtigungen in den Endbenutzerrollen zu hinterlegen.

```
    AUTHORITY-CHECK OBJECT 'F_BKPF_BED'
      ID 'ACTVT' FIELD ber-act
* (del) id 'BRGRU' field knb1-begru.                         "Note 321533
    IF sy-subrc NE 0.
      IF ber-act = '02'.             "Aenderungstransaktion
        AUTHORITY-CHECK OBJECT 'F_BKPF_BED'
          ID 'ACTVT' FIELD '03'
* (del)   id 'BRGRU' field knb1-begru.                       "Note 321533
                          xbmodz.                            "Note 321533
  IF sy-subrc NE 0.
    AUTHORITY-CHECK OBJECT 'F_BKPF_BEK'
      ID 'ACTVT' FIELD ber-act
* (del) id 'BRGRU' field lfb1-begru.                         "Note 321533
    IF sy-subrc NE 0.
      IF ber-act = '02'.             "Aenderungstransaktion
        AUTHORITY-CHECK OBJECT 'F_BKPF_BEK'
          ID 'ACTVT' FIELD '03'
* (del)   id 'BRGRU' field lfb1-begru.                       "Note 321533
    a03-rcode xbmodz.
  IF sy-subrc NE 0.
```

Abbildung 1.5: Programm SAPMF05L – AUTHORITY-CHECK-Anweisungen

Um nicht nur den Zeitaufwand und die Komplexität bei der Rollenpflege zu minimieren, sondern auch eine granulare Sicherheit bei der Berechtigungsvergabe zu ermöglichen, empfehle ich deshalb ausdrücklich, die Berechtigungsvorschlagswerte zu nutzen. Diese erlauben es Ihnen, die korrekten Berechtigungen (Berechtigungsobjekte, -felder und -werte) für alle benötigten Anwendungen effizient zu identifizieren und in der Rolle zu pflegen. Für unser Beispiel sehen Sie in Abbildung 1.6 einen Auszug der Berechtigungsvorschlagswerte für die Transaktion *FB03* in der Transaktion *SU24*.

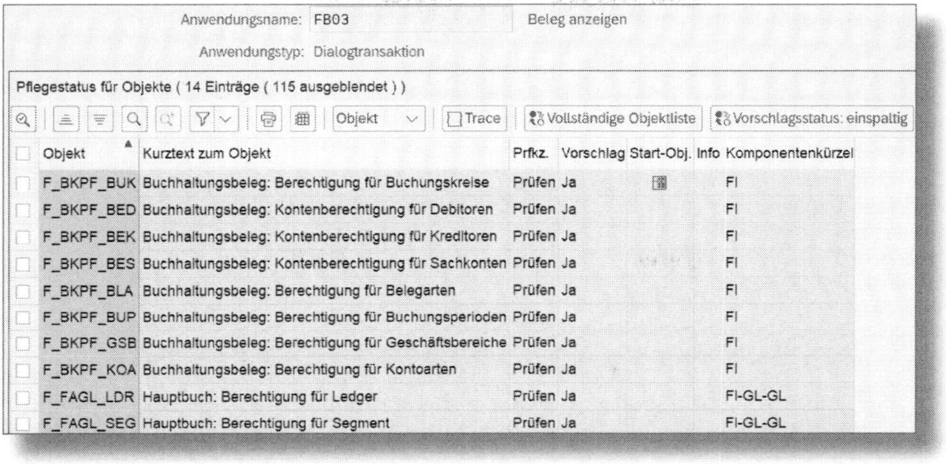

Anwendungsname: FB03 Beleg anzeigen

Anwendungstyp: Dialogtransaktion

Pflegestatus für Objekte (14 Einträge (115 ausgeblendet))

Objekt | Trace | Vollständige Objektliste | Vorschlagsstatus: einspaltig

Objekt	Kurztext zum Objekt	Prfkz.	Vorschlag	Start-Obj.	Info	Komponentenkürzel
F_BKPF_BUK	Buchhaltungsbeleg: Berechtigung für Buchungskreise	Prüfen	Ja			FI
F_BKPF_BED	Buchhaltungsbeleg: Kontenberechtigung für Debitoren	Prüfen	Ja			FI
F_BKPF_BEK	Buchhaltungsbeleg: Kontenberechtigung für Kreditoren	Prüfen	Ja			FI
F_BKPF_BES	Buchhaltungsbeleg: Kontenberechtigung für Sachkonten	Prüfen	Ja			FI
F_BKPF_BLA	Buchhaltungsbeleg: Berechtigung für Belegarten	Prüfen	Ja			FI
F_BKPF_BUP	Buchhaltungsbeleg: Berechtigung für Buchungsperioden	Prüfen	Ja			FI
F_BKPF_GSB	Buchhaltungsbeleg: Berechtigung für Geschäftsbereiche	Prüfen	Ja			FI
F_BKPF_KOA	Buchhaltungsbeleg: Berechtigung für Kontoarten	Prüfen	Ja			FI
F_FAGL_LDR	Hauptbuch: Berechtigung für Ledger	Prüfen	Ja			FI-GL-GL
F_FAGL_SEG	Hauptbuch: Berechtigung für Segment	Prüfen	Ja			FI-GL-GL

Abbildung 1.6: Transaktion »SU24« – Vorschlagswerte für Transaktion »FB03«

Hier sind gemäß Quellcode u. a. die Berechtigungsobjekte *F_BKPF_BED* oder *F_BKPF_BEK* hinterlegt. Der Nutzen dieser Vorschläge liegt darin, dass der Profilgenerator automatisch alle notwendigen Berechtigungen in das Berechtigungsprofil einfügt, wenn Sie die Transaktion *FB03* im Rollenmenü pflegen und dann das Rollenprofil abgleichen. Somit ist der erste wichtige Schritt bei der korrekten Best-Practice-Rollenpflege, das jeweilig benötigte sowie pflegbare Rollenmenüobjekt per Transaktion *PFCG* in das Menü der Zielrolle zu übernehmen. Die Menüpflege ist am Beispiel der Transaktion *FB03* in Abbildung 1.7 illustriert. Sie können durch Klick auf den Button TRANSAKTION verschiedene Transaktionen eintragen und dann ins das Rollenmenü überführen. Für weitere Rollenmenüobjekte nutzen Sie bitte den Button neben der Schaltfläche TRANSAKTION.

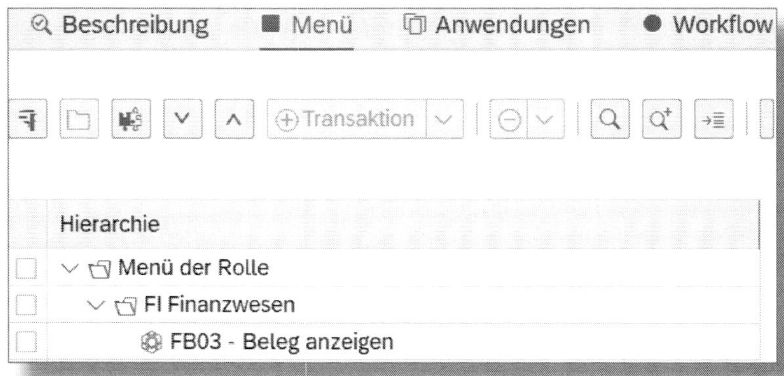

Abbildung 1.7: Transaktion »PFCG« – Rollenmenüpflege

Auf Grundlage dieser initialen Pflege werden nun automatisch alle Vorschlagswerte der Transaktion *FB03* in das Berechtigungsprofil der Rolle integriert, sobald Sie in die Berechtigungsprofilpflege der Rolle einsteigen. Dieser Prozess wird in Abbildung 1.8 vereinfacht am Beispiel der Finanzberechtigungsobjekte (FI) deutlich.

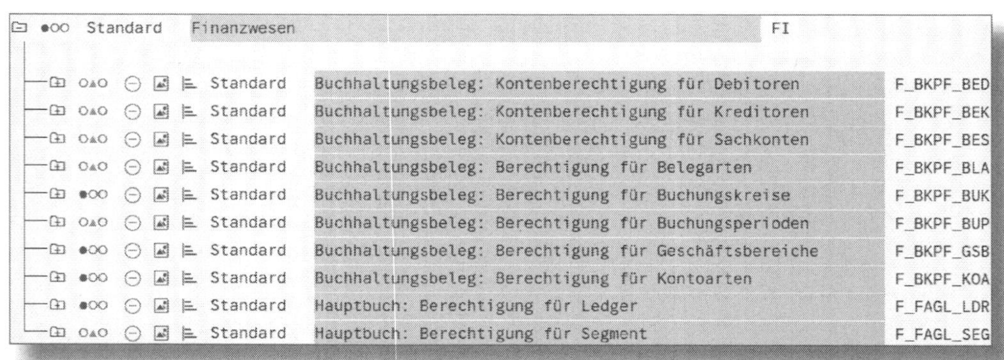

Abbildung 1.8: Transaktion »FB03« – FI-Berechtigungsvorschlagswerte

☛ Transaktion PFCG – Expertenmodus

Wenn Sie Ihre Rollen gemäß Best-Practice-Rollenbau über das Rollenmenü definiert haben, profitieren Sie von der automatischen Nutzung der Vorschlagswerte aus Transaktion *SU24*. Bei der Berechtigungspflege bereits existierender Rollenprofile ist es essenziell, in der Transaktion *PFCG* die Option »Expertenmodus: Alten Stand lesen und mit den neuen Daten abgleichen« zu nutzen. Nur dadurch ermöglichen Sie einen dauerhaften und automatischen Abgleich neuer Vorschlagswerte mit dem jeweils vorhanden Berechtigungsprofil, um stets die aktuellen Berechtigungsvorschlagswertdaten in Ihre Rolle zu integrieren.

Abschließend kann der Berechtigungsadministrator die notwendigen expliziten Berechtigungswerte im Rollenprofil pflegen, das Profil generieren und die Rolle nach dem Transport auf das produktive System dem Endbenutzer zuweisen.

Sobald sich nun ein Endbenutzer im SAP-System anmeldet, überträgt das System die Berechtigungen des zugewiesenen Rollenprofils in den Benutzerpuffer.

☛ Benutzerpuffer

Der Benutzerpuffer dient als temporärer Speicher für alle einem Endbenutzer zugewiesenen Berechtigungsobjekte, -felder und -werte. Dieser Puffer wird bei der Anmeldung eines Benutzers im System automatisch auf Basis des individuellen Benutzerstammsatzes befüllt und bleibt bis zur Abmeldung des Endbenutzers oder zum Neustart des SAP-Easy-Access-Menüs durch eine neue Sitzung aktiv. Ohne diesen Puffer müsste das SAP-System bei jeder Ausführung einer Systemaktion jede einzelne zugewiesene Berechtigung erneut analysieren. Somit erlaubt der Benutzerpuffer dem System, auf alle bestehenden Endbenutzerberechtigungen zuzugreifen, diese direkt zu analysieren und situativ mit den jeweiligen Berechtigungsprüfungen abzugleichen.

Das System vergleicht den Benutzerpuffer mit den Anforderungen der AUTHORITY-CHECK-Anweisungen des Programms und anderen Systemprüfungen, die durchgeführt werden, wenn der Benutzer eine Anwendung ausführt. Dank seiner Rolle und der zugehörigen Rollenprofile kann der Endbenutzer die Transaktion *FB03* starten und mit ihr arbeiten. Dieser gesamte Prozess ist beispielhaft in Abbildung 1.9 dargestellt.

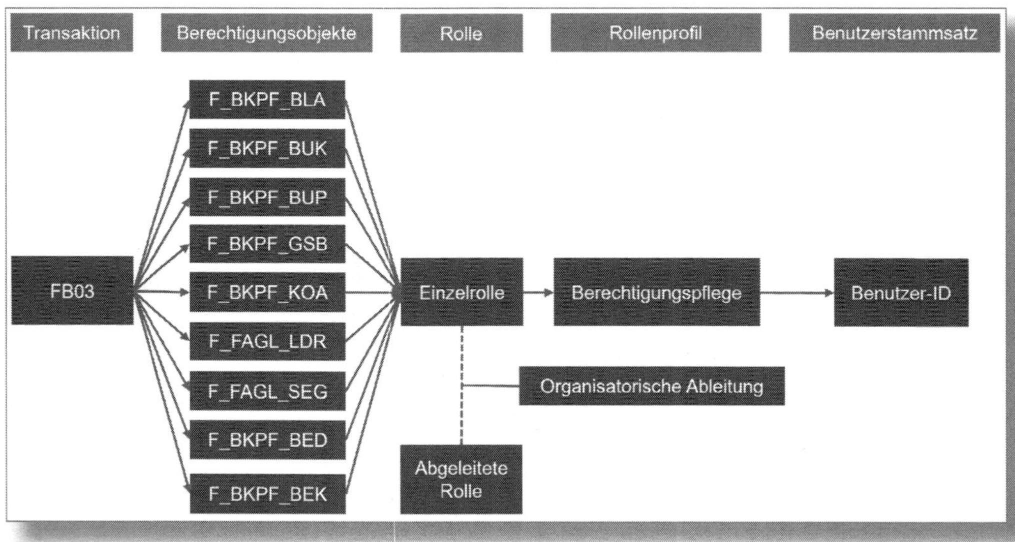

Abbildung 1.9: Transaktion »FB03« – Zuweisungsbeispiel

Hierbei ist zu beachten, dass es sich bei der Einzelrolle im Beispiel korrekterweise um eine abgeleitete Rolle für die Einhaltung der organisatorischen Restriktion der sogenannten Orglevel, z. B. auf Buchungskreisebene, handelt. Eine detaillierte Erklärung zu abgeleiteten Rollen entnehmen Sie dem Abschnitt 2.2.3.

1.4.2 Aktualisierung der Berechtigungsvorschlagswerte

Im Zuge einer fortwährenden Optimierung und Sicherheitsgewährleistung Ihrer SAP-Systemlandschaft empfiehlt die SAP – und dem kann ich mich nur anschließen – ausdrücklich, die Aktualität der Berechtigungsvorschlagswerte seitens SAP regelmäßig zu überprüfen und ggf. zu aktualisieren. Als Frühindikatoren für die Notwendigkeit solcher Aktualisierungen dienen SAP-Hinweise zu neuen Daten für die *Tabellen USOBT* und *USOBX*. Diese Neuerungen an Berechtigungsvorschlagswerten stehen in direktem Zusammenhang mit den durch neue SAP-Releases, Produktversionen, Anwendungen und Modifikationen eingeführten Programmcodeänderungen seitens SAP. Sie dienen nicht nur der Erweiterung von Funktionen und der Korrektur historischer Unstimmigkeiten in den Anwendungen, sondern integrieren allgemeine sowie neue Compliance-Anforderungen. Außerdem schließen sie oftmals auch potenzielle Sicherheitslücken und tragen geschäftlichen Sicherheitsbedenken Rechnung.

Im Rahmen eines Systemupgrades ist es von entscheidender Bedeutung, sicherzustellen, dass Ihre Rollen alle notwendigen Berechtigungen für neu hinzugekommene Funktionalitäten umfassen. Aufgrund der Weiterentwicklung der Codestrukturen kann es beispielsweise sein, dass zusätzliche Berechtigungsprüfungen eingeführt wurden. Dies erfordert eine Anpassung der Berechtigungen Ihrer Endbenutzer, um erfolgreiche Berechtigungsprüfungen zu gewährleisten.

Im Rahmen einer Systemaktualisierung, beispielsweise bei einem Release-Upgrade, werden die neuen Berechtigungsvorschlagswerte automatisch in die Tabellen USOBT und USOBX überführt. Diese Daten können Sie per Transaktion *SU22* einsehen, aber nicht anpassen, da es sich um explizit SAP-eigene Tabellen handelt. Zum Pflegen mittels Transaktion *SU24* müssen Sie sie zunächst in die kundeneigenen *Tabellen USOBT_C* und *USOBX_C* überführen. Per Transaktion *SU25* führen Sie ein Upgrade der Berechtigungsvorschlagswerte mittels der Punkte 2A bis 2B durch. Welchen Einfluss das Upgrade auf Ihre Rollen hat, können Sie den Punkten 2C und 2D entnehmen. Abschließend veranlassen Sie einen Transport auf alle Systeme der Systemlinie über Punkt 3 (siehe Abbildung 1.10).

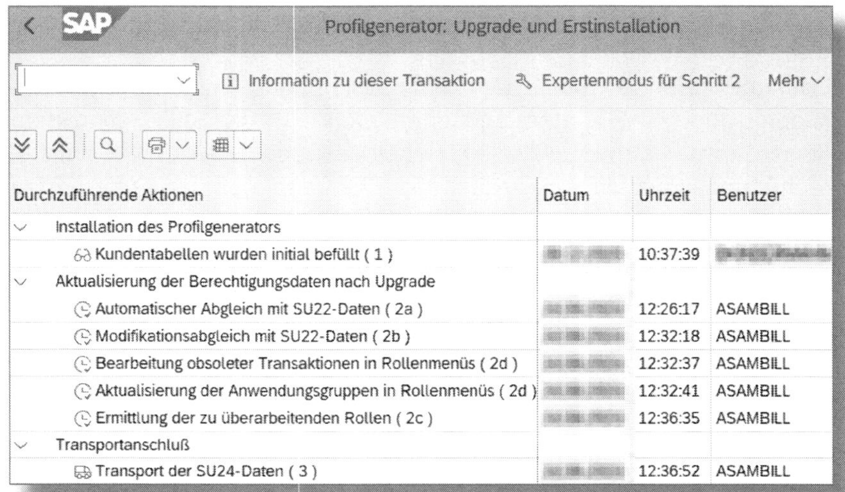

Abbildung 1.10: Transaktion »SU25« – Upgrade der Berechtigungsvorschlagswerte

☛ Dedizierte manuelle Pflege der Berechtigungsvorschlagswerte

Die SAP-seitige Aktualisierung der Berechtigungsvorschlagswerte stellt stets einen generellen Auslieferungszustand für alle SAP-Kunden dar. Zudem können die gelieferten Vorschlagsdaten unter bestimmten Umständen unvollständig sein. Daher müssen Sie diese ggf. individuell anpassen, um fehlende Werte sowie die kundeneigenen Geschäftsprozesse und Compliance-Vorgaben mittels der Berechtigungsvorschlagswerte abzudecken. Dies ist vor allem bei Eigenentwicklungen (Y*- oder Z*-Namensraum) und tendenziell auch Drittanbieteranwendungen (/*-Namensraum) notwendig.

1.4.3 Vorteile der Berechtigungsvorschlagswerte

Nahezu jede Funktion in einer SAP-Standardanwendung ist durch eine Programmcodeanweisung geschützt. Ohne die Nutzung von Berechtigungsvorschlagswerten kann kein konsistentes und wartbares Rollenkonzept aufgebaut werden. Erst die Integration dieser Vorschlagswerte in Ihre Rollen sichert die ordnungsgemäße Bereitstellung von notwendigen Berechtigungen für die Anwendungen und reduziert den Aufwand für die Rollenpflege und -wartung nicht nur im Unternehmensalltag, sondern auch nach neuen Release-Upgrades.

Von besonderer Bedeutung ist der Einsatz von Vorschlagswerten beim Wechsel von SAP ERP zu SAP S/4HANA. Die neueste Business Suite der SAP beinhaltet einen umfassenden Vereinfachungsansatz, einschließlich Prozesskonsolidierung, architektonischer Verbesserungen und der Integration neuer Funktionen. Daher ist eine Eins-zu-eins-Berechtigungsübertragung unmöglich. Je mehr Berechtigungsvorschlagswerte Sie in Ihren Rollen nutzen, desto effizienter lässt sich Ihr aktuelles Rollenkonzept auf SAP S/4HANA übertragen.

Gesamtheilich betrachtet, bieten Berechtigungsvorschlagswerte viele Vorteile für die Berechtigungsadministration, Systemsicherheit und Rollenpflege, insbesondere die folgenden:

- Die Berechtigungspflege, basierend auf dem Programmquellcode und Systemanforderungen, wird vereinfacht.
- Die manuelle Suche und Pflege von erforderlichen Berechtigungsobjekten sind nicht notwendig.
- Sie können die erforderlichen Berechtigungen einfach pflegen, indem Sie die Anwendung per Transaktion *PFCG* in das Rollenmenü überführen.
- Sie haben eine direkte Verbindung zwischen vorhandenen Berechtigungen und Anwendungen in Ihrem Rollenprofil per Verwendungsnachweis.
- Sie folgen dem Ansatz der minimalen Rechtevergabe (Least Leverage Principle) und den SAP-Sicherheitsvorgaben für die Bereitstellung von Endbenutzerberechtigungen.

- Sie bilden die technische Grundlage für ein lizenzoptimiertes Berechtigungskonzept.
- Sie können die Berechtigungsvorschlagswerte gemäß Ihren Geschäftsanforderungen individuell über die Transaktion *SU24* pflegen.
- Die Integration von kundeneigenen Programmen und Anwendungen in das derzeitige Berechtigungskonzept wird vereinfacht und sicherer gestaltet.
- Sie sparen Zeit bei der Pflege Ihrer Rollenberechtigungen und folgen dem Best-Practice-Ansatz für den Rollenbau.
- Ihre Rollen bleiben dauerhaft wartbar und aktualisierbar, z. B. bei zukünftigen Release-Upgrades.

Rollenbau hat Einfluss auf Lizenzkosten

Mit SAP S/4HANA hat die SAP auch ihr Lizenzmodell angepasst. Diese globalen Änderungen haben Auswirkungen auf jedes Berechtigungskonzept. Die wesentlichsten Punkte sind, dass die SAP mit der neuesten SAP-S/4HANA-Lizenzklassifizierung zum einem die verfügbaren Lizenztypen auf nur noch drei (exkl. RISE with SAP) reduziert hat: »Professional«, »Functional« und »Productivity«. Zudem und viel tiefgreifender wird die Lizenzvermessung nicht mehr nach der Nutzung von z. B. Transaktionen durchgeführt, wie noch aus der SAP-ECC-Lizensierung gewohnt, sondern erfolgt nun auf Basis der zugewiesenen Berechtigungen (bis auf Objektwertebene) für jeden Benutzer, egal, ob per Rolle oder manuellem Profil. Entnehmen Sie dem SAP-Hinweis 3113382 die aktuellen Informationen zu diesem Thema. Aufgrund der neuen Lizenzdynamik ist ein Best-Practice-Rollenbau somit neben dem Sicherheitsfaktor nun auch ein essenzieller Kostenfaktor.

1.5 Zusammenfassung

Die Komplexität von SAP-Berechtigungen ergibt sich aus der Notwendigkeit, detaillierte und spezifische Zugriffsrechte innerhalb einer meist umfangreichen Systemlandschaft zu verwalten. Mithilfe der SAP Business Suite können Unternehmen die Abwicklung vielfältiger Geschäftsprozesse zentral abdecken, von der Materialwirtschaft über die Finanzbuchhaltung bis hin zum Human Resources Management. Jede dieser Funktionen erfordert unterschiedliche Berechtigungen, um sicherzustellen, dass Mitarbeiter nur auf die für ihre Arbeit relevanten Daten und Transaktionen zugreifen können. Ein Schlüsselelement dieser Komplexität ist die granulare Natur der Berechtigungen. SAP ermöglicht es, Berechtigungen bis auf die Ebene einzelner Berechtigungsobjektwerte oder Datensätze zu steuern. Dies erfordert eine präzise Konfiguration der Berechtigungsobjekte.

Darüber hinaus führt die Dynamik der Geschäftswelt zu ständigen Änderungen in den Anforderungen an die Berechtigungen. Organisationen müssen ihre Berechtigungsstrukturen regelmäßig überprüfen und anpassen, um neue Rollen zu integrieren, auf organisatorische Veränderungen zu reagieren und Compliance-Anforderungen zu erfüllen. Die Migration auf neuere SAP-Versionen wie SAP S/4HANA kann zusätzliche Komplexität in die Berechtigungslandschaft bringen, da sie oft eine Überarbeitung bestehender Berechtigungskonzepte erfordert.

Ein effektives Berechtigungsmanagement in SAP macht deshalb detaillierte Kenntnisse des SAP-Systems, der Geschäftsprozesse des Unternehmens sowie der geltenden Sicherheits- und Compliance-Standards dringend notwendig. Die Herausforderung liegt darin, die Balance zwischen ausreichendem Zugang für Benutzer zur Erfüllung ihrer Aufgaben und der Minimierung von Sicherheitsrisiken durch zu weitreichende Berechtigungen zu finden. Bedenken Sie stets: Berechtigungen stellen in der Welt der Informationstechnologie kein einfaches und geradliniges Thema dar. Die SAP Security mit dem Schwerpunkt Berechtigungen ist ein komplexes, vielschichtiges und vor allem auch individuell anzupassendes Themengebiet.

2 Rollenkonzept

Die Architektur eines Berechtigungskonzepts wird maßgeblich von Faktoren wie Unternehmensstruktur und Sicherheitsrichtlinien geprägt. Eine ausgeklügelte Rollenkonzeption, die flexible und zielgerichtete Zugriffsrechte ermöglicht, steht hier im Zentrum. Dabei nehmen unterschiedliche Rollentypen eine Schlüsselfunktion ein, um Anpassungsfähigkeit und Verwaltungseffizienz zu maximieren. Die unverzichtbare Funktionstrennung sichert Integrität und Compliance, indem sie Risiken durch Interessenkonflikte minimiert. Ein holistisches Berechtigungskonzept, das diese Elemente geschickt integriert, ist der Schlüssel zur Entfesselung der vollen Leistungsfähigkeit Ihres SAP-Systems bei größtmöglicher Sicherheit.

Die Entwicklung eines Berechtigungskonzepts ist eine komplexe Aufgabe, die eine sorgfältige Berücksichtigung verschiedener Faktoren erfordert. Es muss gewährleistet werden, dass Endbenutzer ihre Aufgaben effektiv ausführen können, ohne dabei die Sicherheit, das Zugriffsmanagement und die Einhaltung relevanter Compliance-Vorschriften zu kompromittieren. Deswegen ist es essenziell, ein durchdachtes, wartbares, transparentes und zukunftsorientiertes Konzept zu entwickeln. Aus diesem Grund widmen wir uns in diesem Kapitel verschiedenen Ansätzen für den Entwurf von Rollenkonzepten, den Beweggründen für die Bevorzugung bestimmter Ansätze und Rollentypen sowie deren praktischer Anwendung.

Das primäre Ziel eines Rollenkonzepts ist die Verbindung aus einem Höchstmaß an Sicherheit, der Bereitstellung ausreichender Berechtigungen für die Geschäftsprozessabwicklung, einer vereinfachten Benutzerverwaltung und nachhaltiger Rollenpflege. Darüber hinaus erfordern aktuelle Trends, einschließlich Cloud-Umgebungen, Digitalisierung, Big Data, Systemvernetzung und -konnektivität sowie verschiedene Plattformen die Entwicklung hybrider Systemlandschaften, die On-Premise- und Cloud-Lösungen in sich vereinen. Dies hat u. a.

einen Einfluss auf das gesamtheitliche Berechtigungskonzept. Daher schließt das Kapitel mit einem Überblick hinsichtlich Zugriffszenarien und -analysen im Rahmen des Betriebs einer solchen hybriden SAP-Systemlandschaft ab.

2.1 Einflussfaktoren auf ein Berechtigungskonzept

Die Gestaltung eines Berechtigungskonzepts wird durch eine Reihe von kritischen Einflussfaktoren geprägt. Hierzu gehören die organisatorische Struktur und die spezifischen Geschäftsprozesse eines Unternehmens, die eine maßgeschneiderte Anpassung von Berechtigungsrollen erfordern, um effiziente und sichere Arbeitsabläufe zu gewährleisten. Des Weiteren spielen gesetzliche Vorschriften und Compliance-Anforderungen eine wesentliche Rolle, da sie strikte Richtlinien für den Zugriff auf sensible Daten und Systemfunktionen vorgeben. Die technische Infrastruktur und die Version des SAP-Systems beeinflussen ebenfalls das Berechtigungskonzept, insbesondere im Hinblick auf die Implementierung neuer Funktionen und Sicherheitsstandards. Nicht zuletzt verlangt die Notwendigkeit einer effektiven Funktionstrennung eine sorgfältige Planung und Umsetzung von Berechtigungen, um Interessenkonflikte zu vermeiden und die Integrität der Geschäftsprozesse zu sichern. All diese Faktoren bestimmen die Komplexität eines erfolgreichen Berechtigungskonzepts und machen eine kontinuierliche Überwachung und Anpassung unabdingbar, um den dynamischen Anforderungen eines Unternehmens gerecht zu werden.

Bedenken Sie stets, dass ein mangelhaft konzipiertes Berechtigungskonzept zu Produktivitätseinbußen, erhöhtem Wartungsaufwand, gesteigerten Risiken für die Organisation, Auditproblemen, ineffizienter Berechtigungszuweisung und weiteren Schwierigkeiten führen kann. Auf ein lebendes Rollen- und Berechtigungskonzept wirken, wie beispielhaft in Abbildung 2.1 dargestellt, unterschiedlichste Einflussfaktoren, die sich im Zeitverlauf in Art, Umfang und Abhängigkeiten unterscheiden.

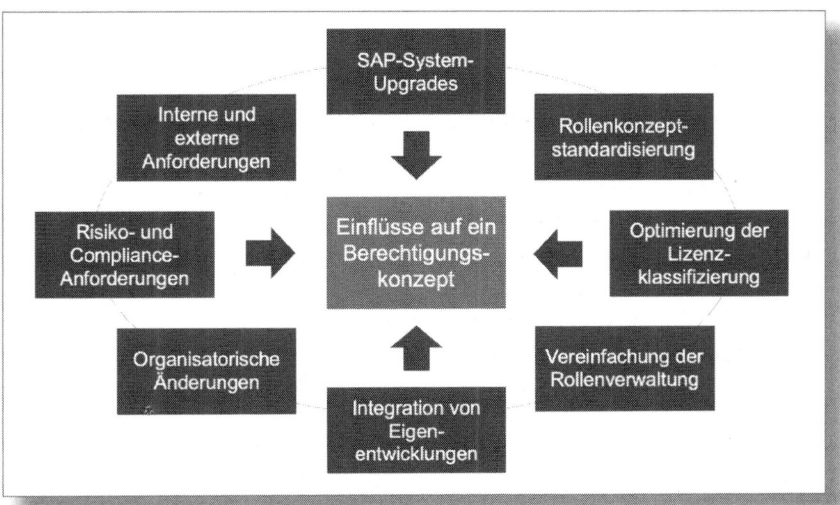

Abbildung 2.1: Einflussfaktoren auf ein Berechtigungskonzept

2.2 Rollenkonzeptionierung

Idealerweise beginnen Unternehmen bereits vor der Implementierung des Rollenkonzepts mit der Diskussion und Behandlung von Geschäftsprozessmodellierung, Anwendungsintegration und Sicherheitsaspekten. Oft fehlt jedoch eine proaktive Auseinandersetzung mit dem Sicherheitsdesign, was kurz nach dem Go-live zu kostspieligen Neugestaltungsprojekten für Rollen führen kann. Unternehmen unterliegen regelmäßigen Veränderungen und Umstrukturierungen, es finden Fusionen und Übernahmen statt, und all dies macht Anpassungen im Sicherheitsdesign erforderlich. Ein robustes und nachhaltiges Design muss daher flexibel genug sein, um sich an solche Veränderungen anpassen zu können.

2.2.1 Rollenkonzeptansätze

Verschiedene Gründe können Unternehmen veranlassen, ihr Berechtigungskonzept neu zu gestalten, wie beispielsweise Systemupgrades, Neueinführungen – etwa die Migration zu SAP S/4HANA – oder die Behebung von Compliance-Problemen. Fusionen und Übernahmen oder einfach die Neumodellierung eines historisch zu komplex und nicht wartbaren Rollenkonzepts können weitere Gründe sein. Somit sind auch Komplexität und Wartungsaufwand eines Rollenkonzepts unter Berücksichtigung von Zeit, Kosten und Leistung entscheidend (siehe Abbildung 2.2).

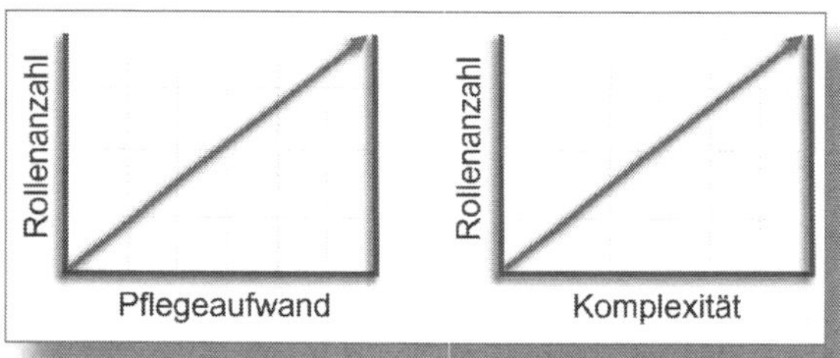

Abbildung 2.2: Rollenkonzept – Komplexität und Wartungsaufwand

Ein effektives Rollenkonzept sollte möglichst einfach gehalten werden, um langfristige Investitionen und Nachhaltigkeit zu sichern. Die Anzahl der Rollen sollte minimal und spezifisch sein, um den Wartungsaufwand zu reduzieren. Durch den Einsatz funktionsbezogener Einzelrollen lässt sich die Komplexität verringern, was die Flexibilität und Transparenz für zukünftige Anpassungen erhöht. Bei der Rollenkonzipierung ist es zudem essenziell, die unterschiedlichsten Funktionen im Unternehmen mittels des Rollenkonzepts darzustellen, um eine praxisnahe Funktionsfähigkeit zu ermöglichen.

Die Implementierung eines Berechtigungskonzepts kann auf verschiedene Art und Weise erfolgen, wobei oft eine Kombination aus zwei Hauptansätzen zum Einsatz kommt, wie in Abbildung 2.3 dargestellt und fortlaufend beschrieben.

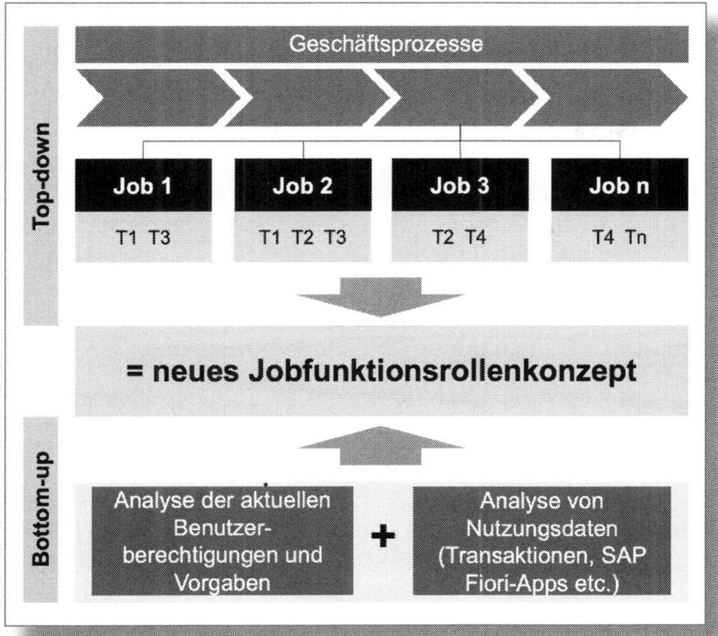

Abbildung 2.3: Top-down- und Bottom-up-Ansätze

Top-down-Ansatz

Bei einem *Top-down-Ansatz* werden die erforderlichen Berechtigungen mittels Analyse der Geschäftsprozesse und Aufgabenfunktionen proaktiv entworfen. Dieser Ansatz erfordert ein tiefgehendes Verständnis der Geschäftsprozesse, Gesetze, Vorschriften und der ihnen zugrunde liegenden Sicherheitsaspekte. Für diesen Ansatz sind folgende Schlüsselindikatoren wichtig:

- Analyse der allgemeinen Geschäftsprozesse
- Analyse der Aufgaben innerhalb der Prozesse
- Kernaktivitäten der Endbenutzer
- Benutzercluster bezüglich der Prozesse und Arbeitsfunktionen

Bottom-up-Ansatz

Dieser auf den technischen Systemdaten basierende *Bottom-up-Ansatz* beginnt mit der Analyse vorhandener Nutzungsdaten sowie der bestehenden Berechtigungen und deren Zuweisungen, um den Rollenentwurf zu konzipieren. Folgende Schlüsselindikatoren sind hierfür notwendig:

- vorhandene Berechtigungen
- vorhandene Rollenzuweisungen und Benutzer
- Nutzung von Transaktionen und anderen Menüobjekten
- vorhandene organisatorische Beschränkungen im System

Beide Methoden haben ihre Vor- und Nachteile. Beim Top-down-Ansatz beginnt die Planung auf höchster Ebene, indem strategische Ziele und Anforderungen definiert werden, die dann schrittweise auf spezifische Technologielösungen und operative Maßnahmen heruntergebrochen werden. Zudem lassen sich Compliance-Vorgaben sowie bekannte Sicherheitsrisiken und -anforderungen bereits in der Konzeptionsphase berücksichtigen. Dieser Ansatz gewährleistet, dass die IT-Strategie eng mit den Geschäftszielen verknüpft ist, kann jedoch tendenziell weniger flexibel auf technische Neuerungen und Detailanforderungen reagieren.

Im Gegensatz dazu startet der Bottom-up-Ansatz bei den vorhandenen Technologien und arbeitet sich zu den übergeordneten Geschäftszielen sowie -prozessen hoch. Dies fördert Innovation und technische Optimierung, birgt jedoch das Risiko, dass die IT-Entwicklung weniger strategisch ausgerichtet ist und möglicherweise nicht optimal zu den Geschäftszielen beiträgt. Insbesondere bei der Behebung von Konflikten bezüglich der Funktionstrennung (engl.: Segregation of Duty, SOD, siehe Abschnitt 2.3) kann dieser Ansatz herausfordernd sein, da ein tiefes Verständnis der Geschäftsprozesse erforderlich ist.

Die Wahl des geeigneten Ansatzes wird stark von den spezifischen Anforderungen des Unternehmens und dem Kontext des Projekts abhängen.

2.2.2 Entscheidung zwischen job- und aufgabenbasierten Rollen

Vor Beginn der Erstellung des Rollenkonzepts ist die grundlegende Wahl zu treffen, ob jobbasierte oder aufgabenbasierte Rollen verwendet werden sollen. Diese Entscheidung beeinflusst maßgeblich die Gestaltung Ihrer Rollen.

Unabhängig vom gewählten Ansatz ist es von größter Bedeutung, Sicherheitsanforderungen frühzeitig im Projekt zu definieren. Tools wie SAP Access Control sind nützlich, um den Rollenentwurf zu analysieren und mögliche Funktionstrennungsverletzungen frühzeitig zu klären.

Meine Empfehlung und Erfahrung hat gezeigt, dass die Kombination beider Ansätze oft die besten Ergebnisse bei der Neugestaltung von Berechtigungskonzepten erzielt.

Jobbasierte Rollen

Jobbasierte Rollen, auch *Jobfunktionsrollen* genannt, sind essenziell, um mittels geeigneter *Businessrollen* beispielsweise das Least Leverage Principle stringent einzuhalten.

> **☛ Businessrollen**
>
> In der Welt der SAP-Berechtigungen beschreiben Businessrollen als allgemeiner Begriff die entsprechend den Unternehmensanforderungen aufgebauten Rollen, die Benutzer auf einem Produktivsystem für ihre alltägliche Arbeit berechtigen.

Jobbasierte Rollen sind darauf ausgerichtet, sämtliche Aktivitäten einer Person in einer einzigen Rolle zu vereinen. Nehmen wir beispielsweise an, eine Person in der Jobposition eines Verkaufsspezialisten ist verantwortlich für das Erstellen, Ändern und Anzeigen von Verkaufsaufträgen. Eine Rolle, die all diese Tätigkeiten abdeckt, illustriert das Konzept eines jobbasierten Rollendesigns.

Dieser Ansatz zielt darauf ab, die Anzahl der benötigten Rollen zu minimieren, indem mehrere Aufgaben in einer Jobfunktionsrolle zusammengefasst werden, statt für jede Aufgabe separat eine Rolle zu definieren. Beachten Sie jedoch, dass dieser Ansatz hinsichtlich der Funktionstrennung (siehe Abschnitt 2.3) konfliktanfällig sein kann, da der Zugriffsumfang innerhalb einer Rolle umfassender ist. Somit ist es ratsam, bei der Wahl dieses Ansatzes proaktiv Maßnahmen zur Minimierung solcher Konflikte zu ergreifen, z. B. durch situative Zusatzrechte für besonders kritische Prozesse oder durch Kapselung von kritischen, aber periodischen Aufgaben in einem Notfallbenutzerkonzept. Hierbei sollte die Anzahl der Zusatzrechte begrenzt bleiben, da sonst die Sinnhaftigkeit eines Jobfunktionsrollenkonzepts verwässert wird.

Für die Entwicklung jobbasierter Rollen empfiehlt sich initial der Top-down-Ansatz. Beginnen Sie mit einer detaillierten Analyse der Geschäftsprozesse und der zugehörigen Aufgaben. Sie wird Ihnen aufzeigen, wie Sie die Rollen strukturieren sollten. Identifizieren Sie anschließend die Kernaktivitäten dieser Aufgaben, um die relevanten Transaktionen oder andere Anwendungen für die Jobfunktionsrolle festzulegen. Im Kontext der technischen Datenanalyse von notwendigen Transaktionen oder Apps kann dann der Bottom-up-Ansatz hinzugezogen werden. Abschließend erfolgt die Zuordnung Ihrer Benutzergruppen zu Jobfunktionen, um adäquate Rollenzuweisungen an die Benutzer zu ermöglichen. Das Verständnis der Benutzergruppierungen, wie beispielsweise unterschiedliche Funktionen innerhalb der Abteilungen, erleichtert effiziente Rollenzuweisungen erheblich.

Aufgabenbasierte Rollen

Im Rahmen eines aufgabenbasierten Rollendesigns wird für jede einzelne Aufgabe innerhalb einer Funktion eine separate Rolle, namentlich die *aufgabenbasierte Rolle*, kreiert. Bleiben wir beim Beispiel des Verkaufsspezialisten, zu dessen Aufgaben das Erstellen, Ändern und Anzeigen von Verkaufsaufträgen gehören. Bei einem aufgabenbasierten Ansatz wird für jede dieser Aufgaben eine eigene Rolle erstellt – das bedeutet, es entstehen insgesamt drei Rollen. Dies führt zu einer höheren Anzahl an Rollen im Vergleich zum jobbasierten Design, bei dem nur eine einzige genutzt wird. Obwohl auch hier Funktionstrennungskonflikte zwischen den Rollen berücksichtigt werden müssen, lässt sich die Komplexität auf Rollenebene verringern, da der Zugriff in diesen Rollen spezifischer gestaltet ist.

Für die Erstellung Ihrer aufgabenbasierten Rollen bietet sich der Bottom-up-Ansatz an. Beginnen Sie mit der Analyse der vorhandenen Berechtigungen, um ein Verständnis für die aktuellen Zugriffsebenen zu entwickeln. In Kombination mit der Überprüfung der existierenden Rollenzuweisungen und Benutzer können Sie so die erforderlichen Zugriffsrechte festlegen, basierend auf den in den jeweiligen Geschäftsfunktionen ausgeführten Aufgaben. Die Analyse der Anwendungsnutzungen unterstützt Sie bei der Entscheidung, welche Aufgaben in einer aufgabenbasierten Rolle enthalten sein sollten. Das Verständnis der Korrelation zwischen beispielsweise Transaktionen und Aufgaben erleichtert die korrekte Erstellung von Rollen für die verschiedenen Bereiche Ihres Unternehmens.

2.2.3 Rollentypen

Für die Berechtigungsadministration bietet SAP rein technisch gesehen zwei Haupttypen von Rollen an: **Einzelrollen** und **Sammelrollen**.

Einzelrollen sind dabei der fundamentale Rollentyp der Wahl und umfassen spezifische Berechtigungen, die dem Benutzer direkt zugewiesen werden. Sie ermöglichen eine granulare Kontrolle und Zugriffssteuerung auf Systemfunktionen und Daten. Sammelrollen hingegen bündeln mehrere Einzelrollen zu einer übergeordneten Rolle. Diese Form der Rollenstrukturierung vereinfacht die Verwaltung und Zuweisung von Berechtigungen, da sie eine klarere und strukturiertere Rollenarchitektur ermöglicht, jedoch die Berechtigungszuweisung indirekt durch die enthaltenen Einzelrollen erfolgt.

Darüber hinaus haben sich in vielen Organisationen spezielle Rollenarten herauskristallisiert, die zwar technisch als Einzelrollen kategorisiert werden, aber aufgrund ihrer spezifischen Ausrichtung als Werterollen bezeichnet werden. Diese Rollen sind darauf ausgerichtet, bestimmte Geschäftsprozesse abzudecken, die aus den eigentlichen Businessrollen ausgegliedert werden müssen.

Einzelrollen

Eine Einzelrolle umfasst sämtliche erforderlichen Berechtigungsobjekte und Berechtigungsfeldwerte, die eine erfolgreiche Berechtigungsprüfung für jede in der Rolle definierte Transaktion bzw. alle anderen Menüobjekte und damit deren Ausführung ermöglichen. Die Pflege des Rollenmenüs mit entsprechenden Anwendungen ist für einen nachhaltigen Rollenbau essenziell. Sie können automatisch die Berechtigungsvorschlagswerte (siehe hierzu Abschnitt 1.4) der jeweiligen Anwendung nutzen, indem Sie über die Registerkarte BERECHTIGUNGEN der Rolle in der Transaktion *PFCG* in das Berechtigungsprofil abspringen. Die Nutzung von Vorschlagswerten ist ein essenzieller und sicherheitsrelevanter Faktor für eine nachhaltige und auditkonforme Berechtigungsadministration.

Innerhalb von SAP werden viele Berechtigungsobjekte durch zwei Typen von Berechtigungsfeldern repräsentiert: durch die unterschiedlichen *Aktivitätsfelder* und die *Organisationswertefelder*. Wie in Abbildung 2.4 dargestellt, hat z. B. das Berechtigungsobjekt F_BKPF_BUK, das durch die Pflege von Transaktionen im Rollenmenü mittels Vorschlagswertintegration in das Rollenprofil überführt wurde, zwei Felder. Das Aktivitätsfeld ACTVT mit unterschiedlichen Ausführungswerten und das Organisationsfeld BUKRS mit dem BUCHUNGSKREIS 1000. Es ist aus technischer Sicht nicht möglich, diese Felder zu trennen, da das System sie bei einer Berechtigungsprüfung gemeinsam auswertet. Folglich müssen beide Felder in derselben Rolle korrekt definiert sein.

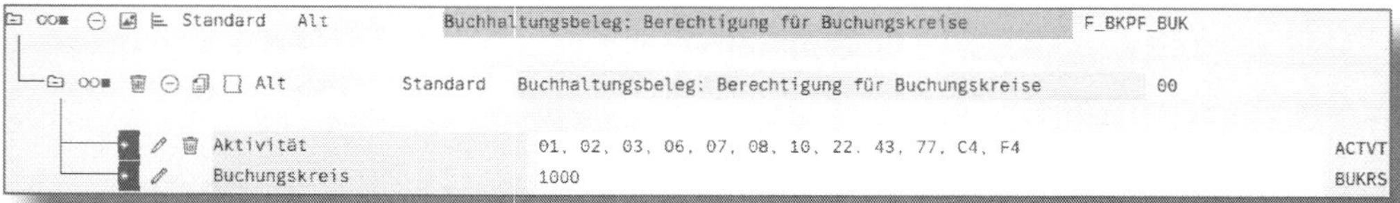

Abbildung 2.4: Berechtigungsobjekt F_BKPF_BUK

Obwohl eine Einzelrolle mehrere individuelle Berechtigungsinstanzen enthalten kann, um unterschiedliche Kombinationen von Feldwerten darzustellen, müssen Werte entsprechend den Notwendigkeiten in einer einzigen Berechtigungsinstanz zusammengefasst werden, die vom System überprüft wird. Daher kann sich eine Einzelrolle aus mehreren Berechtigungsinstanzen zusammensetzen.

SAP-Standardrollen und Berechtigungsvorlagen

Berechtigungsvorlagen und *SAP-Standardrollen* bieten eine Grundlage für die Rollenerstellung, indem sie einen initialen Startpunkt bzw. Ideenpool für die Definition eigener Jobrollen darstellen. Dies erleichtert situativ den Prozess der Identifizierung relevanter Geschäftsberechtigungen und Menüobjekte wie Transaktionen oder Webservices (z. B. im Kontext von Fiori-Apps). Es ist jedoch zu beachten, dass der Einsatz dieser Vorlagen in Sandbox- und Testumgebungen sinnvoll ist, während ihre direkte Anwendung in produktiven Umgebungen vermieden werden sollte. SAP-Standardrollen und -Berechtigungsvorlagen sollten nie unverändert in der produktiven Landschaft verwendet werden, da sie bei Systemupgrades überschrieben werden und für den Einsatz im Firmenalltag oftmals zu viele Berechtigungen beinhalten. Daher sollten sie als Referenz dienen, um spezifische Rollen entsprechend den Bedürfnissen Ihres Unternehmens zu entwickeln. Sie können z. B. auch für Funktionstests genutzt werden, da sie nur einen generellen Auslieferungszustand mit umfangreichen Berechtigungen darstellen. Eine dauerhafte Nutzung von SAP-Vorlagen im Produktivsystem empfehle ich ausdrücklich nicht. Erstellen Sie ein eigenes Rollenkonzept mithilfe von Jobfunktionsrollen oder, falls notwendig, aufgabenbasierten Rollen auf der Grundlage Ihrer Unternehmensanforderungen.

Funktionsbezogene Einzelrollen

Typischerweise bezieht sich der Begriff »Einzelrolle« auf ein aufgaben- oder jobbezogenes Rollendesign. In solchen Fällen beinhaltet die Rolle alle notwendigen Berechtigungen für die spezifische Aufgabe oder Position (Jobfunktion) eines Benutzers innerhalb einer einzigen Rolle.

Ein Benutzer kann jedoch mehrere Rollen für verschiedene Aufgaben oder Positionen innehaben, wie z. B. als Einkäufer und Vertragsmanager. Jede dieser Rollen beinhaltet die Berechtigungen, um die in den jeweiligen Einzelrollen enthaltenen Transaktionen auszuführen, sodass keine Abhängigkeiten zwischen den Rollen und somit Jobs bestehen.

Dennoch decken viele Einzelrollenkonzepte nicht alle Berechtigungen ab, die ein Benutzer benötigen könnte. Einige Mitarbeiter brauchen möglicherweise zusätzliche Berechtigungen für spezielle Aufgaben. Folglich kann solchen Mitarbeitern eine zusätzliche Einzelrolle für erweiterte Zugriffe zugewiesen werden, beispielsweise um Buchungsperioden zu schließen oder Bestellanforderungen zu genehmigen. Abbildung 2.5 veranschaulicht dieses Konzept jobfunktionsbezogener Einzelrollen.

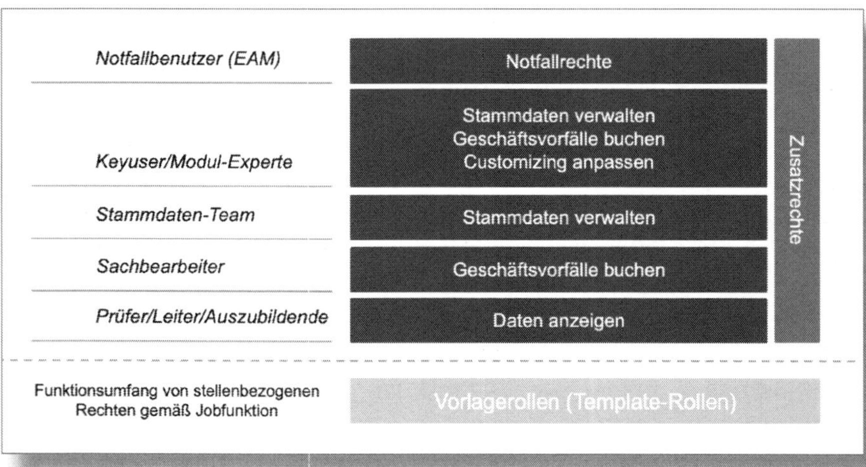

Abbildung 2.5: Jobrollenkonzept

Abgeleitete Einzelrollen

Im Bereich der SAP-Berechtigungen und der Sicherheit ermöglicht die Nutzung von Einzelrollen für die Rollenableitung eine effiziente Gestaltung von Berechtigungskonzepten. Abgeleitete Rollen setzen sich aus einer *Vorlagerolle* (auch Template- oder Masterrolle genannt) sowie zusätzlichen *Referenzrollen* (abgeleitete Rollen) zusammen, die sich lediglich in ihren organisatorischen Werten voneinander und von der Vorlagerolle unterscheiden. Zu beachten ist, dass dieser Ansatz bestimmte Limitationen aufweist. Für ein ordnungsgemäßes Ableitungskonzept ist es essenziell, dass die nicht organisatorischen Berechtigungsfelder in den abgeleiteten Rollen mit denen der Vorlagerolle identisch sind. Die Unterscheidung erfolgt lediglich auf Basis der organisatorischen Berechtigungsfelder, unabhängig davon, welches Berechtigungsobjekt diese Felder verwenden. Daher wird ausdrücklich davon abgeraten, nicht organisatorische Felder in den abgeleiteten Rollen unterschiedlich auszuprägen, da die Werte in all diesen untergeordneten Rollen identisch sein müssen. Sie würden bei der ordnungsgemäßen Nutzung eines Ableitungskonzepts, basierend auf der Vorlagerolle, sowieso jedes Mal die jeweilig individuell ausgeprägten nicht organisatorischen Berechtigungsfelder überschreiben.

Um individuell je Rolle den Zugriff auf Organisationshierarchien zu beschränken, können Sie das SAP-Ableitungsprinzip von Rollen oder eine andere Form der Ableitung über Drittanbietertools nutzen. Mithilfe des Ableitungskonzepts definieren Sie somit individuelle Vorlagerollen, die z. B. den funktionalen Umfang des Jobs darstellen, um dann aus diesen organisatorisch unterschiedliche abgeleitete Einzelrollen zu generieren. So ermöglichen Sie z. B. den Zugriff der gleichen Jobfunktionsrolle (z. B. Einkäuferrolle) auf die unterschiedlichen Niederlassungen, aber auch auf deren Zusammenfassung innerhalb Ihres Unternehmens (z. B. Frankreich/Italien/Europa, siehe Abbildung 2.6).

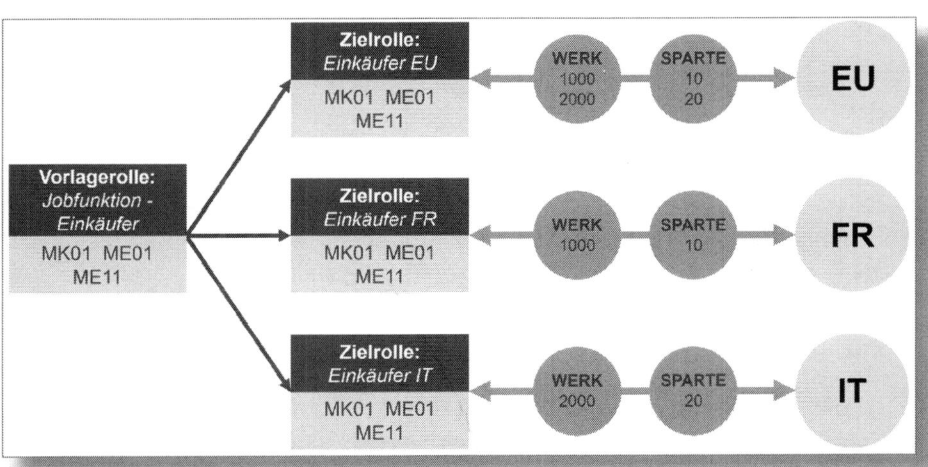

Abbildung 2.6: Ableitungskonzept

Durch diesen Prozess können Sie verschiedene Organisationsebenenfelder (auch Orglevelfelder genannt) in den abgeleiteten Rollen separat pflegen, aber dennoch den gesamten funktionalen Umfang der Vorlagenrolle verwenden. Daher ist eine abgeleitete Rolle in technischer Hinsicht immer noch eine Einzelrolle.

Massenhaftes Ableiten von Masterrollen

Bei Unternehmen mit einem komplexen Rollenkonzept inklusive Ableitungen kann es sehr zeitaufwendig sein, jede Anpassung der Masterrollen in die abgeleiteten Rollen zu übertragen. Daher empfehlen ich den SAP-Report SUPRN_REGENERATE_DEPENDENT. Mit diesem Standardreport übertragen Sie einfach und bequem schnelle Anpassungen an Ihren Vorlagerollen massenhaft an die abgeleiteten Rollen, und dies sogar inklusive automatischer Profilgenerierung.

Werterollen

Im Umfeld der Rollenkonzipierung haben sich in der Vergangenheit auch die sogenannten *Werterollen* etabliert. Dieser Rollentyp entspricht dabei nicht den SAP-Standardrichtlinien für ein ordnungsgemäßes Rollenkonzept bzw. der Best-Practice-Rollenerstellung. Der ihnen zugrunde liegende Ansatz wird als Werterollenkonzept bezeichnet.

Der Grundgedanke bei Werterollen ist die Trennung von Berechtigungsobjektfeldwerten des gleichen Berechtigungsobjekts in zwei separate Rollen. Es gibt innerhalb dieses Ansatzes zwei Möglichkeiten der Umsetzung: die Differenzierung organisatorischer Berechtigungsfelder sowie die nicht organisatorischer Berechtigungsfelder.

Differenzierung organisatorischer Berechtigungsfelder

Bei dieser Rollenkonzipierung enthält eine funktionale Rolle sämtliche ausgeprägten Berechtigungsobjektfeldwerte, jedoch nicht die dazugehörigen organisatorischen Ausprägungen. Eine zweite Werterolle ergänzt die fehlenden organisatorischen Werte und erweitert somit die

Berechtigungen eines Benutzers. Demzufolge benötigt ein Benutzer sowohl die funktionale Werterolle als auch die entsprechende organisatorische Werterolle, um beispielsweise eine Transaktion und deren Funktionen erfolgreich ausführen zu können.

Die Intention hinter den Werterollen besteht darin, organisatorische Felder zu isolieren und die Zuweisung von Benutzern zu vereinfachen, insbesondere bei rein organisatorischen, nicht funktionalen Unterscheidungen. Dabei gilt es zu beachten, dass ein Berechtigungsobjekt, das Aktivitätsfelder und gleichzeitig Orglevelfelder beinhaltet, in keine separate Rolle ausgelagert werden kann, da Aktivitäts- und Orglevelfeld systemseitig immer als Berechtigungsinstanz verprobt werden. Diese Einschränkung trifft fast immer auf SAP-Berechtigungsobjekte zu. Aufgrund dieses signifikanten Nachteils funktionieren Werterollen manchmal nicht wie vorgesehen, was häufig zu einer Zunahme der Berechtigungen innerhalb der Werterollen und der Anzahl der Werterollen selbst führt, die oftmals die Zahl der Benutzer bei Weitem übersteigt.

Daher mag das Konzept der Werterollen auf dem Papier verlockend erscheinen, jedoch ist es als generelles Mittel weder auf Berechtigungsobjekte und rollenbasierte Berechtigungskonzepte anwendbar noch auf moderne, menübasierte Rollenkonzepte. Aufgrund der vielen negativen und sicherheitskritischen Nebeneffekte sowie des großen administrativen Aufwands rate ich von der Nutzung von Werterollen für eine organisatorische Differenzierung ab und empfehle stattdessen das Ableitungskonzept.

Differenzierung nicht organisatorischer Berechtigungsfelder

Neben Werterollen für organisatorische Differenzierungen können bestimmte Teilbereiche Ihres Berechtigungskonzepts vom Einsatz solcher Werterollen profitieren. Dies kann bei kritischen Zugriffsszenarien, beispielsweise bei Kostenstellen, Profitcentern, Innenaufträgen, Archivierung, Dokumentenverwaltung, Queries oder Freigabestrategien für Bestellungen sowie Bestellanforderungen sinnvoll sein. Hierbei liegt der Fokus also auf nicht organisatorischen Berechtigungsfeldern.

Im Einkauf wird z. B. eine Freigabestrategie für Bestellungen definiert, was bedeutet, dass für die Freigabe von Bestellungen über die Transaktion *ME24(N)* spezifische Berechtigungen erforderlich sind. Die Freigabestrategie könnte das erforderliche Genehmigungsniveau basierend auf dem Bestellwert festlegen. Ein Benutzer, der eine Bestellung genehmigen möchte, benötigt die korrekten Berechtigungen für Freigabecode und -gruppe durch das Berechtigungsobjekt *M_EINK_FRG*. Da Genehmigungslimits jedoch manchmal nicht direkt mit einer Jobfunktion zusammenhängen, können sie per Werterollen definiert und individuell den jeweiligen Benutzern zugewiesen werden.

Werterollen sind spezielle Rollen, die essenziell sein können, um ein nachhaltiges Rollenkonzept zu pflegen und gleichzeitig die Komplexität zu reduzieren, die mit der Einbeziehung dieser speziellen Berechtigungen in Jobrollen einhergeht.

Sammelrollen

Je nach unternehmensspezifischen Vorgaben und Berechtigungskonzept können bei der Berechtigungsvergabe neben Einzelrollen sowie deren expliziter Benutzerzuweisung auch Sammelrollen zum Tragen kommen. Sie stellen eine effektive Methode dar, um mehrere Einzelrollen zu bündeln, sodass deren direkte Zuweisung an Benutzer indirekt über eine Sammelrolle erfolgen kann. Eine Sammelrolle muss mindestens eine Einzelrolle enthalten, um verwendbar zu sein. Pflegbar ist das Rollenmenü nur über die Menüs der Einzelrollen, aus denen die Sammelrolle besteht. Sammelrollen dienen daher nur dazu, Einzelrollen zu organisieren und ggf. in Cluster zu strukturieren.

Dieses Vorgehen bietet eine praktische Lösung zur Reduzierung der direkten Einzelrollenzuweisungen an Benutzer in SAP-Systemen. Technisch betrachtet, repräsentieren Sammelrollen eine Aggregation von Einzelrollen, die dazu dient, eine umfassendere Rollenzuweisung auf Aufgaben- oder im Extremfall auf Transaktionsebene zu ermöglichen. Ziel ist es, die Rollenzuweisung an Benutzer zu vereinfachen, wobei

Sammelrollen häufig spezifische Jobfunktionen abbilden. Bei der Entscheidung für diesen Ansatz sind sowohl die Anzahl potenzieller Einzelrollen als auch die organisatorische Struktur und deren Veränderungen zu berücksichtigen.

! Nachteil von Sammelrollen

Beachten Sie, dass der vermehrte Einsatz von Sammelrollen die Transparenz verringern kann, da die Anzahl der enthaltenen Einzelrollen mit neuen Geschäftsanforderungen signifikant steigt. Der Grund dafür ist, dass die Einzelrollen nur auf größte gemeinsame Nenner zugeschnitten werden können, da sie für mehrere Sammelrollen zum Einsatz kommen müssen. Dies resultiert gleichzeitig in einen maßgeblich erhöhten Pflegeaufwand. Gleichzeitig steigen die Risiken von Berechtigungslücken sowie -fehlern, da diese von den Einzelrollen auf alle Sammelrollen übertragen werden könnten. Zudem ist auch die granulare Zuweisung von Rollenverantwortlichen meist sehr komplex bzw. gar nicht möglich, da sie auf Einzelrollenbasis als Berechtigungsquelle erfolgen muss, jedoch Sammelrollen zugewiesen werden.

2.2.4 Vergleich der Hauptrollentypen

Tabelle 2.1 bringt eine umfassende Übersicht über die Vorzüge und Limitationen der unterschiedlichen Rollenkonzeptansätze, basierend auf langjährigen Erfahrungen. Wie Sie sehen werden, empfehle ich den Aufbau von Einzelrollen mit der Option zur Ableitung als Best Practice für SAP-Rollenkonzepte. Dieser Ansatz zeichnet sich durch maximale Flexibilität, Transparenz, Sicherheitsmonitoring und umfassende Unterstützung hinsichtlich Anforderungsmanagement und Systemaktualisierungen aus. Im Gegensatz dazu bieten Werterollen die geringste Flexibilität und bringen verschiedene Herausforderungen in Design und Wartung an den Nutzer mit sich.

Anforderungen – Funktionalitäten	Werterollen	Einzelrollen (mit optionaler Ableitung)	Sammel-rollen
Individualisierung der Rollenzuweisung	gut umsetz-bar	gut umsetzbar	teilweise umsetzbar
Anwendungsgruppie-rung im Rollenmenü	nicht umsetzbar	gut umsetzbar	teilweise umsetzbar
Reduktion funktionaler/ organisatorischer Redundanzen	teilweise umsetzbar	gut umsetzbar	teilweise umsetzbar
Datenschutzeinhaltung auf Rollenebene	gut umsetzbar	gut umsetzbar	teilweise umsetzbar
SOD-Einhaltung auf Rollenebene	gut umsetzbar	gut umsetzbar	teilweise umsetzbar
Rollenableitung	nicht umsetzbar	gut umsetzbar	nicht umsetzbar
Berechtigungspflege nach Rollenerstellung	gut umsetzbar	gut umsetzbar	teilweise umsetzbar
Auditrelevante Rollen-transparenz	gering	hoch	gering
Upgrade-Fähigkeit (z. B. EhPs, SAP S/4HANA)	nicht umsetzbar	hoch	hoch
Aufwand der ersten Rollendefinition	gering	gering	hoch
Aufwand für Darstellung von Jobfunktionen mit Rollen	hoch	gering	hoch
Aufwand der organisato-rischen Rollenpflege	hoch	gering	mittel
Aufwand für die Pflege der Benutzerzuordnung	hoch	mittel	mittel
Aufwand SAP-Fiori-Integration	nicht umsetzbar	mittel	hoch

Tabelle 2.1: Verschiedene Rollenkonzepte – Vergleich

2.3 Funktionstrennungen

Unabhängig vom gewählten Ansatz ist es bei der Konzeption von Rollen die Berücksichtigung der *Funktionstrennung* (engl.: Segregation of Duties, *SoD*) essenziell. Ihre Anwendung stellt eine interne Kontrollinstanz des Risikomanagements dar. Sie verteilt kritische Funktionen innerhalb eines Geschäftsprozesses auf verschiedene Personen und vermeidet auf diese Weise, dass eine Einzelperson übermäßig viele Berechtigungen innerhalb eines Prozesses erhält. So werden Risiken und Betrugspotenzial minimiert.

Ein prägnantes Beispiel für einen SoD-Konflikt ist die Aufteilung der Verantwortlichkeiten für das Erstellen von Bestellungen und die Warenannahme auf zwei unterschiedliche Personen, um das Betrugsrisiko zu verringern, das entstünde, wenn beide Aufgaben einer einzigen Person übertragen würden.

2.3.1 SoD-Berücksichtigung bei der Rollenkonzeption

Die Integration von SoD-Überlegungen in den Rollenkonzeptionsprozess trägt durch Minimierung potenzieller Risikobereiche signifikant zur Sicherheitsverbesserung bei. Je nach der Struktur Ihres Unternehmens kann die Implementierung von SoD-Prozessen allerdings zeitaufwendig und komplex sein. Es ist daher ratsam, SoD-Richtlinien und Risikostufen sorgfältig zu definieren. Risikostufen erlauben es Ihrem Unternehmen, Prioritäten bei der Risikominderung zu setzen, wobei kritische Risiken in der Regel vorrangig behandelt werden. Diese Klassifizierung unterstützt Ihr Unternehmen dabei, die Handhabung und Priorisierung von Risiken effektiv zu steuern. Ein tiefgreifendes Verständnis der organisatorischen Risiken und SoD-Regelungen ermöglicht eine präzise Einschätzung der erforderlichen Rollenanzahl bei der Trennung des Zugriffs auf Rollenebene (siehe Tabelle 2.2). Unabhängig vom gewählten Ansatz für das Rollenkonzept sollte die SoD-Analyse ein zentraler Bestandteil des Konzeptionsprozesses sein.

Anzahl der SoD-Funktionen innerhalb des Unternehmens	Anzahl der Organisationen (z. B. Niederlassungen)	Berechnung der Einzelrollenanzahl
15	10 Buchungskreise	15 × 10 = 150
20	20 Buchungskreise	20 × 20 = 400
25	10 Buchungskreise	25 × 10 = 250
30	30 Buchungskreise	30 × 30 = 900

Tabelle 2.2: Rollenberechnung auf der Grundlage von SoD

SoD haben eine entscheidende Bedeutung bei der Rollenkonzeption. Die konzeptionelle sowie technische Ausarbeitung von unternehmensspezifischen Funktionstrennungskonflikten ist für das effektive Monitoring von SoD-Konflikten essenziell. Je nach Risikobewertung und Umsetzungsmöglichkeiten bzw. Mitigationen (siehe Hinweiskasten) sollten Konflikte auf Rollenebene gelöst werden, um die etwaigen korrelierenden kritischen Berechtigungen auf mehrere Rollen aufzuteilen und so die Risiken zu minimieren bzw. Funktionstrennungskonflikte aufzulösen. So kann beispielsweise ein SOD-Konflikt mittels zwei Rollen und deren Zuweisung zu je einer Person gelöst werden.

Für die Integration von SoD-Differenzierungen in Ihr Rollenkonzept sollten Sie folgende wichtige Überlegungen anstellen:

- **Risikominimierung:** Identifizieren Sie mit internen und externen Prüfern spezifische Risiken. Eine höhere Anzahl an Risiken erfordert mehr Trennungen und resultiert in einer größeren Anzahl erforderlicher Rollen.
- **Definition der Kritikalität spezifischer Risiken:** Nutzen Sie Risikostufen (kritisch, hoch, mittel, niedrig etc.), um Risiken zu priorisieren.
- **Separate Rollen für SoD-Kombinationen:** Erstellen Sie individuelle Rollen für Funktionstrennungskonflikte dann, wenn Risiken von äußerster Kritikalität identifiziert wurden.

- **Mitigationen und Ausgleichskontrollen:** Teilen Sie Risiken auf separate Rollen auf, wenn keine definierten Mitigationen existieren. Bei Vorhandensein von Mitigationen und Ausgleichskontrollen sollten Risiken eher mitigiert als auf Rollenebene aufgeteilt werden.
- **Nachhaltige Funktionstrennung:** Kapseln Sie SoD-Funktionen in separaten Rollen, wenn eine funktionale Trennung technisch und prozessual umsetzbar ist sowie sie sich in zukünftige organisatorische und prozedurale Rahmenbedingungen integrieren lässt.

Mitigation

Die *Mitigation* beschreibt das bewusste Genehmigen von bekannten Risiken aufgrund von internen oder externen Vorgaben bzw. Notwendigkeiten. Diese Genehmigung muss über einen nachvollziehbaren Freigabeprozess mit Benennung des technischen Bestandteils (z. B. der Rolle), des Verantwortlichen, des Grundes und der eigentlichen Risikobestätigung erfolgen.

2.3.2 SAP-Analysetools für die Risikobewertung

Ein hehres Ziel, und zwar nicht nur bei der Rollenkonzeption, sondern im alltäglichen Berechtigungsbetrieb unter dem Schirm der SAP-Sicherheit, ist es, genau jene Risikominimierung, aber auch Integrität und Compliance der IT-Systeme und -Prozesse eines Unternehmens zu gewährleisten und gleichzeitig die Effizienz und Transparenz in der Vorgabeneinhaltung und im Risikomanagement zu verbessern. Hierfür stellt die SAP direkt in der SAP Business Suite oder auch als extra Software unterschiedliche Tools bereit. Zudem sind unzählige Partner- und Drittanbieteranwendungen auf dem Markt, die sich auf das Thema Governance, Risk and Compliance spezialisiert haben.

Im weiteren Verlauf gehe ich überblicksartig auf drei wesentliche Tools der SAP ein:

- SAP Access Control
- SAP Cloud Identity Access Governance
- SAP-Report RSUSR008_009_NEW

SAP Access Control

SAP Access Control ist ein zentraler Bestandteil von *SAP Governance, Risk and Compliance (SAP GRC)*. Diese Anwendung bietet leistungsfähige und umfassende Funktionen für das Zugriffsmanagement in Ihren On-Premise-SAP-Systemen. Dadurch können digitale Dienste und Anwendungen für Mitarbeiter und Geschäftspartner gesteuert und bereitgestellt werden, ohne unbefugten Personen sensible Informationen zugänglich zu machen.

Durch die Automatisierung des Risikomanagements bei der Benutzeradministration und Zugriffsteuerung stärkt SAP Access Control die Sicherheit Ihrer Anwendungen, Prozesse und Daten vor unberechtigter Nutzung auf der Ebene der SAP Business Suite On-Premise.

Die Hauptvorteile des Einsatzes von SAP Access Control umfassen:

- Automatisierung der Identifizierung und Behebung von Zugriffsrisiken und -verletzungen über SAP- und Nicht-SAP-Systeme hinweg
- Integration von Compliance-Prüfungen, obligatorische Risikominderung sowie -trennung in den Geschäftsprozessen
- Ermöglichung von selbstgesteuerten, workflowbasierten Zugriffsanfragen und -genehmigungen durch die Endbenutzer
- Realisierung periodischer Überprüfungen von Benutzerzugriffen (User Access Reviews, UARs)
- Einhaltung von Vorschriften zur Sicherstellung der Funktionstrennung

- Gewährung eines temporären, erweiterten Zugriffs durch »Feuerwehr-Anmelde-IDs« in einer kontrollierten und nachvollziehbaren Umgebung

SAP Access Control beinhaltet die folgenden vier Hauptmodule, um eine optimale Zugriffsteuerung und Risikoverwaltung umzusetzen:

- Access Risk Analysis
- Access Request Management
- Business Role Management
- Emergency Access Management

SAP Access Control als Rückgrat der Zugriffssteuerung Ihres Unternehmens kann auch in SAP Cloud Identity Access Governance integriert werden.

SAP Cloud Identity Access Governance

SAP Cloud Identity Access Governance (SAP IAG) ist ein Cloud-Service der SAP Business Technology Platform (SAP BTP). Dieser Service bietet ähnliche Funktionalitäten wie SAP Access Control. Er umfasst eine Vielzahl von Identity-Access-Management-Funktionen, darunter Self-Service-Berechtigungsanfragen für On-Premise- und cloudbasierte Anwendungen, Zugriffsrisikoanalyse und ein auf Governance, Risk and Compliance basiertes Rollendesign. Jeder Servicebaustein, der mit SAP IAG geliefert wird, kann unabhängig oder in Kombination mit anderen arbeiten.

Durch die vielseitigen und vor allem vielschichtigen Funktionen, die plattform- und systemübergreifend verwendet werden können, bietet SAP IAG u. a. folgende Vorteile:

- eine sichere Umgebung für das Management von Identitäten über Ihre hybride Landschaft hinweg von einer zentralen Instanz aus, die auf SAP BTP läuft
- Dashboard-basierte Benutzeroberflächen (User Interfaces) auf Grundlage von SAP Fiori mit einem zentralen Launchpad

- sofortige Sichtbarkeit und Alarmfunktionen bei Zugriffsproblemen mit Drilldown-Funktionen, um Probleme zu untersuchen und Lösungen schnell zu ermitteln
- umfassende Zugriffssteuerung über Ihre hybride Landschaft hinweg mit integrierten Workflows inklusive Auditprotokoll und sofort verfügbaren Regelwerken für verschiedene Anwendungen
- moderne, aktuelle und skalierbare Lösungen, die auf SAP BTP laufen und individuell Ihren Anforderungen angepasst werden können

SAP IAG Bridge

Zusätzlich zu dem Hauptprodukt SAP IAG mit dessen Vorteilen im Bereich der zentralen, plattformübergreifenden Zugriffssteuerung kann die *SAP IAG Bridge* eingesetzt werden. Sie bietet vor allem folgende Funktionen:

- Konnektivität zu Cloud-Anwendungen
- anwendungsübergreifende Zugriffsrisikoanalyse (On-Premise- und Cloud-Anwendungen) durch Verwendung des Access Analysis Service
- unternehmensweite Funktionen wie Passwortrichtlinien, Multifaktor-Authentifizierung und risikobasierte Authentifizierung.
- Rollendesign zur Erstellung von Businessrollen, basierend auf aktuellen Zuweisungen und Risikoregelwerk

SAP IAG überwindet technische Barrieren, denen SAP GRC oder andere Riskoanalyselösungen in hybriden Landschaften gegenüberstehen. Es umfasst folgende Kernfunktionen:

- Access Analysis Service
- Access Request Service
- Role Design Service

- Access Certification Service
- Privilege Access Management Service

Darüber hinaus ermöglicht es eine zentrale systemweite Risikoanalyse, um Maßnahmen abzuleiten, und trägt entscheidend zur Entwicklung einer umfassenden Risikomanagementlösung im Einklang mit der Cloud-first-Strategie von SAP bei. Als reine Cloud-Lösung bietet SAP IAG eine vereinfachte, webbasierte Oberfläche unter Einsatz der SAP-Fiori-Technologie.

RSUSR008_009_NEW

Um Ihr auf Berechtigungsobjekten basierendes Rollenkonzept auf kritische Berechtigungen und Funktionstrennungen hin zu analysieren, können Sie verschiedene SAP-Standardtools nutzen. Dazu gehören die Transaktion *SUIM* und die Reports RSUSRAUTH sowie RSUSR008_009_NEW.

Hier ist vor allem der Report RSUSR008_009_NEW mit seiner Variantenerstellung sowie verschiedenen Filter- und Darstellungsoptionen hervorzuheben. Er ist Teil der Sicherheits- und Administrationswerkzeuge von SAP und dient dazu, Informationen über Benutzerberechtigungen, insbesondere kritische Berechtigungen, innerhalb eines SAP-Systems bereitzustellen. Der Bericht ist eine Weiterentwicklung der älteren Berichte RSUSR008 und RSUSR009. Er bietet eine detaillierte Analyse der Berechtigungen, die Benutzern zugewiesen sind, mit einem speziellen Fokus auf kritische Berechtigungen und Kombinationen. Sie können durch die Transaktion *SU_VCUSRVAR_CHANGE* zusätzlich das hinterlegte SAP-Risikoregelwerk anreichern oder Ihr eigenes technisch im System implementieren und dann durch den Report monitoren. Der Hauptfokus beim Report RSUSR008_009_NEW liegt auf folgenden Zielen:

- Identifizierung kritischer Berechtigungen von Benutzern, die ein potenzielles Sicherheitsrisiko darstellen
- Einbeziehung von Jobfunktionen und Benutzerclustern bei der Ad-hoc-Risikoanalyse

- Überprüfung der Berechtigungskonformität, um sicherzustellen, dass die Zuweisung von Berechtigungen den internen und externen Richtlinien und Vorschriften entspricht
- Optimierung der Berechtigungsvergabe, sodass Berechtigungen effektiver verwaltet werden und sichergestellt ist, dass die Berechtigungsvergabe nach dem Least Leverage Principle stattfindet

Machen Sie sich bewusst, dass SAP-Standardtools hilfreiche und zweckgerichtete Funktionen für die Analyse von kritischen Berechtigungen und Funktionstrennungen innerhalb Ihres SAP-Systems sind, jedoch hinsichtlich Umfang, Granularität und Einsatzfähigkeit keine Alternative für SAP GRC, SAP IAG oder Drittanbietertools darstellen.

2.3.3 Einfluss hybrider Systemlandschaften auf das Berechtigungskonzept

Die Architektur von SAP-Systemlandschaften hat eine signifikante Evolution durchlaufen, von simplen Strukturen hin zu komplexen, hochintegrierten und *hybriden Architekturen*. Letztere offerieren eine Vielfalt an Lösungen, sowohl On-Premise als auch in der Cloud. Mit dieser Entwicklung steigen die Cybersicherheitsrisiken, während sich die Angriffsfläche aufgrund der wachsenden Landschaften und der Integration neuer Technologien und Funktionen ausweitet. Zusätzlich sind neue Vorschriften in Kraft getreten, die die Sicherheitsanforderungen und somit auch die Berechtigungen beeinflussen.

Für das Sicherheitsteam Ihres Unternehmens stellt es eine entscheidende Aufgabe dar, diese Anforderungen in allen Aspekten des Berechtigungskonzepts zu berücksichtigen. Ziel ist es, Risiken im Zusammenhang mit unberechtigtem Zugriff effektiv zu managen und somit die Integrität sowie Sicherheit Ihrer SAP-Systemlandschaft zu gewährleisten. Dies erfordert eine sorgfältige Planung und Umsetzung von Sicherheitsmaßnahmen, die sowohl die On-Premise- als auch die Cloud-Komponenten Ihrer Systeme umfassen. Nur die volle Integration in Ihre gesamte Systemarchitektur bietet einen ganzheitlichen und robusten Schutz gegen Bedrohungen und Schwachstellen.

Von wesentlicher Bedeutung ist die Einführung von hybriden Architekturen im SAP-S/4HANA-Umfeld, da sie eine flexible und effiziente Lösung für Unternehmen darstellen, welche gleichermaßen die Flexibilität und Innovation der Cloud wie die Sicherheit und Kontrolle von On-Premise-Systemen nutzen möchten. Dies führt zu einer effizienteren, sicheren und zukunftsfähigen IT-Infrastruktur für Unternehmen, die in der digitalen Wirtschaft bestehen wollen. Folgende Schlüsselpunkte unterstreichen die Wichtigkeit hybrider Architekturen:

- Flexibilität und Skalierbarkeit
- optimierte Kostenkontrolle
- Datensicherheit und Compliance
- Innovationsförderung
- Geschäftsprozessintegration
- schnelle Anpassungsfähigkeit an Unternehmensbedürfnisse

Businessrollen und SAP Business Technology Platform

In Ihrer hybriden Systemlandschaft, die sowohl cloudbasierte als auch On-Premise-Lösungen umfasst, sehen Sie sich unterschiedlichen Berechtigungskonzepten gegenüber. Eine zentrale Herausforderung liegt darin, einen effektiven und effizienten Ansatz zur Verwaltung des Benutzerzugriffs in dieser vielfältigen Umgebung zu etablieren. Die Automatisierung spielt dabei eine Schlüsselrolle, indem sie den Aufwand für die Sicherheits- und Berechtigungsverwaltung minimiert.

Ein entscheidendes Prinzip zur Erreichung dieses Ziels ist die Einführung eines *Businessrollenkonzepts*. Businessrollen dienen als Sammelbehälter für alle notwendigen Berechtigungen in unterschiedlichen Systemen, die ein Benutzer benötigt, um seine täglichen Aufgaben zu erfüllen. Technisch gesehen setzt sich eine Businessrolle aus mehreren Rollen in verschiedenen Systemen zusammen, einschließlich Nicht-SAP-Systemen, sofern diese technisch integrierbar sind. Bei Beantragung einer Businessrolle werden dem Benutzer nach Genehmigung automatisch die entsprechenden Rollen in den verschiedenen Systemen zugewiesen. Mit dem Übergang von einfachen On-Premise-Systemlandschaften zu komplexen hybriden Umgebungen müssen

Businessrollen nun auch die Zugriffsanforderungen für cloudbasierte Lösungen berücksichtigen.

SAP S/4HANA Cloud, SAP Ariba und SAP SuccessFactors sind Beispiele für Lösungen, die ausschließlich in der SAP-Cloud gehostet werden. Dank der *SAP Business Technology Platform (SAP BTP)* lassen sich nun erweiterte Funktionen in der Cloud-Umgebung realisieren. Ein prägnantes Beispiel hierfür ist die Möglichkeit, ABAP-basierte Anwendungen von Drittanbietern über die SAP-BTP-ABAP-Laufzeitumgebung auszuführen. Ein illustratives Beispiel hierfür ist die Integration von Cloud-Lösungen (siehe Abbildung 2.7).

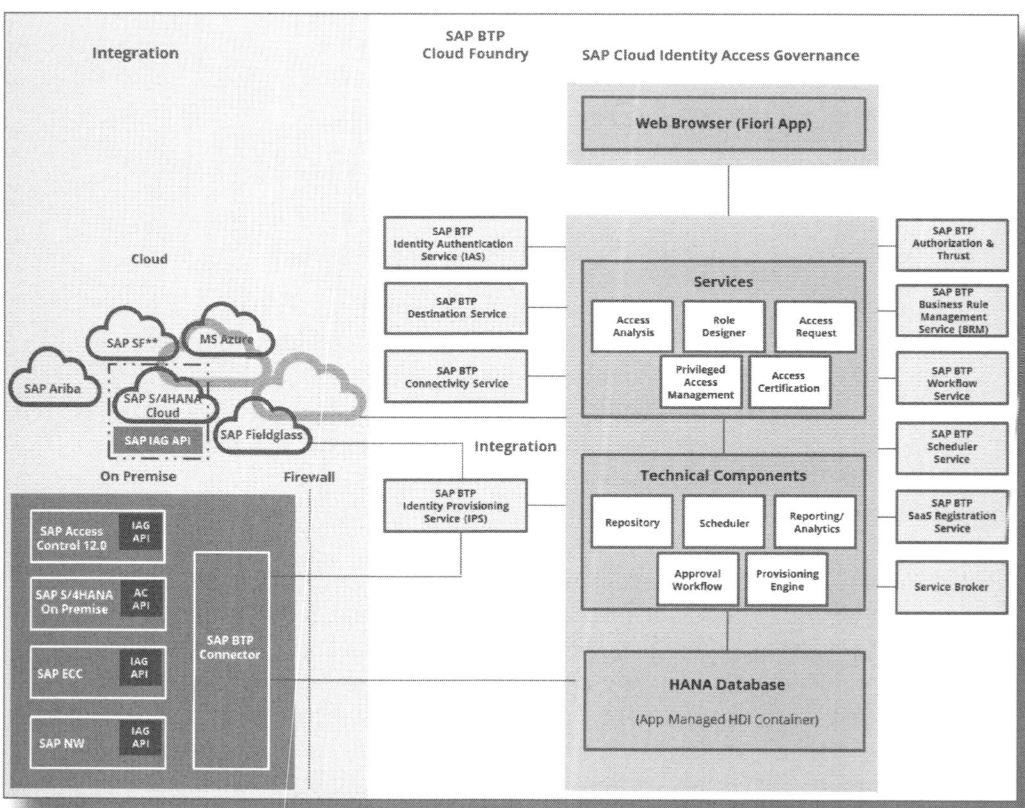

Abbildung 2.7: Integrierte hybride Architektur unter Verwendung des Cloud Identity Service

In Anbetracht der vielfältigen Sicherheitsanforderungen stellt die SAP BTP diverse Dienste bereit, die ein effizientes und wirksames Identitäts- und Zugriffsmanagement in hybriden Architekturen ermöglichen. Die Basis für alle Cloud-Sicherheitsdienste bilden die SAP BTP, bestehend aus den beiden Hauptkomponenten Identity Authentication und Identity Provisioning. Der SAP Identity Provisioning Service (IPS) automatisiert die Provisionierung von Benutzern und deren Berechtigungen in verschiedenen Systemen und Anwendungen. Dadurch wird der manuelle Aufwand reduziert, und die Compliance-Anforderungen werden effizient erfüllt. Der SAP Identity Authentication Service (IAS) hingegen bietet eine zentrale Anmeldestelle für alle Anwendungen und erhöht die Sicherheit durch Multi-Faktor-Authentifizierung. Zudem ermöglicht er nahtlose Anmeldeprozesse, beispielsweise durch SAP Single Sign-On, und unterstützt verschiedene Authentifizierungsprotokolle.

Zugriffsszenarien in hybriden Systemlandschaften

Hybride Architekturen variieren in Abhängigkeit von Ihrer Strategie und den bereits implementierten Lösungen für Identitäts- und Zugriffsmanagement, insbesondere im Hinblick auf den On-Premise-Bereich Ihrer Architektur. Beispielsweise könnte bereits eine SAP-ID-Management-Lösung existieren, bevor cloudbasierte Lösungen integriert und implementiert wurden. Oder es ist in Ihrer SAP-Landschaft SAP Access Control zur Verwaltung der Zugriffsbereitstellung inklusive der Bewertung von Zugriffsrisiken für alle On-Premise-Systeme vorhanden. In jedem Fall ist die Nutzung des Identitätsbereitstellungsdienstes erforderlich, um Zugang zu cloudbasierten Lösungen zu ermöglichen.

☛ Systemliste für Identitätsbereitstellungsdienste

Eine vollständige Liste der unterstützten Quell-, Ziel- und Proxysysteme, die den Identitätsbereitstellungsdienst von SAP Cloud Identity Service nutzen können, finden Sie unter folgendem Link im SAP Help Portal: *https://help.sap.com/docs/identity-provisioning/identity-provisioning/supported-systems?locale=en-US*.

In einem Szenario, in dem eine bestehende SAP-ID-Management-Lösung Ihre On-Premise-Anwendungen wie SAP S/4HANA unterstützt, verbindet sich der Identitätsbereitstellungsdienst direkt mit dieser ID-Management-Lösung (siehe Abbildung 2.8). Zusätzlich integriert sich der Identitätsauthentifizierungsdienst direkt mit Ihrem Unternehmensidentitätsanbieter, dessen Benutzerspeicher mit der SAP-ID-Management-Lösung synchronisiert ist. Businessrollen werden von SAP ID Management unterstützt, sodass diese einfach um rollenspezifische Cloud-Lösungen erweitert werden können. Sämtliche Aktivitäten zur Benutzer- und Rollenbereitstellung befinden sich in SAP ID Management, wo sie auch zentral verwaltet werden.

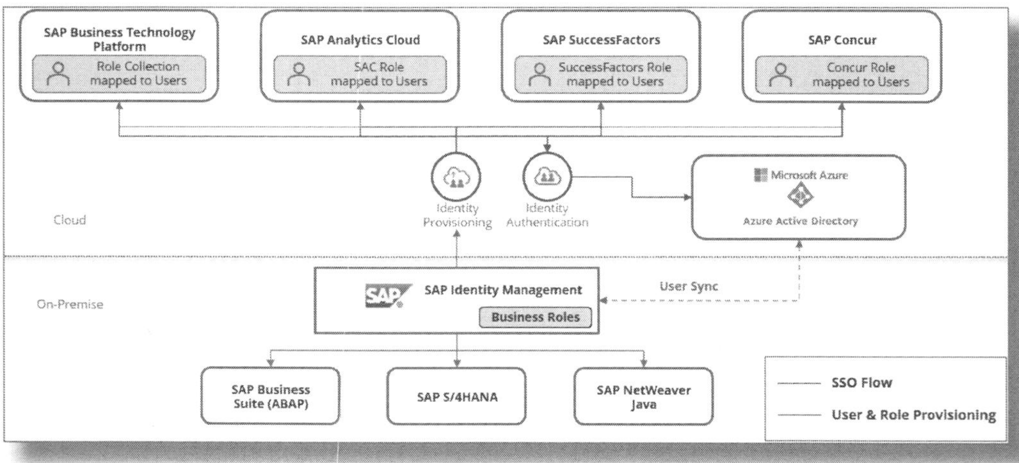

Abbildung 2.8: Beispiel einer Hybridarchitektur mit SAP ID Management

Um On-Premise-Systeme mit der Cloud-Infrastruktur zu verbinden, wird der Cloud Connector eingesetzt. Dieser ermöglicht es SAP IAG, direkt mit Ihren On-Premise-Lösungen zu interagieren, beispielsweise für Risikoanalysen. Die Bereitstellung des Zugriffs erfolgt über den Identitätsbereitstellungsdienst. Alle cloudbasierten Lösungen nutzen denselben Dienst für die Interaktion mit SAP IAG, um eine nahtlose Integration für die Zugriffsbereitstellung zu gewährleisten.

Wie in einem zuvor dargestellten Szenario agiert der Identitätsauthentifizierungsdienst entweder als Proxy für einen anderen (Unternehmens-)Identitätsanbieter oder als allein stehender Identitätsanbieter ohne Weiterleitung einer Authentifizierungsanfrage (siehe Abbildung 2.9). Sämtliche Aktivitäten zur Benutzer- und Rollenverwaltung werden in SAP IAG mit vollständiger Unterstützung für Businessrollen sowie über den entsprechenden Zugriffsbereitstellungsdienst abgewickelt.

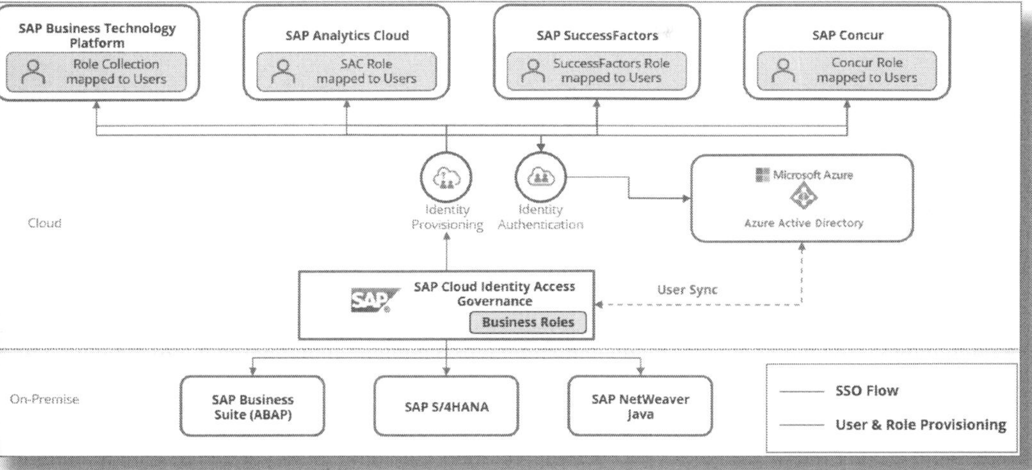

Abbildung 2.9: Beispiel einer Hybridarchitektur mit SAP Cloud Identity Access Governance

Viele Organisationen haben bereits SAP Access Control implementiert, um ihre verschiedenen Systeme zu vernetzen. Obwohl SAP Access Control mit SAP IAG verbunden werden kann, unterstützt SAP Access Control für eine Vielzahl von cloudbasierten Lösungen keine Benutzerzugriffsbereitstellung.

Es kann daher für Sie notwendig sein, zu SAP IAG zu wechseln, um den Benutzerzugriff zentral zu verwalten und zu steuern. Dies ist eine Voraussetzung für die Integration aller relevanten Lösungen in ein effektives Businessrollenkonzept.

Bleibt noch die Herausforderung, in cloudbasierten Lösungen die angemessenen Zugriffsrechte für jede sogenannte Businessrolle zu bestimmen. Dadurch werden eine globale Rollenkonzeption sowie Definition, was als »angemessener« Zugriff im Einklang mit den Aufgaben und Verantwortlichkeiten einer spezifischen Jobfunktion gilt, noch bedeutsamer.

Zusammengefasst ist die Etablierung eines robusten und nachhaltigen Businessrollenkonzepts in einer hybriden Landschaft abhängig von der Effektivität des Jobfunktionsrollendesigns für die On-Premise-Systeme der Architektur. Ein funktionierendes Jobfunktionsrollenkonzept mit der Cloud-Integration ist somit wichtiger denn je.

Zugriffsrisikoanalyse in hybriden Systemlandschaften

Fehlende Zugriffskontrollen können zu potenziellen Zugriffsrisiken führen. Je höher die Wahrscheinlichkeit eines Risikos ist und je größer die Auswirkungen sind, desto mehr Aufmerksamkeit sollten Sie diesen Risiken widmen. Es ist daher essenziell, potenzielle Zugriffsverletzungen zu erkennen, bevor sie tatsächlich auftreten. In einer hybriden Systemlandschaft, die sich über mehrere Systeme erstreckt – sowohl in der Cloud als auch On-Premise – beschränken sich Zugriffsrisiken nicht mehr nur auf On-Premise-Anwendungen. Insbesondere bei der Durchsetzung einer Trennung von Aufgaben und Funktionen (SoD) zwischen verschiedenen Anwendungen in Fällen, in denen sich zwei Aktivitäten gegenseitig beeinflussen könnten, dürfen die entsprechenden Berechtigungen nicht beiden Personen zugewiesen werden. Anderenfalls könnten etwa im Prozess von der Beschaffung bis zur Zahlung die beteiligten Systeme SAP Ariba und SAP S/4HANA für das Zugriffsrisiko verantwortlich sein, wenn dort die Funktionen »Fiktive Lieferantenrechnung in SAP Ariba erstellen« und »Lieferantenrechnung in SAP S/4HANA bezahlen« kombiniert werden. Folglich muss das Regelwerk für die Zugriffsrisikoanalyse weiterentwickelt werden, um Querschnittzugriffsrisiken zwischen plattformübergreifenden Anwendungen zu berücksichtigen.

2.4 Zusammenfassung

Die Entscheidung, das Berechtigungskonzept eines Unternehmens neu zu gestalten oder zu überarbeiten, kann verschiedene Gründe haben. Einige Haupttreiber sind Systemupgrades (z. B. die Migration zu SAP S/4HANA), die Behebung von Compliance-Problemen (z. B. SoD, gesetzliche Anforderungen), Fusionen und Übernahmen, die zu Integrationsprojekten führen, oder die Erkenntnis, dass das aktuelle Design nicht den gewünschten Sicherheitsstandards Ihres Unternehmens entspricht. Wenn Sie zwischen den verschiedenen Ansätzen (Top-down oder Bottom-up) wählen, sollten Sie bedenken, wie sich jeder Ansatz auf das Design Ihres Berechtigungskonzepts auswirken kann. Nicht nur der Ansatz, sondern auch die unterschiedliche Nutzung von Rollentypen und die internen sowie externen GRC-Auflagen haben einen entscheidenden Einfluss auf Ihr Berechtigungskonzept.

Eine besondere Rolle spielt dabei die Cloud-first-Strategie der SAP, die tiefgreifende Auswirkungen auf die Geschäftsabwicklung und die Gestaltung der Systemlandschaften hat. Parallel dazu verstärkt die Modernisierung und Digitalisierung den Fokus auf die Benutzererfahrung (UX – User Experience). Hybride Systemlandschaften wirken sich maßgeblich auf die Berechtigungsvergabe und -verwaltung aus und machen diese um einiges komplexer. Somit kristallisiert sich klar heraus, dass das zukünftige Berechtigungsmanagement nicht nur pro SAP-Produkt oder Business Suite, sondern global in einem hybriden Modell betrachtet werden muss.

3 SAP Fiori

***SAP Fiori*, als die generalüberholte und von der SAP fokussierte neue Benutzeroberfläche für alle SAP-Anwendungen, repräsentiert den zentralen Pfeiler der neuartigen Benutzererfahrung für viele SAP-Softwareprodukte. Mit der Vielzahl an neuen Funktionen und Möglichkeiten innerhalb des SAP Fiori Launchpad gilt es die zahlreichen neuen technischen Berechtigungskomponenten, Administrationstools, Hilfswerkzeuge und Konzipierungsansätze der Zugriffsverwaltung für Fiori-Apps zu berücksichtigen. Die Erfahrung hat gezeigt, dass die Erstellung eines SAP-Fiori-basierten Berechtigungskonzepts wesentlich zeitintensiver, komplexer und aufwendiger ist, als Transaktionen in der SAP GUI zu berechtigen.**

Nachdem wir uns in den vorherigen Kapiteln komprimiert die Grundlagen zu SAP-Berechtigungen sowie zur Rollenkonzeption inklusive Funktionstrennungen angeschaut haben, liegt der Fokus nun auf dem von vielen SAP-Kunden als neu wahrgenommenen SAP Fiori User Interface (UI), von der SAP auch User Experience (UX) genannt, und auf dessen Berechtigungsverwaltung. Das überarbeitete SAP Fiori UI schöpft das volle Potenzial der modernsten In-Memory-Computing-Technologien der ihm zugrunde liegenden leistungsstarken SAP-HANA-Datenbank voll aus. Zudem bildet es die Voraussetzung für moderne SAP-Geschäftsprozessabwicklung und mobile Arbeit. Um die Möglichkeiten von SAP Fiori vollumfänglich nutzen zu können, ist es unerlässlich, die notwendigen Fiori-Apps dem Endbenutzer adäquat zur Verfügung zu stellen und diese vor allem angemessen zu berechtigen. Des Weiteren sind generelle Berechtigungen für den Zugriff auf den Frontend- und Backend-Server und die Aktivierung sowie Prüfung der Systemkonfigurationen und technischen SAP-Fiori-Komponenten wie OData-Services und *Internet-Communication-Framework (ICF)*-Knoten unabdingbar. Neben der Integration der maßgeschneiderten Fiori-App-Berechtigungen sind diese technischen Vorbereitungen die Voraussetzung, um das SAP Fiori Launchpad effizient nutzen zu können. Darüber hinaus muss das neue SAP Fiori UI in das bestehende Berechtigungskonzept integriert oder hiermit harmonisiert werden, außerdem ist ein starker Fokus auf die Bereitstellung der visuellen Komponenten wie *Bereiche (engl.: Spaces)*, *Seiten (engl.: Pages)*, *Abschnitte (engl.: Sections)* und *Kacheln (engl.: Tiles, Cards)* zu legen.

Dieses Kapitel soll Sie von den technischen Grundlagen hin zu den Hilfswerkzeugen sowie zur Anlage und Implementierung eines SAP-Fiori-basierten Berechtigungskonzepts führen. Der Fokus liegt dabei primär auf der Rollen- und Berechtigungsverwaltung im Kontext von SAP Fiori sowie auf weiteren Details und möglichen Stolpersteinen, damit Sie in der Lage sind, das UI voll funktionsfähig in Ihr System und Berechtigungskonzept zu integrieren.

3.1 Technische Grundlagen

Um die Auswirkungen von SAP Fiori auf Ihr Berechtigungskonzept und Ihre Geschäftsprozesse zu verstehen, müssen Sie grundlegend den konzeptionellen Designansatz, die Systemarchitektur und verschiedene verfügbare Bereitstellungsszenarien für SAP Fiori verstehen.

3.1.1 Grundprinzipien von SAP Fiori

Der Grundgedanke von SAP Fiori ist die Bereitstellung einer applikationsübergreifenden intuitiven, rollenbasierten und konsistenten Benutzeroberfläche für den Endanwender. Letzterer hat darüber die Möglichkeit, komplexe Anwendungsfälle und Daten in Echtzeit zu analysieren, zu verarbeiten und anzupassen. Gemäß seinen Grundprinzipien hat SAP Fiori nachfolgende Eigenschaften.

Rollenbasiert

Jeder Nutzer hat entsprechend seiner Jobfunktion mit den dazugehörigen Aufgaben eine angepasste individuelle SAP-Fiori-Benutzeroberfläche im Launchpad. Der sichtbare Umfang ist auf die jeweilige Jobfunktionsrolle beschränkt.

Adaptiv

SAP Fiori passt sich an verschiedene Geräte und Betriebssysteme an, sodass es Nutzern arbeitsplatzunabhängig ohne Produktivitätseinbußen zur Verfügung steht.

Kohärent

SAP Fiori bietet eine einheitliche Benutzeroberfläche und ein konsistentes Design, wodurch eine intuitive Nutzung und einfaches autodidaktisches Lernen gefördert werden.

Einfach

Die SAP-Fiori-Anwendungen sind so gestaltet, dass Nutzer ihre Aufgaben mit maximal drei Navigationsebenen erledigen können, was eine schnelle und fokussierte Bearbeitung erlaubt.

Ansprechend

Das Belize-Theme und die vielseitigen Funktionen von SAP Fiori schaffen eine angenehmere und im Vergleich zu traditionellen SAP-Benutzeroberflächen produktivere Arbeitsumgebung.

SAP-Fiori-Designansatz

Der neue Designansatz ist in SAPUI5-Anwendungen integriert. Traditionelle Transaktionen und andere Arten von Legacy-Anwendungen entsprechen möglicherweise nicht seinen Kernprinzipien.

3.1.2 SAP-Fiori-Bereitstellungsoptionen

Das SAP Fiori Launchpad kann auf drei verschiedene Arten bereitgestellt werden – via Embedded Deployment, Standalone Deployment und SAP Build Work Zone.

SAP-Empfehlung für die SAP-Fiori-Bereitstellungsoptionen

Näheres zu den Bereitstellungsoptionen finden Sie im SAP-Hinweis 2590653 sowie im Empfehlungsdokument »SAP Fiori Deployment Options and System Landscape Recommendations« unter dem Link *https://www.sap.com/documents/2018/02/f0148939-f27c-0010-82c7-eda71af511fa.html.*

Embedded Deployment

Die SAP empfiehlt bei der Wahl der Bereitstellungsoptionen für On-Premise-Systeme das *Embedded Deployment*, bei dem der Frontend- (FES) und der Backend-Server (BES) auf demselben System installiert sind. Dieses Szenario wird auch als On-Premise- oder Any-Premise-Installation bezeichnet. Es eignet sich vor allem gut, wenn Anwendungen für ein SAP-S/4HANA- oder ein On-Premise-System nach Bedarf bereitgestellt werden. Seine Hauptvorteile sind eine bessere Aktualisierbarkeit mit neuen Versionen sowie geringere Kosten durch die Reduzierung der erforderlichen Systemanzahl. Wenn Ihre Endbenutzer jedoch Zugriff auf mehrere Anwendungen benötigen (z. B. SAP S/4HANA, SAP BW/4HANA und SAP Access Control), müssen sie sich bei jedem eingebetteten Launchpad einzeln anmelden. Dabei muss ein Endbenutzer beispielsweise auf drei verschiedene Launchpads mit unterschiedlichen Authentifizierungsanmeldeinformationen zugreifen, um die benötigten Anwendungen zu starten.

Um diese Option zu aktivieren, müssen Sie eine integrierte Installation der Frontend-Serverkomponenten (SAP Fiori Launchpad und SAP Fiori UIs) auf dem Backend-Server durchführen. Diese Option umfasst deshalb eine Kombination aus Frontend-Server und Backend-Server in derselben Instanz. Sie müssen dabei jedes eingebettete System separat verwalten, können jedoch gleichzeitig unterschiedliche Release-Versionen in jedem einzelnen haben. Wie in Abbildung 3.1 gezeigt, benötigen Sie bei einer eingebetteten Installation zwingend eine SAP-HANA-Datenbank.

> **Rollenbau im Embedded Deployment**
>
> Folgen Sie der Empfehlung der SAP, den Frontend- und den Backend-Server auf einer Instanz zu betreiben, um u. a. Ihre Berechtigungsrollen nicht in Frontend- und Backend-Rollen aufteilen zu müssen. So können Sie alle erforderlichen Berechtigungen in einer Rolle bereitstellen.

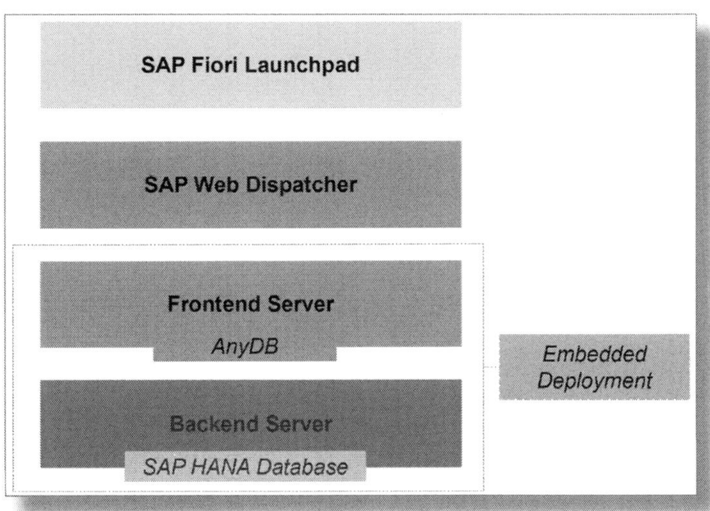

Abbildung 3.1: Embedded Deployment

Standalone Deployment

In der Anfangsphase von SAP Fiori empfahl die SAP zunächst das *Standalone Deployment*. Mit fortschreitender Entwicklung und neueren

Versionen wurde diese Empfehlung jedoch zugunsten des Embedded-Szenarios zurückgenommen.

Bei einem Standalone Deployment, auch Central Hub Deployment genannt, steht den Endbenutzern ein gemeinsames Launchpad zur Verfügung, auf das sie lokal zugreifen. Über dieses Launchpad kann ein Endbenutzer verschiedene Anwendungen starten (z. B. SAP S/4HANA, SAP BW/4HANA und SAP Access Control). Es gibt also einen zentralen Zugriff auf ein SAP Fiori Launchpad für alle damit verbundenen Backend-Systeme, ohne sich bei jedem System einzeln anmelden zu müssen. Ein Nachteil dieses Ansatzes sind jedoch die Abhängigkeiten des SAP Fiori Launchpad, da Frontend- und Backend-Komponenten dieselbe Version und das gleiche Patch-Level haben müssen. Wenn Sie also ein System patchen, müssen Sie auch alle anderen Systeme patchen, die dasselbe zentrale Launchpad nutzen. Sie können technisch gesehen keine unterschiedlichen UI-Versionen von SAP-Fiori-Produkten für verschiedene Backend-Server verwenden.

In einem Standalone Deployment ist der Frontend-Server ein eigenständiges System, das per Remote Function Call (RFC) mit verschiedenen Backend-Systemen verbunden ist (siehe Abbildung 3.2).

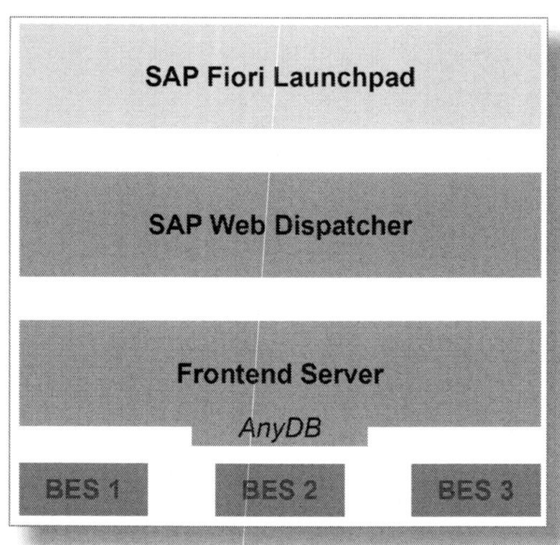

Abbildung 3.2: Standalone Deployment

SAP empfiehlt diese Bereitstellungsoption aufgrund der Komplexität in den Abhängigkeiten und der Verfügbarkeit des SAP-BTP-Cloud-Service nicht mehr.

☛ Abkündigung des Standalone Deployment

Der SAP-Fiori-Frontend-Server 2023 ist die letzte Version, die als Standalone-Server für SAP S/4HANA oder als Central Hub für Business-Suite-Systeme verwendet werden kann. Ab 2025 wird die SAP nur noch das Embedded Deployment für das SAP Fiori Launchpad unterstützen. Dies bedeutet, dass in Zukunft die SAP-Fiori-Benutzeroberflächen und das Backend von SAP S/4HANA sowie die SAP-Frontend-Server-Komponenten nur noch auf demselben Server installiert werden können.

SAP Build Work Zone (Standard Edition)

Die *SAP Build Work Zone (BWZ)*, ehemals SAP Launchpad Service genannt, in der SAP BTP ist eine cloudbasierte Lösung für ein zentrales Launchpad (siehe Abbildung 3.3). Dieser Ansatz ähnelt einer Standalone-Bereitstellung, jedoch ohne deren negative Auswirkungen bezüglich der Release-Abhängigkeiten. Das zentrale Launchpad ermöglicht es zum einen Ihren Endbenutzern, über ein cloudbasiertes Launchpad zentral auf verschiedene Anwendungen und Systeme zuzugreifen. Zum anderen umgehen Sie die Abhängigkeitsprobleme in einem Standalone-Szenario, sodass Ihre Backend-Systeme nicht dieselbe Version und das gleichen Patch-Level besitzen müssen. Ein zusätzlicher Vorteil dieses Ansatzes ist die Verfügbarkeit des SAP Fiori Launchpad außerhalb Ihres internen Netzwerks, da der Zugangspunkt im Internet liegt.

Dieser Cloud-Service erfordert eine Lizenz sowie eine sichere Verbindung von Ihren On-Premise-Anwendungen zu SAP BTP. Eine solche wird über den SAP Cloud Connector hergestellt.

Mit der Build Work Zone können Sie die Benutzerproduktivität und -effizienz steigern, indem Sie einen zentralen Zugriffspunkt für alle SAP-, benutzerdefinierten und Drittanbieteranwendungen sowie -erweiterungen erlauben und einrichten.

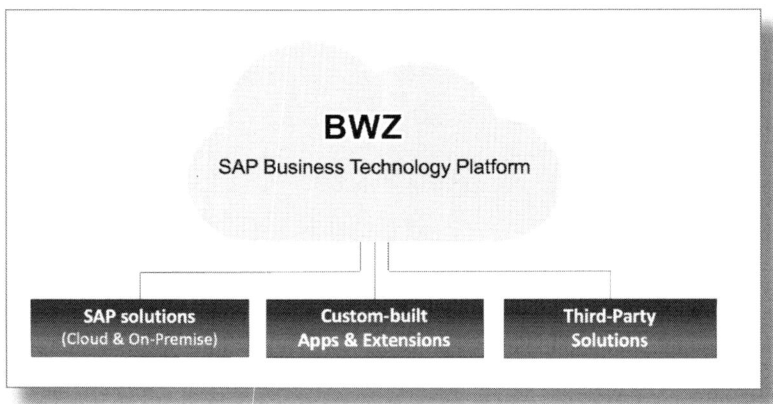

Abbildung 3.3: SAP Build Work Zone auf der SAP BTP

3.1.3 SAP-Fiori-Anwendungstypen

Die SAP-Fiori-Benutzeroberfläche bietet im SAP Fiori Launchpad einige neue Arten von Anwendungen für die Endbenutzer. Einer dieser speziellen *SAP-Fiori-Anwendungstypen* basiert auf dem HTML5-Coding und ermöglicht eine weitreichende und schnelle Datenerfassung: die *SAPUI5-basierten SAP-Fiori-Anwendungen*. Die SAP konzentriert sich bei der App-Entwicklung vor allem hierauf. Zum Stand 2024 sind bereits über 16.000 SAPUI5-Apps verfügbar. In Zukunft wird die SAP kontinuierlich weitere neue Applikationen entwickeln, um das volle Potenzial ihrer Geschäftsanwendungen wie SAP S/4HANA zu nutzen.

Neben echten SAPUI5-Anwendungen stoßen Sie bei SAP Fiori auch auf zwei andere Typen, auf *SAP-Fiori-Legacy-Anwendungen* und *SAP Fiori Enterprise Search*.

Lassen Sie uns daher einen kurzen Blick auf die verschiedenen Arten von Anwendungen werfen:

SAPUI5-basierte SAP-Fiori-Anwendungen

SAPUI5-Anwendungen sind speziell für SAP Fiori entwickelt und basieren auf HTML5. SAPUI5-Anwendungen erfordern einen OData-Dienst im Backend zur Kommunikation. Man unterscheidet transaktionale, analytische und sogenannte Fact Sheet Apps.

SAP-Fiori-Legacy-Anwendungen

SAP-Fiori-Legacy-Anwendungen sind SAP-GUI-basierte Anwendungen, die nicht speziell in HTML5 erstellt wurden. Stattdessen handelt es sich um ABAP-Transaktionen, die für HTML aktiviert sind, um ein sogenanntes Look and Feel von SAP Fiori zu vermitteln. Jede Legacy-Anwendung (z. B. Transaktionen oder Web Dynpros) kann für die Verwendung in SAP Fiori modelliert und bereitgestellt werden.

SAP Fiori Enterprise Search

Die *SAP Fiori Enterprise Search* ist eher eine Suchmaschine als eine App. Sie ist direkt in das SAP Fiori Launchpad integriert und bietet eine kontextbezogene systemweite Suche, um die erforderlichen Informationen über alle Anwendungen, Niederlassungen oder Geschäftsobjektdaten hinweg zu finden. In den meisten Fällen benötigt der Nutzer auch hierfür spezielle Berechtigungen.

3.1.4 SAP Fiori Apps Reference Library

Die *SAP Fiori Apps Reference Library* ist eine Online-Datenbank aller verfügbaren SAP-Fiori-Anwendungen. Sie enthält u. a. Informationen über die technischen Komponenten, Systemanforderungen oder Verweise auf SAP-Hinweise je App. Diese Bibliothek ist der beste Ausgangspunkt, um neue Apps und Funktionsumfänge zu identifizieren sowie zu erfahren, welche Berechtigungskomponenten wichtig sind und wie man die App korrekt implementiert.

Überblick

Die SAP Fiori Apps Reference Library enthält Anwendungen für verschiedene SAP-Produkte (für SAP S/4HANA CLOUD, SAP S/4HANA On-Premise, SAP BUSINESS SUITE oder SAP BTP), wie durch das Auswahlmenü in Abbildung 3.4 illustriert. Wenn Sie eine Übersicht über alle verfügbaren Apps wünschen oder wenn Sie die genaue App kennen, nach der Sie suchen, können Sie auch die Kategorie ALL APPS auswählen und über diese nach der expliziten Fiori-App suchen.

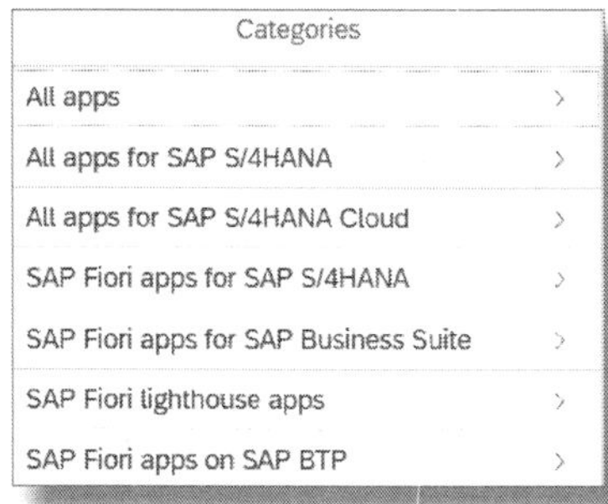

Abbildung 3.4: SAP Fiori Apps Reference Library – Hauptkategorien

Wie Abbildung 3.5 zeigt, können Sie in dem Menü auch die bereitgestellten SAP-Migrationstools verwenden. Hiermit finden Sie anhand der Nutzungsdaten Ihrer aktuellen SAP-GUI-Transaktionen die äquivalenten Fiori-Apps.

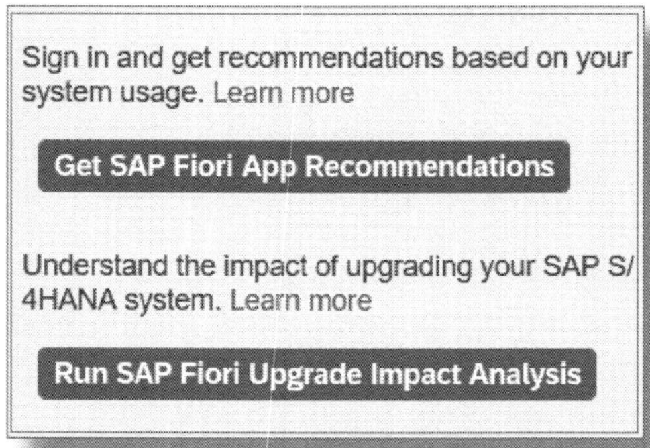

Abbildung 3.5: SAP Fiori Apps Reference Library – App-Migrationstools

☛ SAP Fiori Lighthouse Apps

SAP stellt Tausende verschiedener Fiori-Apps bereit, um die Geschäftsprozessabwicklung in den verschiedenen SAP-Produkten per SAP Fiori UI zu ermöglichen. Darüber hinaus empfiehlt SAP die wichtigsten und nützlichsten Apps als SAP FIORI LIGHTHOUSE APPS (siehe Abbildung 3.4). Diese Apps sind die aktuell stabilsten Anwendungen für gängige Geschäftsprozesse.

Wenn Sie eine Anwendung in der SAP Fiori Apps Reference Library auswählen, gelangen Sie direkt zur Registerkarte PRODUCT FEATURES, die in Abbildung 3.6 dargestellt ist. Dort finden Sie grundlegende App-Informationen, etwa die Beschreibung der Hauptfunktionen, Screenshots oder die App-Dokumentation. Für die Berechtigungspflege ist die Registerkarte IMPLEMENTATION INFORMATION entscheidend. Im hieran anschließenden Abschnitt »Technische Komponenten« zeige ich Ihnen, welche darin enthaltenen Daten zur Berechtigung von Fiori-Apps relevant sind.

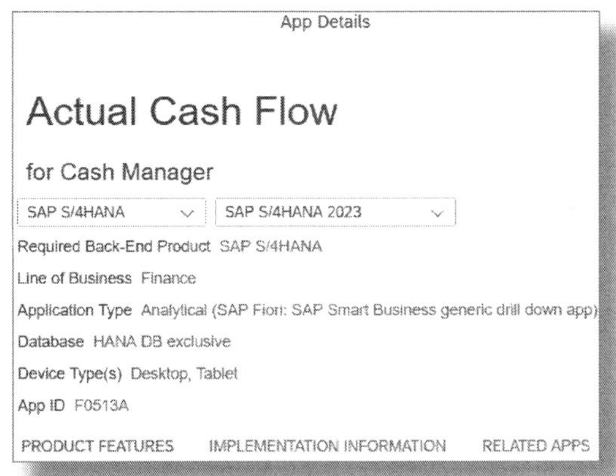

Abbildung 3.6: Fiori-App »Actual Cash Flow« – Überblick

Die SAP Fiori Apps Reference Library ist aktuell die einzige zuverlässige Informationsquelle für Fiori-Apps. Daher ist es ratsam, die darin enthaltenen Informationen gesamtheitlich herunterzuladen. Die hierbei generierte Excel-Liste können Sie dann analysieren, entsprechend den internen oder auch externen Vorgaben validieren und als Grundlage für die ersten Konzeptionsschritte zu einem SAP-Fiori-basierten Berechtigungskonzept nutzen. Zur Download-Funktion gelangen Sie, indem Sie von der Detailansicht (DETAIL VIEW) zur Listenansicht (LIST VIEW) wechseln (siehe Abbildung 3.7). Letztere stellt eine Liste aller anwendungsrelevanten Informationen zur Verfügung, die dann in der rechten unteren Ecke als CSV-Datei heruntergeladen werden können.

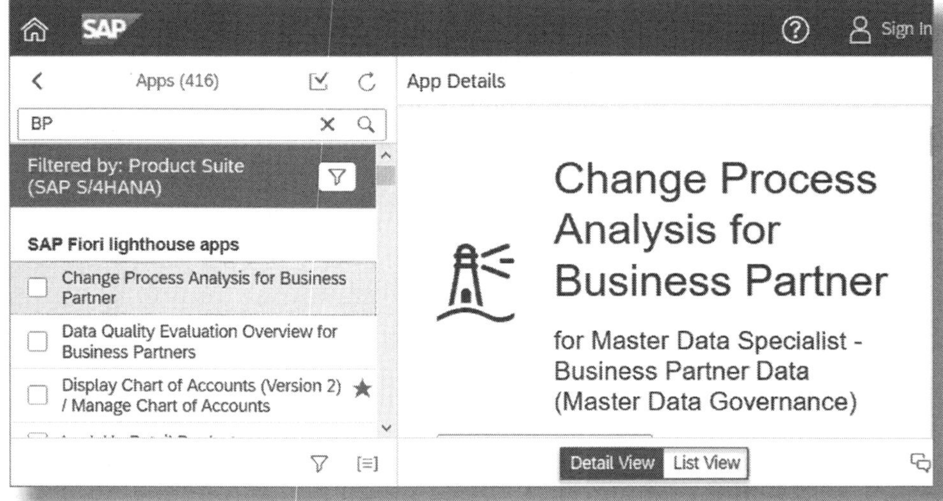

Abbildung 3.7: SAP Fiori Apps Reference Library – Detailansicht und Listenansicht

Technische Komponenten

Für die Berechtigungspflege von Fiori-Apps benötigen Sie die technischen Anforderungen und Komponenten je App, die Sie innerhalb der Registerkarte IMPLEMENTATION INFORMATION finden. Für den Rollenbau benötigen Sie folgende Komponenten:

App-ID

Jede Fiori-App hat ihre eindeutige Identifikationsnummer (ID). Die App-ID ist der schnellste und genaueste Weg, um Informationen über eine

App in der Bibliothek zu finden. Da viele Apps den gleichen Titel und die gleiche Kurzbeschreibung haben, sind sie tendenziell schwer zu unterscheiden. Verwenden Sie daher immer eine App-ID mit eindeutiger Kennung.

Release-Stufe/Komponentenversion

Wählen Sie immer die richtige Backend-Systemversion und das richtige Patch-Level aus. Informationen und Daten können sich zwischen Versionen und Patch-Level ändern.

SAP-Hinweise

SAP-Hinweise liefern zusätzliche Informationen zu einer App einschließlich ihrer Voraussetzungen oder Korrektur-Patches.

SAPUI5-Apps

Bei einer *SAPUI5-App* müssen Sie zuerst den zugehörigen Internet-Communication-Framework(ICF)-Knoten aktivieren, um die webbasierte Kommunikation mit Ihrem Backend-System zu ermöglichen sowie abzusichern.

OData-Services

OData-Services sind für die Kommunikation mit Frontend- und Backend-Servern erforderlich. Stellen Sie sicher, dass die aufgelisteten OData-Services aktiviert sind, bevor Sie die App berechtigen.

Target Mapping(s)

Ein semantisches Objekt und seine zugehörigen semantischen Aktionen beschreiben die für Endbenutzer möglichen Aktionen einer Anwendung. Diese beiden Komponenten gebündelt sind das *Target Mapping*, auch Zielzuordnung genannt. Diese Zuordnung ist erforderlich, um die gezielte Nutzung durch die gewünschte SAP-Fiori-Anwendung zu berechtigen.

Technischer Katalog

Die SAP liefert jede App über mindestens einen *technischen Katalog* aus. Ein technischer Katalog enthält anwendungsbezogene Konfigurationen. Er dient als Ursprungsreferenz für die kundenindividuellen Businesskataloge, die eine zentrale Einheit für die weitere Berechtigungspflege darstellen.

Business Role(s)

SAP bietet auch für Fiori-Apps Vorlagenrollen. SAP-Standardrollen ermöglichen eine schnelle Implementierung in einer Sandbox-Umgebung, sollten jedoch nicht in einem produktiven System verwendet werden. Erstellen Sie immer benutzerdefinierte Rollen für Ihre Endbenutzer bzw. integrieren Sie SAP Fiori in Ihr bestehendes Konzept.

Hinzufügen von weiteren Sprachoptionen

Immer wieder stoßen SAP-Kunden während der grundlegenden Funktionstests von Fiori-Apps in einem SAP-S/4HANA-Sandbox-System auf das Problem, dass der App-Name und dessen Beschreibung je nach Anmeldesprache variieren. In der SAP Fiori Apps Reference Library werden sie jedoch in der Standardsprache Englisch gelistet. Dies erschwert den Abgleichprozess zwischen System und Bibliothek bei der Suche nach genauen technischen Implementierungsinformationen je App. SAP sieht deshalb eine Einbindung weiterer optionaler Sprachen in die SAP Fiori Apps Reference Library vor. Dafür müssen Sie in der oberen rechten Ecke der Bibliothek auf den -Button klicken und darüber die gewünschten zusätzlichen Sprachen auswählen.

3.1.5 OData-Services und ICF-Services

Mit der konsistenten Einführung von SAP Fiori und der diesem zugrunde liegenden SAPUI5-Technologie hat die SAP eine innovative Benutzeroberfläche geschaffen. Die Interaktion zwischen SAPUI5-Anwendungen und den entsprechenden Backend-Systemen erfolgt über das *Open Data Protocol (OData)*, das die Schnittstelle zwischen der SAP-Fiori-Benutzeroberfläche und dem Frontend-Server, insbesondere dem SAP Gateway, bildet. OData-Services sind essenziell für die Kommunikation und den Austausch von Daten zwischen dem Frontend- und dem Backend-Server. Zudem ist es für den webbasierten Zugriff notwendig, auch die ICF-Knoten zu öffnen.

OData-Services

OData ist ein Webprotokoll, das auf dem Representational-State-Transfer(REST)-Netzwerkarchitekturstil basiert und offenen Datenaustausch sowie Abfragen und Aktualisierungen ermöglicht, wobei es Webtechnologien wie HTTP, Atom Publishing (AtomPub) und Really Simple Syndication (RSS) nutzt. Diese Services sind primär für die Verbindung zwischen der SAP-Fiori-Benutzeroberfläche und dem SAP Gateway vorgesehen. Letztgenanntes fungiert dabei als Vermittler für den sicheren Datenaustausch zwischen diversen Endbenutzern, Plattformen, Datenbanken und Endgeräten, um direkte Peer-to-Peer-Kommunikation zwischen Infrastrukturkomponenten zu vermeiden. Dieser Kommunikationsprozess erlaubt einen weitreichenden Datenzugriff und die Verarbeitung von Daten in verschiedenen Datenbanken durch unterschiedliche stationäre oder mobile Geräte. Durch die Integration verschiedener Fiori-Apps mit *Core Data Services Views (CDS Views)* lässt sich ein neues Level der Informationsverarbeitung erreichen (siehe Abbildung 3.8).

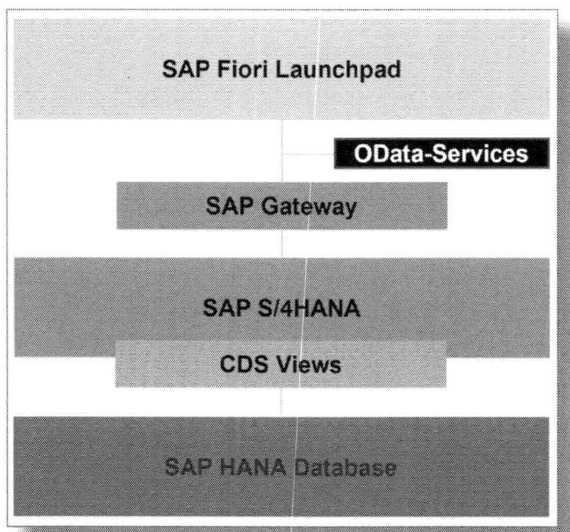

Abbildung 3.8: SAP-Fiori-Kommunikationsarchitektur

OData-Services unterstützen Operationen wie Erstellung, Lesen, Aktualisieren und Löschen (CRUD-Prinzip), die Ihnen möglicherweise bereits aus SAP-GUI-Transaktionen oder der Structured Query Language (SQL) bekannt sind. Die SAP hat dieses Protokoll weiterentwickelt, damit SAP Fiori in der Lage ist, die volle Kapazität eines Backend-Systems freizusetzen. Hierbei variiert die Unterstützung zwischen OData V2 und V4. Die neuesten OData-V4-Serviceanwendungen ermöglichen es, das volle Potenzial von SAP S/4HANA und der SAP-HANA-Datenbank zu nutzen.

☛ Core Data Service Views

CDS Views in SAP sind leistungsfähige Datenmodelle, die es ermöglichen, komplexe Abfragen und Geschäftslogik direkt auf der Datenbankebene zu implementieren, um die Datenverarbeitungsgeschwindigkeit zu steigern und die Systemeffizienz zu verbessern. Sie bieten eine kohärente Schnittstelle, die die Integration und den Zugriff auf Daten durch Anwendungen wie Fiori-Apps durch direkte Datenbankabfragen vereinfacht und dabei moderne ABAP- und SQL-Techniken nutzt.

ICF-Services

Das *Internet Communication Framework (ICF)* ist ein integraler Bestandteil der SAP-NetWeaver-Technologieplattform. Es dient der Verarbeitung von HTTP-Anfragen innerhalb eines SAP-Systems und unterstützt die Integration von SAP-Anwendungen mit dem Internet. Das ICF ermöglicht zudem das Konsumieren von REST-basierten sowie Simple Object Access Protocol(SOAP)-Webservices. Somit spielt es eine wichtige Rolle bei der Erstellung und Nutzung von Webanwendungen und Services, die über SAP-Systeme zugänglich sein sollen. Es ist daher besonders für Unternehmen wichtig, deren Geschäftsprozesse über das Internet laufen (z. B. mittels SAP Fiori) und die die Interoperabilität zwischen verschiedenen Technologien und Plattformen sicherstellen möchten.

Aktivierung der Komponenten auf dem Backend-Server

Bevor OData-Services in Ihrem Backend-System genutzt werden können, ist deren Aktivierung erforderlich. Falls das externe SAP-Gateway-System sich in einem anderen Mandanten befindet als der Ziel-Backend-Server, ist auch die Aktivierung der ICF-Services notwendig. Dies fällt hauptsächlich in den Aufgabenbereich des Basisteams, doch als Sicherheitsadministrator könnten Sie ebenfalls für diese Aktivierung verantwortlich sein. Beachten Sie, dass jede Fiori-App spezifische Anforderungen an zu aktivierende OData-Services und ICF-Knoten hat. Das können Sie auch in der SAP Fiori Apps Reference Library sehen.

Im Folgenden werden die Funktionen erläutert, die Sie für die Aktivierung dieser Dienste benötigen, um die Nutzung von Fiori-Apps zu ermöglichen und die hierfür nötigen Berechtigungen zu erteilen.

Transaktion */IWFND/MAINT_SERVICE*

Für die Aktivierung von OData-Services nutzen Sie die Transaktion */IWFND/MAINT_SERVICE*. Es dabei sehr wichtig, den Unterschied zwischen dem SAP Gateway: Business Suite Enablement – Service (Objekttyp IWSV) und dem SAP Gateway: Service Groups Metadata (Objekttyp IWSG) zu verstehen. Der IWSV-Service, ein Backend-Service, der automatisch in SAP S/4HANA verfügbar ist, erfordert keine Aktivierung. Der IWSG-Service, ein Frontend-Service, muss hingegen aktiviert werden.

Notieren Sie sich die erforderlichen Frontend-OData-Services aus den Implementierungsdaten der jeweiligen App in der SAP Fiori Apps Reference Library, und rufen Sie die Transaktion */IWFND/MAINT_SERVICE* auf. Klicken Sie zuerst auf Service hinzufügen. Gehen Sie dann im Feld Systemalias auf das gewünschte Zielsystem (lokal oder per RFC), und tätigen Sie in der nächsten Zeile, Technischer Servicename, Ihre Eingabe. Nach der Bestätigung wählen Sie den Dienst aus und aktivieren ihn per Ausgewählte Services hinzufügen (siehe Abbildung 3.9).

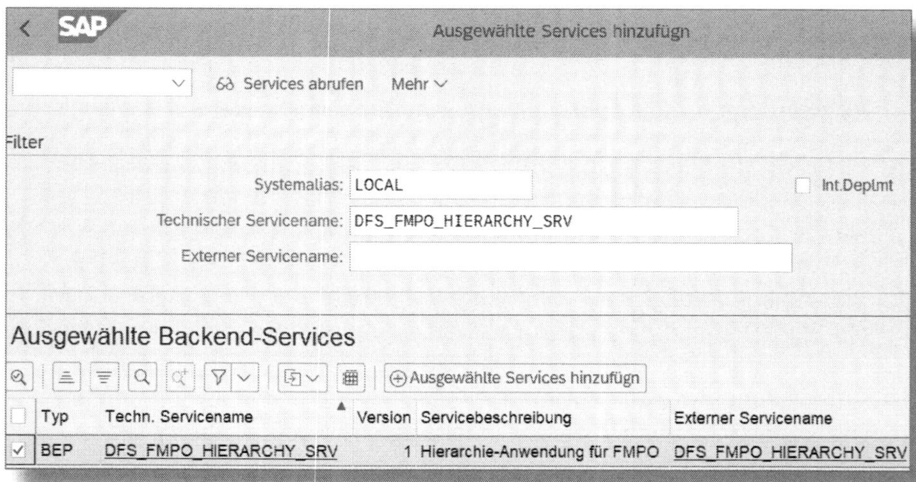

Abbildung 3.9: Transaktion »/IWFND/MAINT_SERVICE« – OData-Service aktivieren

Sie sollten dann die aktivierten OData-Services in der Transaktion *SICF* und im darunterliegenden Knoten SAP/BC/OPU/ODATA sehen.

Transaktion *SICF*

Zur Aktivierung von ICF-Diensten für SAPUI5-Apps navigieren Sie zur Transaktion *SICF* und wählen den Knoten */sap/bc/ui5_ui5/sap* aus. Die spezifischen ICF-Dienstanforderungen entnehmen Sie ebenfalls der SAP Fiori Apps Reference Library (siehe Abbildung 3.10).

SAPUI5 Application

The ICF nodes for the following SAPUI5 application must be activated on the front-end server:

Component	Technical Name	Path to ICF Node	SAP UI5 Component
SAP UI5 Application	MD_QEVLBPOVPS1	/sap/bc/ui5_ui5 /sap/md_qevlbpovps1	mdm.cmd.mdq.evaluation.bu pa.ovps1

Abbildung 3.10: ICF-Anforderungen in der SAP Fiori Apps Reference Library

Transaktion *STC01*

Seit dem SAP-S/4HANA-Release 1909 kann man für eine massenhafte Aktivierung der technischen Konfigurationen für SAPUI5-Apps den Aufgabenmanager per Transaktion *STC01* nutzen und mit seiner Hilfe unterschiedliche Aufgabenlisten ausführen. Für SAP-Fiori-Komponenten bietet sich vor allem die Aufgabenliste (AufgListe) *SAP_FIORI_FCM_CONTENT_ACTIVATION* (siehe Abbildung 3.11).

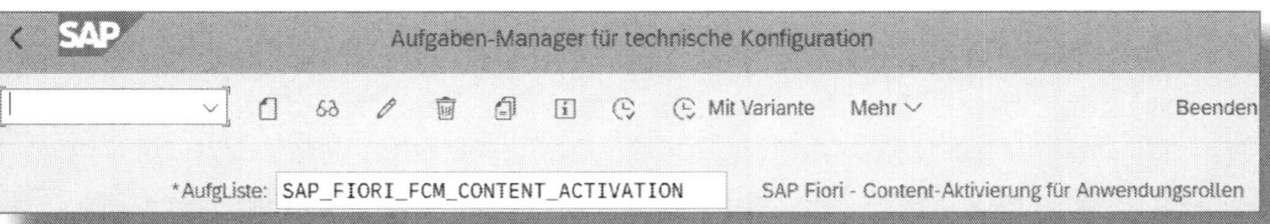

Abbildung 3.11: Transaktion »STC01« – Schnellaktivierung technischer Komponenten für SAPUI5-Apps

Nachfolgend sehen Sie zwei zusätzliche Aufgabenlisten für die individuelle Massenaktivierung der unterschiedlichen Dienste:

- SAP_GATEWAY_ACTIVATE_ODATA_SERV: Massenaktivierung von OData-Services
- SAP_BASIS_ACTIVATE_ICF_NODES: Massenaktivierung von ICF-Diensten

☛ Rapid Activation for SAP Fiori in SAP S/4HANA

Weitere Informationen zu diesem Thema finden Sie im SAP-Hinweis 2834415.

Achten Sie bei der Aktivierung darauf, dass Sie das vordefinierte Entwicklerpaket $TMP ändern, damit Sie die Konfiguration auch in die nachgelagerten Systeme transportieren können.

Übersicht über aktivierte Dienste

Wenn Sie sich alle aktivierten OData- oder ICF-Dienste anzeigen lassen möchten, haben Sie zwei Möglichkeiten. Für OData-Services können Sie die etwaigen Daten per Transaktion *SE16* in der Tabelle /IWFND/I_MED_SRH einsehen. Über den SAP-Report RS_ICF_SERV_ADMIN_TASKS können Sie alle aktiven ICF-Dienste per CSV-Datei exportieren.

3.2 SAP-Fiori-Administrationstools

Für SAP Fiori stehen zahlreiche neue Administrations- und Konfigurationstools bereit. Diese Werkzeuge umfassen den SAP Fiori Launchpad Designer, eines der ersten mit SAP Fiori gelieferten Werkzeuge zur Erstellung und Pflege von Katalogen und Gruppen, sowie die neueren SAP-Entwicklungen, wie den SAP Fiori Launchpad Content Manager, den SAP Fiori Launchpad App Manager und die Apps »Launchpad Bereiche verwalten« sowie »Launchpad Seiten verwalten«. Für die Erstellung eines Fiori-basierten Berechtigungskonzepts und die entsprechende Rollenpflege sind vor allem die nachfolgend vorgestellten Fiori-Administrationstools essenziell.

☛ Explizite Rollenpflege per Transaktion PFCG

Trotz des Einsatzes von SAP Fiori und vielen neuen Funktionen bleibt die traditionelle Transaktion *PFCG* weiterhin die wichtigste SAP-Funktion für die Rollen- und Berechtigungspflege.

3.2.1 SAP Fiori Launchpad Designer

Bis SAP S/4HANA 2020 war der *SAP Fiori Launchpad Designer (FLPD)* das Hauptwerkzeug zur Erstellung und Pflege von Katalogen, Gruppen und Kacheln. Ab SAP S/4HANA 2020 wurde die Wartung technischer Kataloge auf den SAP Fiori Launchpad Content Manager verschoben. Für die Verwaltung von Releases mit SAP-Fiori-Gruppen ist der SAP Fiori Launchpad Designer weiterhin das einzige Tool.

Der FLPD kann mit der Transaktion */UI2/FLPD_CUST* im Customizing-Umfeld (mandantenabhängig) sowie mit der Transaktion */UI2/FLPD_CONF* im Konfigurationsumfeld (mandantenunabhängig) aufgerufen werden. Als Kunde sollten Sie immer im kundenspezifischen Bereich arbeiten, also mit dem mandantenabhängigen FLPD.

Der FLPD ist das Standardwerkzeug für folgende Aktivitäten (releaseabhängig):

- Erstellung und Pflege von Katalogen
- Erstellung und Pflege von Gruppen
- Konfiguration der Kacheln und ihrer Zielzuordnungen
- Transport von Gruppen, Katalogen und Kacheln

Abbildung 3.12 zeigt den FLPD im Customizing-Bereich, der durch die Mandanteninformation (Client 100) in der oberen rechten Ecke angezeigt wird. Er ist in zwei Hauptabschnitte unterteilt, Catalogs und Groups, erkennbar in der oberen linken Ecke. Über die Suchleiste finden Sie die notwendigen Kataloge und Gruppen. Auch die von der SAP gelieferten technischen und Businesskataloge sowie Gruppen sind verfügbar. SAP-Standard-Businesskataloge haben das Präfix SAPBC, bei Businessgruppen lautet es SAPBCG und bei technischen Katalogen SAP_TC.

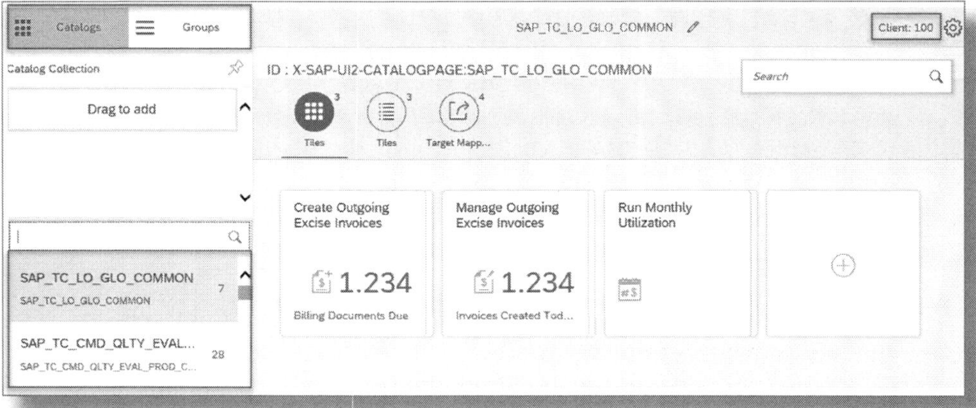

Abbildung 3.12: Mandantenabhängiger FLPD

Mithilfe des FLPD können Sie eigene maßgeschneiderte Gruppen und Kataloge erstellen sowie verwalten. Bei der Erstellung benutzerdefinierter Kataloge müssen Sie stets darauf achten, dass Sie auf einen technischen Standardkatalog von SAP referenzieren. Dies erspart Ihnen vor allem im Kontext von Standardapps die Notwendigkeit, die Applikation manuell zu konfigurieren, gleichzeitig gewährleisten sie eine dauerhafte Upgradefähigkeit. Um Anwendungen zu Ihrem individuellen Katalog hinzuzufügen, genügt es, diese aus dem technischen Katalog herauszuziehen und somit eine Verknüpfung zu erstellen. Ein beispielhaftes Szenario, in dem ein technischer Katalog als Referenz für eine Applikation dient, wird in Abbildung 3.13 veranschaulicht. Zur Erstellung einer solchen Verknüpfung ziehen Sie einfach eine Anwendung mit der linken Maustaste, halten diese gedrückt und bewegen die Maus, bis der FLPD ein Dialogfenster öffnet, das die Erstellung der Verknüpfung ermöglicht.

Abbildung 3.13: Mandantenabhängiger FLPD – Anwendungen ziehen und ablegen

Auf diese Weise bleibt die Integrität der Verknüpfung zur Originalapplikation aus dem technischen Katalog so lange gewahrt, bis Sie in Ihrem Businesskatalog Modifikationen an der Anwendungskonfiguration vornehmen und es dadurch zu einer Unterbrechung der Verknüpfung kommt. In einem solchen Fall bleibt die Applikation zwar weiterhin funktionstüchtig, eventuelle Aktualisierungen müssen jedoch manuell eingepflegt werden. Die SAP behält sich vor, mit der Einführung neuer Support Packages die Konfiguration der Anwendungen im technischen Katalog anzupassen. Diese Anpassungen müssen dann manuell in Ihrem individuellen Katalog nachgezogen werden. Daher ist es empfehlenswert, Verknüpfung und Standardapp unangetastet zu lassen. Solange die Verknüpfung besteht, wird die Konfiguration bei jeglicher Modifikationen am technischen Katalog automatisch aktualisiert.

☛ Behandlung von Customizing-Objekten

Die SAP empfiehlt, Änderungen im mandantenabhängigen Customizing-Umfeld durchzuführen und diese von einem Mandanten auf einen anderen zu transportieren, wenn dies erforderlich ist. Rollen sind mandantenabhängige Customizing-Objekte – das gleiche Vorgehen empfehle ich somit auch für SAP-Fiori-Inhalte.

Um benutzerdefinierte Kataloge oder benutzerdefinierte Gruppen initial zu erstellen, klicken Sie auf das Symbol ⊕ in der unteren linken Ecke.

3.2.2 Apps »Launchpad-Bereiche verwalten« und »Launchpad-Seiten verwalten«

Seit der Einführung von SAP S/4HANA 2020 mit SAP Fiori 3.0 stellt die SAP ein innovatives Konzept für Bereiche, Seiten und Abschnitte bereit, das die Gestaltung des SAP Fiori Launchpad revolutioniert und übersichtlicher gestaltet. Es eröffnet Benutzern die Möglichkeit, den Inhalt des SAP Fiori Launchpad auf eine weitaus einfachere und strukturiertere Weise zu nutzen als bisher, da bei größeren SAP-Fiori-Funktionsumfängen eine sehr große und unübersichtliche Leiste an Gruppen entstand. Die Vermeidung überladener Startseiten verhindert, dass der Benutzer sich in den Inhalten verliert, und stellt mittels besserer Strukturierung eine zielgerichtete Prozessierung sicher.

Um Bereiche und Seiten (S+P-Konzept), die im SAP Fiori Launchpad eines Benutzers dargestellt werden sollen, zu verwalten, stehen Ihnen die Apps »Launchpad-Bereiche verwalten« (App-ID: F4834) und »Launchpad-Seiten verwalten« (App-ID: F4512) zur Verfügung. Diese Anwendungen basieren auf dem Prinzip »Was Sie sehen, bekommen Sie« (WYSIWYG), das Layout einer Seite lässt sich mittels Drag-and-drop funktional und intuitiv strukturieren.

Um Bereiche und Seiten für Benutzer bereitzustellen, ist es erforderlich, diese zunächst mittels eines der zwei folgenden Parameter in der Transaktion */UI2/FLP_CUS_CONF* über SPACES oder SPACES_ENABLE_USER zu aktivieren (siehe Abbildung 3.14).

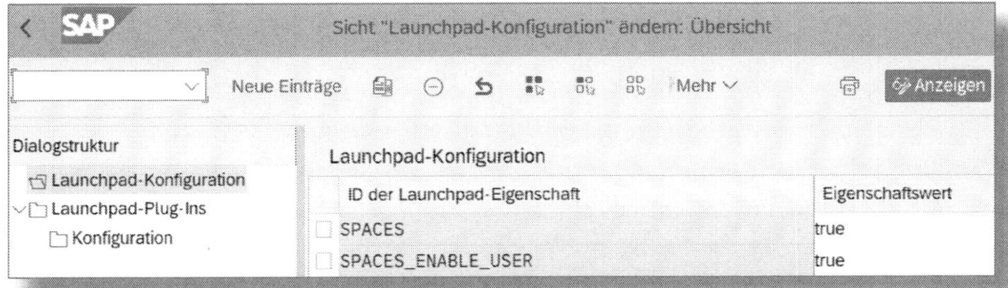

Abbildung 3.14: Parameter zur Aktivierung von Bereichen

Durch das Setzen eines der Parameter aktivieren Sie eine individuelle oder gesamtheitliche Nutzung des neuen Bereiche-Seiten-Konzepts. SPACES auf *true* bewirkt, dass für alle Benutzer automatisch das Konzept von Bereichen und Seiten aktiviert ist. Mit SPACES_ENABLE_USER auf *true* erhält jeder Benutzer die Möglichkeit, individuell zwischen dem herkömmlichen Ansatz (Gruppen) und dem neuen Konzept (Bereiche und Seiten) zu wählen. Bitte beachten Sie, dass jeweils nur ein Parameter aktiv sein kann. Somit müssen Sie entscheiden, welchen Sie auf *true* setzen.

! Transformation von SAP-Fiori-Gruppen zu Bereichen und Seiten

Bitte berücksichtigen Sie, dass beim Wechsel vom traditionellen Ansatz (SAP-Fiori-Gruppen) zum neuen Konzept (Bereiche and Seiten) ein Endbenutzer die zuvor erstellten Gruppen nicht mehr einsehen kann. Daher muss der Inhalt über die neuen Bereiche und Seiten neu konzipiert, implementiert und somit letztendlich zugänglich gemacht werden. Beachten Sie außerdem, dass ab SAP S/4HANA 2020 nicht mehr SAP-Fiori-Gruppen, sondern Bereiche und Seiten der Standard für die SAP-Fiori-Visualisierung sind. Hierfür nutzen Sie die SAP-Standardapp */UI2/FDM_GTP*.

3.2.3 SAP Fiori Launchpad Content Manager

Der *SAP Fiori Launchpad Content Manager (FLPCM)* ist ab SAP S/4HANA 1909 Feature Pack Stack 01 das Tool der Wahl, wenn Sie *Businesskataloge* erstellen und anpassen wollen. Er läuft nicht nur stabiler als der FLPD, sondern bietet auch wesentlich mehr Anpassungs- und Analysefunktionen. Sie haben die Möglichkeit, den FLPCM über die Transaktion */UI2/FLPCM_CUST* für mandantenabhängige Einstellungen oder über die Transaktion */UI2/FLPCM_CONF* für mandantenunabhängige Konfigurationen zu starten. Innerhalb des FLPCM können Sie Ihre Kataloge nicht nur umfassend bearbeiten, sondern auch detailliert überprüfen, ob zu den enthaltenen Apps sämtliche Dienste aktiviert und korrekt eingerichtet sind.

☛ Änderung der Hauptsprache eines Katalogs oder einer Gruppe

Rollen bekommen bei der Erstellung eine Abhängigkeit von der jeweiligen Anmeldesprache übertragen. Ebenso verhält es sich bei Katalogen und Gruppen. Mit dem SAP-Report /UI2/CHANGE_ORIGINAL_LANGUAGE können Sie dies anpassen.

Wie in Abbildung 3.15 dargestellt, erlaubt Ihnen der FLPCM, die Inhalte der Kataloge – einschließlich Kacheln/Zielzuordnungen – zu analysieren, um sicherzustellen, dass diese aktiv sind und die Kataloge adäquat konfiguriert wurden.

Sie können dabei zwischen verschiedenen Reitern wie Kataloge, Kacheln/Zielzuordnungen und Rollen navigieren. Die Such- und Filterfunktionen innerhalb des FLPCM ermöglichen nicht nur das Finden expliziter Fiori-IDs, sondern u. a. auch der Zielzuordnungen, Anwendungstypen, URLs, technischen Referenzkataloge und Verwendungsnachweise in Rollen. Analog zum FLPD erlaubt Ihnen der FLPCM, Kataloge zu erstellen, zu löschen, zu kopieren sowie Kacheln zu modifizieren und zudem Ihre Kataloge zu transportieren. Zusätzlich können Sie darüber Kataloge direkt Im Designer öffnen oder eine Überprüfung durchführen, ob Ihr Katalog die erforderlichen OData- oder ICF-Dienste bereitstellt (Services prüfen). Ein weiteres herausragendes Merkmal ist die Möglichkeit, im Reiter Rollen bereits zugeordnete Gruppen oder auch Bereiche einzusehen, wodurch die Organisation und Verwaltung Ihrer SAP-Fiori-Landschaft weiter vereinfacht wird.

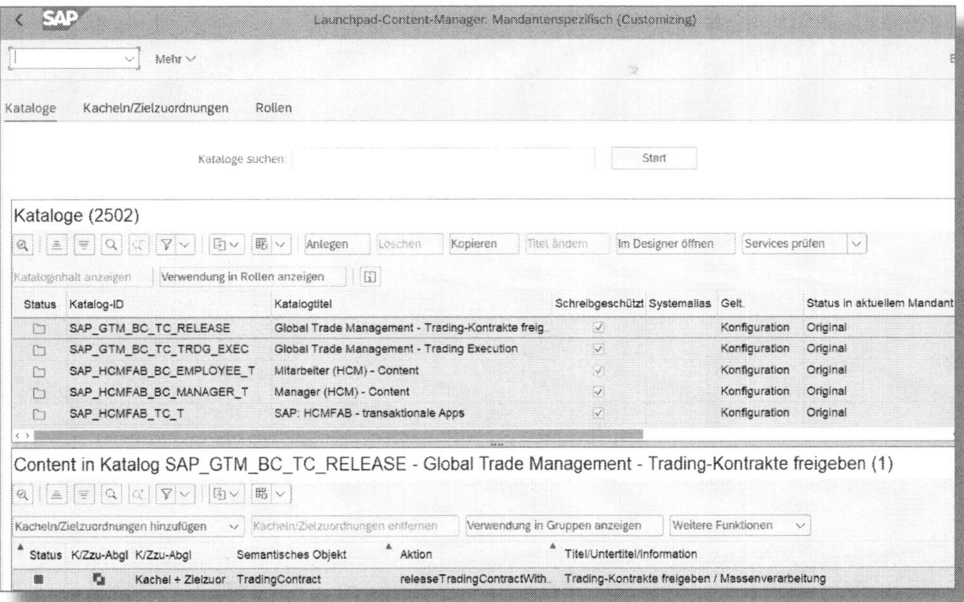

Abbildung 3.15: Mandantenabhängiger Fiori Launchpad Content Manager

> **☛ Launchpad Content Aggregator**
>
> Mithilfe des *Launchpad Content Aggregator* können Sie sich zusätzlich eine komplexe Matrix Ihrer SAP-Fiori-Launchpad-Inhalte darstellen lassen. Sie umfasst sämtliche Informationen aus dem FLPCM zu den dazugehörigen Rollen sowie zu allen damit zusammenhängenden technischen Punkte. Das Tool können Sie per Transaktion */UI2/FLPCA* starten oder direkt aus dem FLPCM abspringen. Es bietet eine hervorragende Übersicht über alle notwendigen Details zu Ihrer rollenbezogenen SAP-Fiori-Launchpad-Landschaft.

3.2.4 SAP Fiori Launchpad App Manager

Mit dem SAP-S/4HANA-2020-Release wurde von der SAP ein neues Tool für die gesamtheitliche Erstellung und Pflege von technischen Katalogen sowie kundeneigenen Apps bereitgestellt. Dies ist der SAP Fiori Launchpad App Manager (FLPAM), der nun auch zum unerlässlichen Instrument für die Erstellung und Verwaltung von Fiori-Apps innerhalb technischer Kataloge avanciert. Dieses zentrale Werkzeug, ist durch die Transaktion */UI2/FLPAM* (App-ID: SUI_TM_MM_APP) zugänglich. Zu den Kernfunktionen des FLPAM zählen:

- Analyse bestehender technischer Kataloge
- Pflege des Inhalts technischer Kataloge
- Erstellung, Pflege und Integration von Apps (auch kundeneigenen Apps, z. B. Legacy Apps)

Durch den FLPAM als zentrales Werkzeug zur Konfiguration und Pflege von technischen Katalogen wurde auch eine neue technische Komponente, die Deskriptor-Elemente, für die technische Verwaltung und Initialisierung von SAP-Fiori-Launchpad-Applikationen eingeführt.

> **App-Deskriptoren**
>
> Ein *Deskriptor-Element* ist eine neue technische Entität innerhalb des FLPAM. Sie definiert sich als Zusammenfassung einer Zielzuordnung mit, abhängig vom Typ der Applikation, einer oder mehreren Kacheln. Ein technischer Katalog kann eine Vielzahl solcher Deskriptor-Elemente beinhalten. Diese Entität ist primär ein technisches Bauteil, das bei der Erstellung systemseitig im Repository hinterlegt wird.

Nach dem Aufrufen des FLPAM können Sie zwischen drei Suchfiltern wechseln – der Suche, dem FACETTENFILTER und dem EINTRAG VON TECHNISCHEN KATALOGEN.

Die Suchansicht ist hierbei im Standard die primäre Option, mit der Sie entweder nach dem TECHNISCHEN KATALOG, LAUNCHPAD-APP-DESKRIP-

TOR-ELEMENTEN oder spezifischen KACHELN suchen können (siehe Abbildung 3.16).

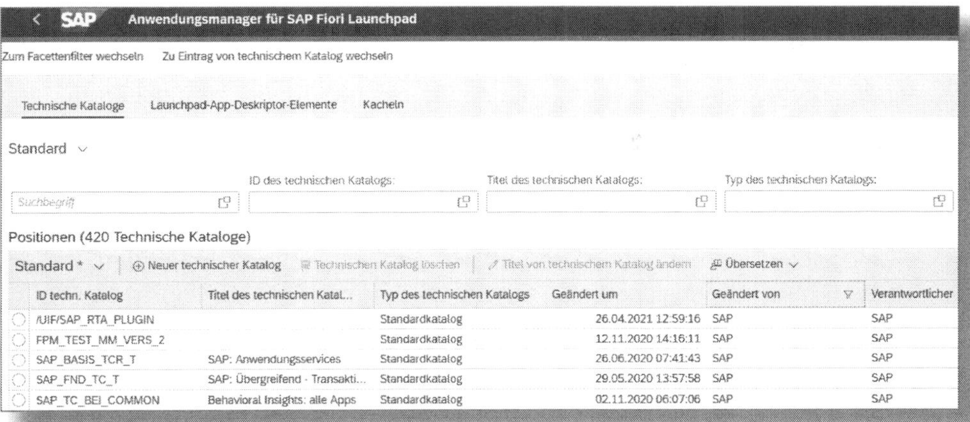

Abbildung 3.16: Fiori Launchpad App Manager – Startbildschirm

Über die entsprechende Registerkarte können Sie TECHNISCHE KATALOGE erstellen, löschen, übersetzen oder den Titel eines bestehenden Katalogs ändern. Darüber hinaus haben Sie die Möglichkeit, direkt in einen Katalog zu springen und dort weitere technische Anpassungen vorzunehmen. Alternativ zur Suche anhand von Katalogen kann auch eine nach Kacheln oder Launchpad-App-Deskriptor-Elementen sinnvoll sein, wenn man beispielsweise nach einem bestimmten Zielanwendungstitel oder einer Zielanwendung sucht bzw. vom Endbenutzer nur einen Screenshot eines Kacheltitels zugesendet bekommt.

Beim Öffnen eines technischen Katalogs lassen sich zusätzlich verschiedene Aktionen mit dessen Inhalten durchführen:

- Erstellen und Löschen von App-Deskriptor-Elementen
- Kopieren von Launchpad-App-Deskriptor-Elementen aus einem anderen technischen Katalog
- Bearbeiten bestehender Launchpad-Deskriptor-Elemente
- Übersetzung sowie weitere Detailinformationen

3.3 Berechtigungsseitiger Paradigmenwechsel in SAP Fiori

Aus der Integration von SAP Fiori als generalüberholter UI-Oberfläche für SAP-Anwendungen ergeben sich nicht nur systembedingte technische Notwendigkeiten und prozessuale Anpassungen. Sie hat darüber hinaus auch einen tiefgreifenden Einfluss auf das Berechtigungskonzept. Nun müssen nicht nur neue Entitäten und Komponenten sowie Tools im SAP-Fiori-Kontext in die Betrachtung und Pflege von Berechtigungen integriert werden. Allein der Prozess für die berechtigungsseitige Bereitstellung einer Fiori-App hat sich im Vergleich zu einer SAP-GUI-Transaktion maßgeblich verändert und ist komplexer geworden. Dieser Paradigmenwechsel von der SAP-GUI-Transaktion zur Fiori-App wird nachfolgend aufgeschlüsselt.

3.3.1 Notwendigkeit von SAP Fiori mit SAP S/4HANA

SAP Fiori war bereits vor der Einführung von SAP S/4HANA verfügbar und ist daher nicht ausschließlich an die neueste ERP-Lösung der SAP gebunden. Trotzdem hat diese moderne Frontend-Technologie bei vielen Kunden bisher eher im Hintergrund gestanden. Häufig wurde SAP Fiori neben der klassischen SAP GUI nur als isolierte Lösung für spezifische Unternehmensprozesse eingesetzt, wie z. B. in SAP-ESS/MSS-Szenarien, und nicht flächendeckend als zentraler Zugangspunkt für alle Nutzer implementiert. Ein solcher umfassender Einsatz in bestehenden SAP-ERP-Systemen wäre auch kostenaufwendig, da es einen vollständigen Wechsel des Frontends von der SAP GUI zum Browser erfordern würde, wobei für die klassische SAP-ECC-Welt nur wenige Apps zur Verfügung stünden. Die entstehenden Kosten ließen sich durch Verbesserungen in UI/UX allein nicht einmal dann rechtfertigen, wenn es passende Apps gäbe.

Mit der Migration zur neuen und simplifizierten Software SAP S/4HANA öffnet sich jedoch auch der Raum für Diskussionen über Prozessänderungen sowie notwendigerweise über neue Benutzeroberflächen und Bedienkonzepte, die eine Alternative zur SAP GUI darstellen. Diese sollen mobile Anwendungsszenarien unterstützen und die Arbeitsabläufe in SAP moderner, einheitlicher und intuitiver gestalten, was die

Bedeutung von SAP Fiori erhöht. Das Management der SAP muss deshalb zwangsläufig in eine zukunftsfähige Technologieplattform für ERP-Prozesse investieren, zumal die aktuelle visuell veraltet erscheint. Im Kontext bevorstehender S/4HANA-Einführungsprojekte gewinnt SAP Fiori somit automatisch an Relevanz; dies wiederum treibt das Thema voran und erfordert eine angepasste Frontend-Strategie. In einer heterogenen und hybriden Systemlandschaft mit Cloud-Lösungen kann langfristig nur eine auf Webtechnologien basierende Lösung wie SAP Fiori bestehen, um ein konsistentes und einheitliches Nutzerinterface bereitzustellen.

3.3.2 Intent-Based Navigation

In SAP Fiori führt das Launchpad ein dynamisches Navigationskonzept ein, das es Ihnen als Endbenutzer ermöglicht, Anwendungen in unterschiedlichen Ansichten, Drilldowns oder Modi zu starten. Diese Vorgehensweise, die als *Intent-Based Navigation* bekannt ist, erfordert die Berücksichtigung neuer Berechtigungsentitäten. Nur dadurch können Sie verschiedene Benutzer und Benutzergruppen gemäß den ihnen zugewiesenen Rollen und Businesskatalogen für unterschiedliche Navigationsaktionen im SAP Fiori Launchpad entsprechend den Anforderungen und mit unterschiedlicher Granularität berechtigen. Die beiden wesentlichen technischen Komponenten dieser Intent-Based Navigation sind die *Zielzuordnung* (engl.: Target Mapping) und die eigentliche Fiori-App-Kachel.

Zielzuordnungen sind das Fundament, auf dem die von den Endbenutzern gewünschten Aktionen basieren. Jede Zielzuordnung umfasst eine spezifische Aktion und ein semantisches Objekt, das die entsprechende Geschäftslogik enthält.

In Tabelle 3.1 werden die grundlegenden neuen SAP-Fiori-Entitäten aufgeführt, die von entscheidender Bedeutung für die Gestaltung Ihrer benutzerdefinierten Businesskataloge und Berechtigungsstrukturen sind. Dieses Navigationskonzept erweitert die Flexibilität und Anpassungsfähigkeit der Benutzeroberfläche und ermöglicht eine präzisere Steuerung der Zugriffsrechte, die für eine effiziente und sichere Nutzung von SAP Fiori vonnöten sind.

Entität	Beschreibung
Zielzuordnungen	Diese sind Container für semantische Objekte, Aktionen und Parameter (optional).
Semantische Objekte	Dabei handelt es sich um eine technische Komponente, die als logische Navigationseinheit für Geschäftsobjekte, wie Buchhaltungsbelege, Verkaufsaufträge oder ein Produkt, dient. Sie ist erforderlich, um Benutzeraktionen auf abstrakte und implementierungsunabhängige Weise technisch auf Geschäftsobjekte zu beziehen.
Aktionen	Sie definieren die Operationsebene für eine Aufgabe (z. B. das Anzeigen, Erstellen, Ändern oder Genehmigen eines Bestellauftrags). Sie müssen immer ein semantisches Objekt mit einer oder mehreren möglichen Aktionen definieren. Diese sind festgelegt und miteinander verbunden.
Parameter	Diese optionale Komponente im SAP-Fiori-Launchpad-Navigationsfluss definiert eine spezifische Instanz eines semantischen Objekts (z. B. eine Mitarbeiter-ID oder eine Benutzergruppe).

Tabelle 3.1: Intent-Based Navigation in SAP Fiori – Entitäten

Anzeige von Angebotsdokumenten mittels eines semantischen Objekts

Ihr Vertriebsleiter will sich Angebotsdokumente anzeigen lassen. Hierfür benötigt er technisch ein korrelierendes Schlüsselobjekt. Bei SAP Fiori handelt es sich dabei um eine Zielzuordnung. Die Zuordnung verknüpft das *semantische Objekt* (hier das Angebotsdokument) als Geschäftsobjekt mit einer Aktion zum Anzeigen dieses Dokuments. Die zugehörige Kachel ermöglicht es dem Benutzer, auf eine vordefinierte Schaltfläche zu klicken, um sich ein Angebotsdokument anzeigen zu lassen und den SAP-Fiori-Launchpad-Navigationsworkflow zu starten. Beachten Sie, dass Sie nicht nur für den SAP-Fiori-Rollenberechtigungsaufbau ein Verständnis von der Bündelung von semantischem Objekt und Aktion zu einer Zielzuordnung benötigen, sondern auch dann, wenn Sie Legacy Apps erstellen.

☛ Erstellung von semantischen Objekten

Mithilfe der Transaktion *UI2/SEMOBJ* können Sie eigene semantische Objekte für kundenspezifische Fiori-Apps erstellen. Beachten Sie dabei, dass Ihre eigenen semantischen Objekte dem Kundennamensraum angehören, also mit Y* oder Z* anfangen müssen.

Darüber hinaus können Sie dieselbe Zielzuordnung für dieselbe Absicht, wie z. B. »Anzeige von Angebotsdokumenten«, verschiedenen Geschäftskatalogen zuweisen, jedoch mit unterschiedlichen Navigationsworkflows. Sie könnten mit einem standardmäßigen SAP-GUI-Fenster beginnen, aber dann in einer Fiori-App als Object Page (einer SAPUI5-App) landen.

Eine Fiori-App-ID kann somit diverse Zielzuordnungen beinhalten, deren Anzahl und Spezifikationen von den Vorgaben in der SAP Fiori Apps Reference Library abhängig sind. Zudem lassen sich innerhalb der App bzw. der Zielzuordnungen spezifische Parameter oder Ziel-URLs sogar je nach Kachel mitgeben.

☛ Analyse der Intent-Based Navigation

Um Störungen innerhalb von System- und Geschäftsprozessen zu vermeiden, empfiehlt es sich, einem Endbenutzer nur eine einzige Zielzuordnung pro Intent-Based Navigation zuzuweisen. Mehrere Zielzuordnungen könnten zu unterschiedlichen Zugriffspunkten und Geschäftszugriffen führen. Für die Analyse Ihrer Intent-Based Navigation nutzen Sie die Transaktion */UI2/FLIA*.

3.3.3 SAP-Fiori-Berechtigungsfluss

Aus der Perspektive der SAP-Sicherheit ist es erforderlich, dass der Endbenutzer über die notwendigen Berechtigungen verfügt, um eine Anwendung (Fiori-App inkl. Kachel) im SAP Fiori Launchpad zu sehen und zu starten (siehe Abbildung 3.17). Mit SAP Fiori ändert sich hier auch die berechtigungsseitige Prozessierung im Vergleich zu einer SAP-GUI-Transaktion.

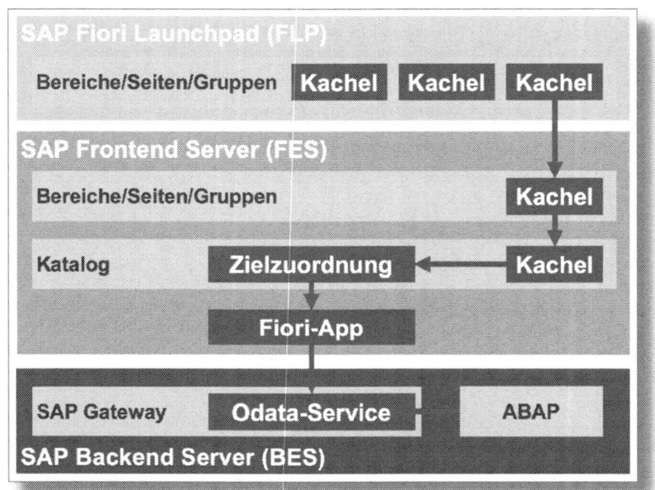

Abbildung 3.17: SAP-Fiori-Berechtigungsfluss

Unabhängig vom gewählten Bereitstellungsszenario benötigen Ihre Endbenutzer immer entsprechende Berechtigungen sowohl für den Frontend-Server (SAP Fiori Launchpad, Kacheln usw.) als auch für den Backend-Server (OData-Services). Im Embedded Deployment lassen sich die Frontend- und Backend-Berechtigungen praktischerweise in einer einzigen Rolle zusammenführen. Im Gegensatz dazu erfordert das Standalone Deployment die Erstellung zweier separater Rollen: einer für die Frontend-Berechtigungen auf dem Frontend-Server und einer weiteren für die Backend-Berechtigungen auf dem Backend-System.

Dies geschieht durch den Kachelzugriff auf den entsprechenden SAP-Fiori-Katalog auf dem Frontend-Server. Dieser Zugriff gewährleistet, dass die Fiori-App im Launchpad erfolgreich gestartet und der zugehörige OData-Dienst auf dem Backend-Server aufgerufen und verarbeitet werden kann.

Somit müssen Sie darauf achten, dass Sie auf dem Frontend-Server in der Transaktion *PFCG* eine Rolle erstellen, die den Katalog, Gruppen/Bereiche und Frontend-OData-Services (Objekt IWSG) enthält sowie korrekt berechtigt ist. Auf dem Backend-Server müssen Sie den Katalog und die Backend-OData-Services (Objekt IWSV) sowie Transaktionen, Web-Dynpro-Anwendungen und die für die Backend-Rolle erforderlichen Berechtigungsobjekte berechtigen.

3.3.4 Berechtigungsseitige Komplexität von SAP Fiori

SAP-Fiori-Anwendungen unterscheiden sich nicht nur in Darstellung und technischer Verarbeitung von klassischen SAP-GUI-Transaktionen, die auch in SAP S/4HANA weiterhin genutzt werden können. Die auf Webtechnologien basierenden Fiori-Apps und die dazugehörigen Zielzuordnungen werden durch Entwickler in technischen Katalogen mandantenübergreifend bereitgestellt und einem Paket zugeordnet, bevor ein Berechtigungsadministrator sie über mandantenspezifische Businesskataloge referenziert. Die technischen Kataloge bilden daher den Ursprung der App-Nutzung und sind in ihrer Struktur teilweise mit der klassischen Paketstruktur der ABAP Workbench vergleichbar, während die Businesskataloge von Berechtigungsadministratoren verwaltet werden, da sie auf bestehende App-Definitionen und Funktionen verweisen.

Ein weiterer Punkt ist die App-Referenzierung aus technischen Katalogen zu Business-Katalogen mittels FLPCM. Dafür müssen bestimmte Abhängigkeiten und Voraussetzungen beachtet werden. Teilweise setzt die Nutzung einer App die Verfügbarkeit anderer Apps voraus, die in der SAP Fiori Apps Reference Library als *related apps* dokumentiert sind. Zudem müssen im SAP-System technische Komponenten wie ICF-Knoten und OData-Services aktiviert sowie teilweise transportiert werden, um die Apps technisch nutzbar zu machen.

Wenn klassische SAP-GUI-Anwendungen mittels der ABAP Workbench definiert werden, lassen sich die Berechtigungsvorschlagswerte direkt in der Transaktion *SU24* pflegen. In diesem Prozess werden der Name und der Typ der Anwendung als Anwendungskontext klar im Rollenprofil verzeichnet, vorausgesetzt, ein Berechtigungsadministrator integriert eine solche Anwendung ins Menü einer Berechtigungsrolle. Im Gegensatz dazu sind die eindeutigen Kennungen von Fiori-Apps (Fiori-App-ID) technisch gesehen von untergeordneter Bedeutung, da die Kommunikation zwischen den Fiori-Apps und dem SAP-System über die entsprechenden OData-Services stattfindet, die den eigentlichen Anwendungskontext abbilden. Aus diesem Grund werden die Vorschlagswerte für Berechtigungsprüfungen bei Fiori-Apps indirekt über die OData-Services und nicht über die Fiori-App-ID gepflegt.

Die Integration klassischer Anwendungen in das Menü einer Berechtigungsrolle ist direkt und obligatorisch, um erforderliche Vorschlagswerte in das Rollenprofil aufzunehmen. In der SAP GUI nutzen SAP-Anwender häufig lediglich eine Favoritenstruktur oder das Standardmenü. Da Fiori-Apps jedoch über Businesskataloge referenziert sind, ist es notwendig, diese Kataloge ins Rollenmenü zu integrieren, wodurch gleichzeitig die zugehörigen OData-Services integriert werden. Das Fiori Launchpad verfügt standardmäßig über kein voreingestelltes Menü, daher ist es notwendig, eine strukturierte Frontend-Navigation mit Bereichen, Seiten und Abschnitten oder Gruppen zu erstellen, um eine benutzerfreundliche Oberfläche zu erhalten. Ohne festgelegte Anordnungen oder Favoriten präsentiert sich das Fiori Launchpad als leere Oberfläche, und Apps müssen über das Navigationsmenü oder die Suchfunktion (App Finder) gesucht und aufgerufen werden. Deshalb ist es ratsam, die SAP-Fiori-Bereiche im Rollenmenü so zu implementieren, dass sie prozessbezogene Arbeitsabläufe visualisieren.

Beim Transport von Rollen, die klassische SAP-GUI-Anwendungen enthalten, gibt es normalerweise keine spezifischen Abhängigkeiten. Anders verhält es sich bei der Verwendung von SAP Fiori. Hier muss der Transport abhängiger Fiori-Objekte berücksichtigt werden, da diese nicht automatisch in den Transportauftrag aufgenommen werden. Businesskataloge, Rollen, etwaige Legacy Apps, OData-Services sowie Bereiche und Seiten stellen eigenständige Objekttypen dar und werden nicht als geschlossene Einheit transportiert, sondern separat, da im SAP-Standard dafür keine Sammeltransportfunktion zur Verfügung steht. Zudem ist eine Aktivierung der benötigten ICF-Knoten immer manuell im jeweiligen Zielsystem durchzuführen.

Die verschiedenen SAP-Fiori-Gateway-Architekturkomponenten, wie Fiori-App, Zielzuordnungen, Kataloge, Bereiche sowie ICF-Knoten und OData-Services, können zu einer Vielzahl potenzieller Fehlerquellen führen. Dies steigert das Risiko von Inkonsistenzen und Funktionsstörungen, die durch fehlerhafte Konfigurationen oder unvollständige Transporte hervorgerufen werden. Bei der Fehleranalyse wird nicht mehr der ursprüngliche Anwendungskontext angezeigt, sondern lediglich die technischen Hashwerte der betreffenden OData-Services, was die Fehlersuche erschwert und zeitaufwendiger macht, da die allgemeine und umfassende Berechtigung SAP_ALL keinen Einfluss auf Fehler in SAP Fiori hat, weil sie z. B. keine Businesskataloge oder Bereiche und Seiten enthält.

3.4 Implementierung des SAP-Fiori-Konzepts

Die berechtigungsseitige Integration von Fiori-Apps setzt die Implementierung bestimmter Komponenten voraus. Hierzu zählen Businesskataloge sowie Bereiche und Seiten oder Gruppen. Der Businesskatalog beinhaltet die Apps als Kachel und korrelierende Zielzuordnung. Bereiche und Seiten oder Gruppen dienen dazu, die Anwendung im SAP Fiori Launchpad darzustellen.

Beispiel-App »Sales Performance – Plan/Actual«

Die Beispiele in diesem Abschnitt beruhen auf einer SAPUI5-App namens »Sales Performance – Plan/Actual« (App-ID: F2941), die speziell für die Bedürfnisse von Salesmanagern entwickelt wurde. Die Erstellung und Pflege aller notwendigen Komponenten sowie die Aktivierung der Services werden wie gewohnt auf dem Entwicklungssystem durchgeführt. Danach erfolgt ordnungsgemäß der Transport in die Qualitätssicherungs- und Produktivsysteme.

3.4.1 SAP-Fiori-basiertes Berechtigungskonzept

Bevor Sie mit der Integration der neuen SAP Fiori UI in Ihr Berechtigungskonzept beginnen, ist es von entscheidender Bedeutung, dieses gesamtheitlich, insbesondere hinsichtlich existierender Rollen und Berechtigungen, zu überprüfen. Die folgenden Denkanstöße sollten Sie bei der Betrachtung miteinfließen lassen.

Nutzung von Jobfunktionsrollen

Gemäß den bewährten Praktiken empfiehlt es sich, für Ihr Berechtigungs- und Rollenkonzept einen jobbasierten Rollenansatz zu wählen. Dies ändert sich auch nicht mit SAP Fiori. Dass es sich um ein anderes UI handelt als SAP GUI, hat zwar tendenziell einen Einfluss auf technische Bestandteile sowie auf das visuelle Frontend für den Endbenutzer, der Ansatz zur Nutzung von Jobfunktionen bleibt aber der gleiche.

Integrieren Sie für SAP Fiori die Komponenten der SAP-Fiori-Anwendung, z. B. Kataloge, Gruppen, Räume und Seiten, sowie die erforderlichen SAP-Gateway-Services per Rollenmenü in eine bestehende Jobfunktionsrolle. Ihre Endbenutzer erhalten dadurch Berechtigungen für miteinander verbundene Menüobjekte, auch die automatische Integration von Vorschlagswerten in das Berechtigungsprofil ist möglich.

Fiori-Apps lassen sich unterschiedlichen Jobfunktionen zuordnen, wie z. B. dem Salesmanager. Somit können Sie erforderliche Fiori-Apps in Ihr bereits etabliertes Konzept einfügen, anstatt eine zusätzliche Rolle dafür zu erstellen. Ein signifikanter Vorteil der Integration von SAP Fiori in Ihre existierenden Aufgabenrollen liegt in den bereits vorhandenen, aktuellen Berechtigungen einer Rolle. Oftmals erweitert SAP Fiori eine bestehende Legacy-Transaktion lediglich um eine moderne Benutzeroberfläche. Da der Prozess selbst unverändert bleibt, sind die Berechtigungen ähnlich. Und weil Ihre Jobfunktionsrollen bereits ordnungsgemäß berechtigt sind, sind viele der erforderlichen Berechtigungen für die Fiori-Apps schon in diesen Rollen vorhanden, die neu hinzukommenden Berechtigungen können also nahtlos integriert werden.

Das Pflegen dedizierter SAP-Fiori-Rollen zusätzlich zu den traditionellen SAP-GUI-Berechtigungsrollen erweist sich als umständlich und verdoppelt den Verwaltungsaufwand. Daher empfehle ich, Komponenten von SAP Fiori in Ihre bestehenden Rollen zu integrieren, um die vorhandenen Berechtigungen effizient zu nutzen und die Wartbarkeit Ihres Berechtigungskonzepts nachhaltig und zukunftsfähig zu halten. Die Nutzung bestehender Rollen unterstützt auch die effektive Zuweisung von Berechtigungen an Ihre Endbenutzer, da die Rollen bereits definiert und zugewiesen sind.

Indem Sie am Konzept der altbewährten Jobfunktionsrollen festhalten, ermöglichen Sie Ihren Endbenutzern zudem den parallelen Zugriff auf das SAP-System sowohl über die SAP GUI als auch über SAP Fiori. Dieser Ansatz fördert zudem den voranschreitenden Übergang von SAP GUI zu SAP Fiori, indem Endbenutzer die Möglichkeit haben, sich mit der neuen Oberfläche sukzessive vertraut zu machen. Ebenso dient er als schnelle Lösung bei technischen oder funktionalen Fehlern in Fiori-Apps. Eine sukzessive und schrittweise Ablösung der SAP-GUI-Nutzung macht den Wechsel für jeden Endanwender angenehmer und vor allem funktionaler, zumal Fiori noch nicht alle GUI-Funktionen beinhaltet.

Schlussendlich sollten Sie immer vor Augen haben, dass Sie hier kein neues Berechtigungsprodukt vorliegen haben, sondern eine generalüberholte Benutzeroberfläche. Sie erstellen keine Rolle für eine SAP-GUI-Transaktion, sondern integrieren Transaktionen in eine bestehende Rolle. Ergo bauen sie auch kein SAP-Fiori-Konzept, sondern ein SAP-Fiori-basiertes Berechtigungskonzept auf.

Namenskonventionen

Wenn sie meiner Empfehlung folgen und an Ihrem Jobfunktionsrollenkonzept für die Integration von SAP Fiori festhalten, wird sich per se auch an Ihrer Rollennamenskonvention nicht viel ändern. Beispielsweise bleibt die Jobfunktionsrolle »Salesmanager« bestehen, jedoch wird sie um den funktionalen Bereich der Fiori-Apps erweitert. Eine mögliche Anpassung könnte lediglich das Hinzufügen eines neuen Präfixes sein, um erkennbar zu machen, dass die Rollen nun auch Fiori-Apps enthalten.

Denken Sie jedoch daran, dass Sie sich beispielsweise für technische Kataloge, Businesskataloge, Businessgruppen, Bereiche und Seiten sowie für semantische Objekte und ggf. auch eigene Fiori-Apps jeweils eine Namenskonvention ausdenken müssen oder besser ihre alte adaptieren, sofern dies sinnvoll und umsetzbar ist.

Konzeptioneller Ansatz

Bevor Sie SAP-Fiori-Anwendungskomponenten in Ihre Endbenutzerrollen auf dem Entwicklungssystem integrieren, sollten Sie Ihr SAP-Fiori-Deployment berücksichtigen. Eine wesentliche Frage, die beantwortet werden muss, lautet, ob Ihr SAP Fiori Launchpad auf einem dedizierten Frontend-Server (Standalone-Ansatz) läuft oder in Ihren Backend-Server (Embedded-Ansatz) integriert ist.

Bei einer Embedded-Bereitstellung müssen Sie Ihre Berechtigungen nicht zwischen Frontend- und Backend-Systemen aufteilen, sondern können alle SAP-Fiori-Anwendungskomponenten nahtlos in Ihre aktuellen Jobfunktionsrollen integrieren. Im Gegensatz dazu erfordert der Standalone-Ansatz sowohl Frontend- als auch Backend-Rollen.

SAP-Businessrollen

Generell bietet die SAP zwei verbreitete Endbenutzerrollen, die die grundlegenden Berechtigungen für den Start und die Nutzung des SAP Fiori Launchpad umfassen: die Rolle SAP_UI2_USER_700 für Endbenutzer und die Rolle SAP_UI2_ADMIN_700 für Administratoren.

Die SAP liefert zudem zusätzliche vordefinierte Rollenvorlagen für Endbenutzer. Diese beginnen üblicherweise mit »SAP*« und enthalten in ihren Rollennamen die Zeichenfolge »BR« (Businessrolle).

Diese Rollenvorlagen sollten in der Regel durch neue Support Packages inklusive neuer Businessrollenvorlagen automatisch beim Import in Ihr SAP-S/4HANA-System integriert werden. Falls Sie die passende Businessrolle für Ihre Konfiguration nicht finden, überprüfen Sie das aktuelle Release-Level Ihres Systems, da SAP-Businessrollen versionsabhängig sind. Andernfalls nutzen Sie den SAP Signavio Process Navigator (SPN). Dieses Tool hilft Ihnen, den Prozess und die technischen Änderungen zu verstehen, die mit SAP S/4HANA und SAP Fiori einhergehen, und bietet alle erforderlichen Informationen, basierend auf dem Modul und dem Geschäftsprozessbereich.

Beachten Sie bitte jedoch unbedingt, dass die SAP-Vorlagen nur als initiale Hilfestellung zu sehen sind. Bitte erstellen Sie für Ihre Endbenutzer immer individuell angepasste Rollen, die kundenspezifische Berechtigungen inklusive Fiori-Apps bieten. SAP-Standardrollen sollten lediglich in Testumgebungen eingesetzt werden und keinesfalls in Ihrer Produktivlandschaft.

3.4.2 Technische Kataloge und Businesskataloge

Die SAP liefert die meisten Fiori-Apps in technischen Katalogen aus und referenziert von diesen auf einen oder mehrere SAP-Businesskataloge. Während Erstere einem Komponentenansatz folgen, sind Letztere funktional oder aufgabenorientiert. Beispielsweise ist die App »Sales Performance – Plan/Actual« (App-ID: F2941) im technischen Katalog SAP_TC_CEC_SD_COMMON sowie im Businesskatalog SAP_SD_BC_SP_PROC enthalten.

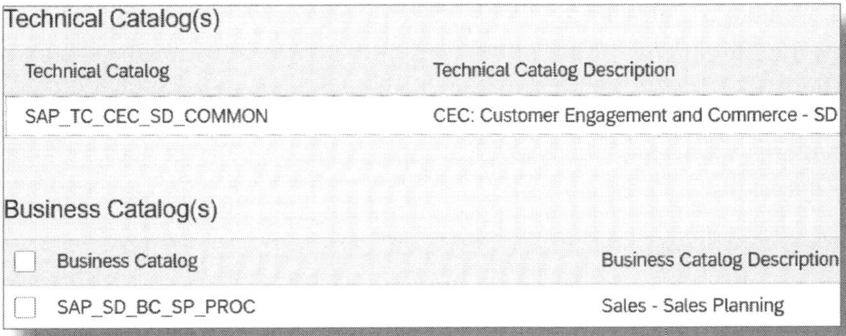

Technical Catalog(s)

Technical Catalog	Technical Catalog Description
SAP_TC_CEC_SD_COMMON	CEC: Customer Engagement and Commerce - SD

Business Catalog(s)

Business Catalog	Business Catalog Description
SAP_SD_BC_SP_PROC	Sales - Sales Planning

Abbildung 3.18: Fiori-App »F2941« – technische Bestandteile

Wie in Abbildung 3.18 dargestellt, umfasst der technische Katalog Apps für den Bereich Kundenengagement und Handel (CEC), während der Businesskatalog Apps für Vertriebsplanungsaufgaben (SD) beinhaltet.

Überblick

Ein technischer Katalog enthält Definitionen für Kacheln (z. B. Titel, Untertitel und Symbol) und die zugehörigen Zielzuordnungen. Er dient als Basis für die Erstellung eigener benutzerdefinierter Businesskataloge. Technische Kataloge werden von SAP gepflegt. Um Überschreibungen bei zukünftigen Upgrades zu vermeiden, sollten sie nicht eigenständig geändert werden. Gleiches gilt für die mandantenübergreifende Anlage im SAP-Standard. Stellen Sie stets sicher, dass Sie die Fiori-App-ID und den technischen Katalog aus der SAP Fiori Apps Reference Library entnehmen (siehe Abbildung 3.18).

Businesskataloge hingegen dienen als technisches Rüstzeug, um SAP Fiori in Ihr bestehendes Berechtigungskonzept zu integrieren, und sind notwendig, um Fiori-Apps an Benutzer bereitzustellen. Ein Businesskatalog ist er eine Bündelung mehrerer Fiori-Apps aus unterschiedlichen technischen Katalogreferenzen, die Sie beispielsweise für eine spezifische Vertriebsposition bereitstellen möchten. Er sollte demzufolge mit einer entsprechenden Jobfunktion, ähnlich der Jobfunktionsrolle, korrelieren. Daher ist es ist sinnvoll, eine Namenskonvention für Ihre Businesskataloge zu wählen, die den Funktionsrollennamen in Ihrem SAP-S/4HANA-System ähnelt. Businesskataloge fungieren somit als Container in Form eines mandantenspezifischen Customizing-Objekts für die funktionalen Komponenten, um Fiori-Apps für die Provisionierung der Berechtigungen in Rollen einzubinden. Die Berechtigungspflege selbst, etwa die Einschränkung von Aktivitäten und Organisationsstufen, beginnt wie gewohnt erst auf der Rollenebene in der Transaktion *PFCG*.

☛ SAP-Standardauslieferungen

SAP-Standardrollen, aber auch Businesskataloge, Bereiche und Seiten oder Gruppen, die von SAP bereitgestellt werden, können als Vorlagen dienen oder Einblicke in die Strukturierung von Aufgaben und Prozessen bieten. Ich empfehle, ähnlich wie Sie es von SAP-Standardrollen in der Transaktion *PFCG* gewohnt sind, eigene individuelle Businesskataloge, Gruppen oder Bereiche und Seiten zu erstellen. Die SAP-Auslieferung wird nicht nur mit jedem Update überschrieben, sondern ist ein genereller Auslieferungszustand, der zumeist nicht den speziellen Kundenbedürfnissen entspricht, da er funktional und berechtigungsseitig zu weit gefasst ist.

Mit dem FLPCM oder in älteren SAP-S/4HANA-Versionen auch mit dem FLPD stehen Ihnen zwei verschiedene Werkzeuge zur Verwaltung Ihrer technischen und Businesskataloge zur Verfügung. Für Releases ab SAP S/4HANA 2020 empfehle ich für die Arbeit an Businesskatalogen ausschließlich den FLPCM. Für die Erstellung und Pflege von technischen Katalogen ist es ab diesem Release der FLPAM.

Erstellung eines technischen Katalogs

Um Endanwendern eine Fiori-App bereitzustellen, müssen Sie beim Referenzieren von Applikationen in einen Businesskatalog immer auf den dazugehörigen technischen Katalog verweisen. In solch einem Katalog können gleich mehrere Anwendungen enthalten sein. Die SAP nutzt für ihre eigenen technischen Kataloge immer das Kürzel TC im Katalognamen. Ein technischer Katalog stellt nicht nur eine Referenzierung dar, sondern ist auch ein zentrales Element, um zu gewährleisten, dass eine Upgradefähigkeit von SAP-Standard-Fiori-Apps besteht. Die SAP überschreibt ihre technischen Kataloge bei regelmäßigen Updates mit neuen Daten und Funktionen der Apps. Daher sollten Sie die technischen Kataloge der SAP nie anpassen oder in Ihren Namensraum kopieren. Nutzen Sie immer die technischen Kataloge der SAP für den Aufbau Ihres Fiori-basierten Berechtigungskonzepts.

Für die Integration von eigenentwickelten Apps ist es berechtigungsseitig unerlässlich, dafür vorgesehene eigene technische Kataloge zu erstellen. Sie bilden den Container für die Apps. Bei der Wahl der technischen ID und der Beschreibung sowie bei den dazugehörigen Apps sollten Sie entweder nach Szenarien, Jobfunktionen oder Modulen unterscheiden.

Da technische Kataloge und die darin enthalten Apps zumeist über alle Mandanten hinweg genutzt werden sollen, erstellen Sie den Katalog im CONF-Modus als mandantenübergreifend. Dafür starten Sie die Transaktion */UI2/FLPA*. Nun klicken Sie im Reiter Technische Kataloge auf Neuer technischer Katalog (siehe Abbildung 3.19).

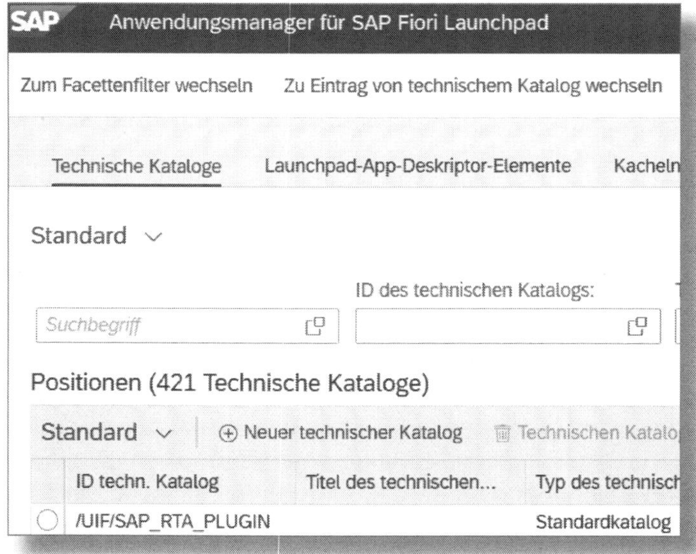

Abbildung 3.19: Neuen technischen Katalog erstellen

Wie Sie in Abbildung 3.20 erkennen, pflegen Sie entsprechend Ihrer Namenskonvention die Metadaten in dem Pop-up und sichern alles unbedingt in einem Transportauftrag ab. Andernfalls besteht die Gefahr, dass der technische Katalogbezug auf nachgelagerten System fehlt und die Apps dort nicht mehr funktionieren.

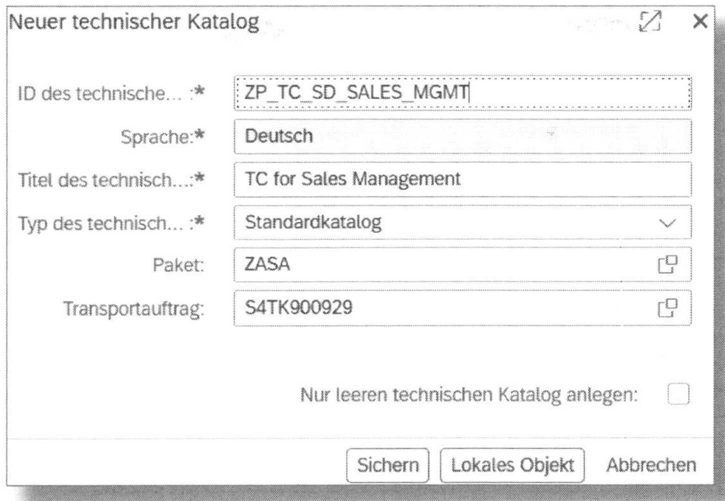

Abbildung 3.20: Technischer Katalog – Metadatenpflege

Daraufhin gelangen Sie direkt in die initiale Pflege-View für Ihren neuen technischen Katalog. Sie können ihn nun mit Leben füllen und eigene Apps oder Konfigurationen hinterlegen.

Erstellung eines Businesskatalogs

Da Rollenkonzepte mandantenbezogen sind, sollten Ihre Businesskataloge sowie Bereiche und Seiten oder Gruppen ebenfalls mandantenbezogen implementiert werden. Verwenden Sie daher für die Erstellung und Pflege kundeneigener Kataloge die Transaktion */UI2/FLPCM_CUST* für den mandantenspezifischen FLPCM.

Gemäß Abbildung 3.21 starten Sie den mandantenbezogenen FLPCM und klicken auf ANLEGEN.

Abbildung 3.21: Transaktion »/UI2/FLPCM_CUST« – Startbildschirm

Tragen Sie zu Ihrem Businesskatalog aussagekräftige Werte für die Felder NEUE ID und NEUER TITEL ein (siehe Abbildung 3.22).

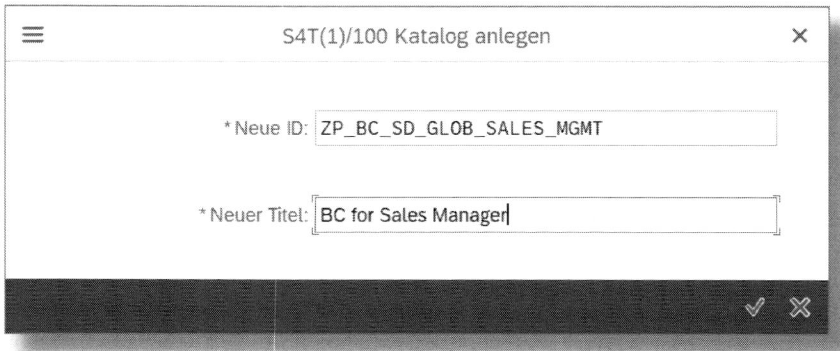

Abbildung 3.22: Businesskatalog erstellen

☛ SAP Fiori Launchpad Content Manager

Mit dem Release SAP S/4HANA 1909 FPS 01 wurde der FLPCM für die gesamte Katalogverwaltung in SAP Fiori eingeführt. Sie sollten ihn deshalb fortan als Werkzeug für Ihre Katalogerstellung und

-pflege nutzen. Er steht im weiteren Verlauf gemäß Best-Practice-Rollenbau im Fokus.

Ihre Namenskonvention sollte mit derjenigen Ihrer Rollen abgestimmt sein. Ersetzen Sie Ihren Rollentyp-String durch »BC« für »Business Catalog«, und vermeiden Sie organisatorische Unterscheidungen, es sei denn, Ihre Geschäftsanforderungen verlangen ein solches Vorgehen.

Nachdem Sie Ihren neuen Businesskatalog einem Customizing-Transport zugewiesen haben, steht Ihnen dieser als leerer Container für Ihre Inhalte zur Verfügung. Diese erhalten Sie über das Hinzufügen der erforderlichen Kacheln und Zielzuordnung der notwendigen Fiori-Apps aus dem FLPCM.

Zuweisung von Kachel und Zielzuordnung zum Businesskatalog

Wählen Sie nun Ihren neu erstellten Businesskatalog per Katalog-ID aus, und klicken Sie auf die Schaltfläche Kacheln/Zielzuordnungen hinzufügen (siehe Abbildung 3.23).

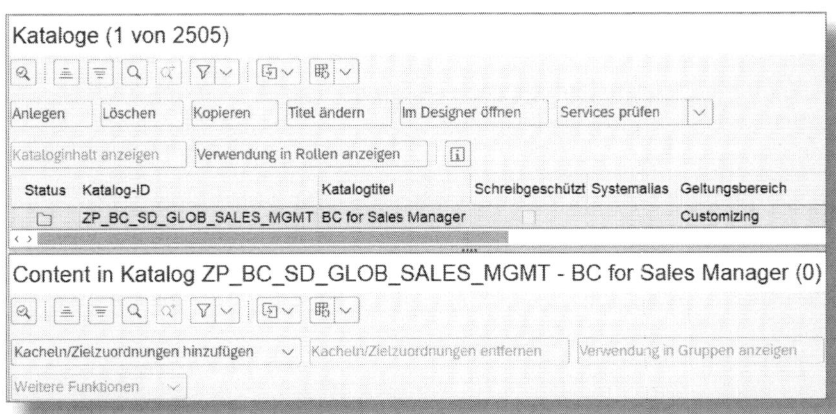

Abbildung 3.23: Kacheln/Zielzuordnung zu einem Businesskatalog hinzufügen

☛ Schreibgeschützte Kataloge

Businesskataloge sind Customizing-Objekte. Beachten Sie deshalb bitte, dass die aktivierte Checkbox Schreibgeschützt bei Katalogen bedeutet, dass dieser Katalog in einem anderen Geltungsbereich implementiert wurde. Dies kann beispielsweise der Fall sein, wenn er statt mit dem mandantenspezifischen mit dem mandantenübergreifenden FLPCM oder mit einer anderen Anmeldesprache erstellt wurde.

Wie in Abbildung 3.24 beispielhaft dargestellt, geben Sie nun die Fiori-App-ID im Suchfenster ein oder filtern in der Spalte SAP-Fiori-ID (in diesem Fall *F2941*). Sie sehen in dieser Ansicht alle zugehörigen Kacheln und Zielzuordnungen oder – je nach Filter – nur Zielzuordnungen oder Kacheln für die App.

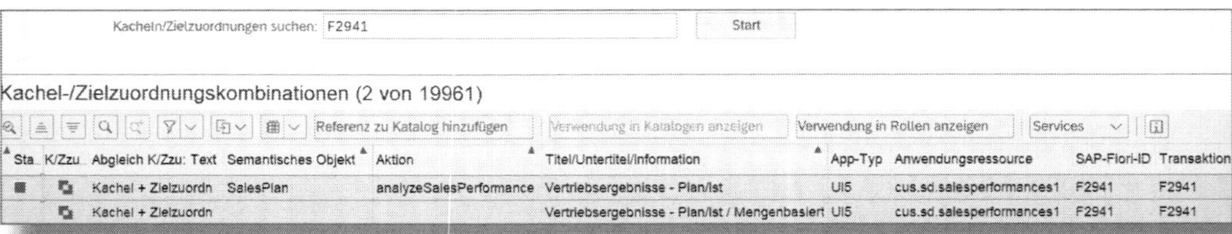

Abbildung 3.24: Auswählen und Hinzufügen der passenden Kachel-/ Zielzuordnungsabgleich-Referenz

Sind Kacheln und Zielzuordnungen mit Ihrer SAP-Version verfügbar, wird der Implementierungsstatus mit einem grünen Quadrat in der Spalte Status angezeigt. Ein gelbes Quadrat signalisiert, dass Sie einige Parameter gemäß der SAP Fiori Apps Reference Library konfigurieren bzw. aktivieren müssen.

Die Ergebnisliste enthält auch weitere Informationen zu semantischen Objekten und Aktionen. Im Gegensatz zum FLPD ermöglicht der FLPCM die Massenpflege verfügbarer Kacheln und Zielzuordnungen mit nur einem Klick. Wählen Sie daher alle benötigten Elemente zeilenbasiert aus, und klicken Sie auf Referenz zu Katalog hinzufügen. Welche Entitäten Sie dann referenzieren, sprich ob Kachel mit Zielzuordnung oder nur die Kachel, hängt vom Wert in der Spalte Abgleich K/Zzu ab. Hier empfehle ich für die performante funktionale Nutzung der Fiori-App immer darauf zu achten, dass Sie Kachel plus Zielzuordnung wählen. So erfolgt eine gesamtheitliche Referenz der visuellen (Kachel) sowie funktionalen Entität (Zielzuordnung) in den eigenen Businesskatalog.

Nach dem erfolgreichen Hinzufügen der Fiori-App erhalten Sie eine Bestätigungsmeldung in der Taskleiste. Der Businesskatalog dient somit als unternehmensspezifischer Informationscontainer, der die Verwendung der Fiori-App »F2941« und weiterer Apps für bestimmte Aufgabenfunktionen ermöglicht. Er ist nun für die Rollenzuweisung bereit und kann in die Testumgebung transportiert werden.

Kurzanleitung: Erstellung von Businesskatalogen im FLPD

Starten Sie den mandantenspezifischen FLPD per Transaktion */UI2/FLPD_CUST*. Erstellen Sie zuerst einen neuen Businesskatalog, indem Sie auf das Pluszeichen links unten im Screen gehen, und suchen dann nach dem Namen des technischen Katalogs. Verknüpfen Sie die relevanten Kacheln und Zielzuordnungen mit Ihrem Businesskatalog. Dieses Vorgehen gewährleistet die Nutzbarkeit der Fiori-App und sorgt dafür, dass durch diese Verknüpfung Ihre Komponenten des Businesskatalogs dauerhaft von SAP aktualisiert werden.

3.4.3 Businessgruppen

Nach der Fertigstellung der technischen Konfiguration Ihres Businesskatalogs ist der nächste Schritt die Definition dessen, was die verschiedenen Endbenutzer im SAP Fiori Launchpad zu sehen bekommen. Diese benutzerspezifischen Ansichten werden im SAP-Fiori-Kontext als *Businessgruppen* bezeichnet. Im Gegensatz dazu gibt es keine technischen Gruppen, denn Gruppen werden ausschließlich auf der Geschäftsebene und für geschäftliche Zwecke als Container für die Visualisierungskomponenten (Kacheln der Apps) genutzt.

Überblick

In SAP Fiori sind Businessgruppen der technische Terminus, der festlegt, welche Fiori-Apps für Endbenutzer, basierend auf deren Jobfunktionen, im SAP Fiori Launchpad sichtbar sind. Diese Businessgruppen fassen eine Auswahl von Anwendungen aus einem Businesskatalog zusammen. Je nach den ihnen zugewiesenen Rollen, Businessgruppen und Businesskatalogen sehen Endbenutzer über verschiedene Registerkarten unterschiedliche Apps auf der Startseite des SAP Fiori Launchpad. Businessgruppen organisieren somit das Layout des Launchpad, sie erteilen jedoch keine Berechtigungen. Sollte ein Endbenutzer durch Businesskataloge und Rollen innerhalb einer Gruppe nicht zur Nutzung einer bestimmten App berechtigt sein, wird diese auf der Startseite des Launchpad des betreffenden Endbenutzers auch nicht angezeigt.

Es gibt von Administratoren bereitgestellte Gruppen, die von Endbenutzern entweder bearbeitet oder nicht bearbeitet werden können, sowie von SAP standardmäßig zugewiesene Gruppen wie »My Home« oder personalisierte Gruppen, die von Endbenutzern selbst erstellt wurden. Zudem sollten Businessgruppen auf geschäftlichen Anforderungen basieren, beispielsweise einem aufgabenorientierten Ansatz folgen. Es ist möglich, mehrere Businessgruppen für eine spezifische Aufgabenfunktion (Rolle) zu erstellen und zuzuweisen. Im Beispiel des Vertriebsleiters könnte der Businesskatalog für den Sales Manager fünf Fiori-Apps enthalten, die in drei Gruppen untergliedert sind: Interner Verkauf, Sales Management und Berichterstattung (siehe Abbildung 3.25).

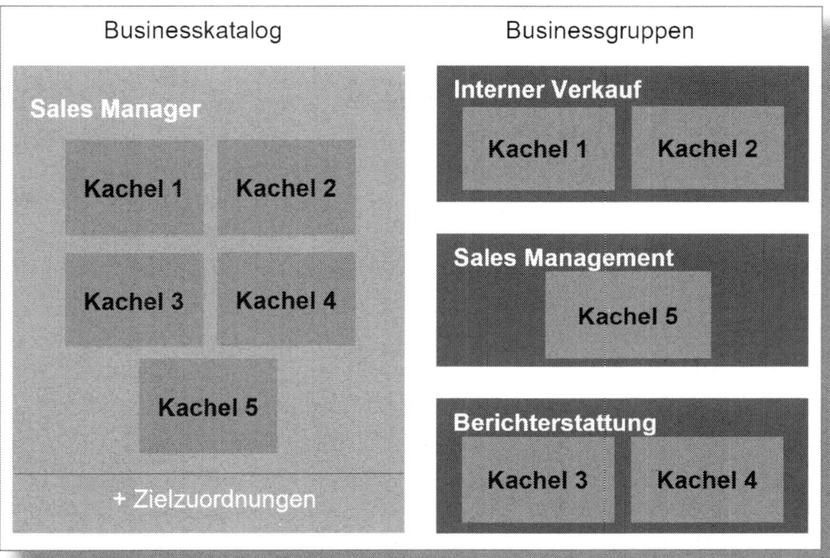

Abbildung 3.25: Relation zwischen SAP-Fiori-Businesskatalogen und -gruppen

Visualisierung und Berechtigungen in SAP Fiori

Wenn ein Endbenutzer durch seine Rollen für einen oder mehrere Businesskataloge berechtigt ist, werden nur die ihm zugewiesenen Businessgruppen auf dem Launchpad angezeigt. Diese Begrenzung stellt sicher, dass Benutzer standardmäßig nur die Apps sehen, die sie benötigen. Beachten Sie, dass ein Businesskatalog alle zugrunde liegenden App-Entitäten enthält, sodass die Endbenutzer für sie berechtigt sind, unabhängig davon, ob die Fiori-App in einer Gruppe sichtbar ist oder nicht. Denn Endbenutzer können die Kacheln, für die sie per Businesskatalog berechtigt sind, auch unabhängig von der Businessgruppe oder von Bereichen und Seiten über den App Finder ausfindig machen. Daher sollten Sie Ihre Businesskataloge nur auf bestehenden Jobfunktionen aufbauen. Auf diese Weise verhindern Sie, dass Endbenutzer überberechtigt sind und möglicherweise mehr Berechtigungen haben, als sie laut Jobfunktions- und Aufgabendefinition benötigen.

Erstellung einer Businessgruppe

Das Erstellen und die Pflege von Businessgruppen bleiben exklusiv dem FLPD auf dem Frontend-Server vorbehalten. Es empfiehlt sich daher, zunächst Businesskataloge zu erstellen, welche die Anwendungen für die gewünschten Businessgruppen beinhalten. Setzen wir voraus, dass Sie bereits den Businesskatalog für den Salesmanager mit der Fiori-App-ID F2941 angelegt haben. Nun soll die Kachel zu dieser App für den Endbenutzer sichtbar gemacht werden. Starten Sie hierfür die Transaktion */UI2/FLPD_CUST*.

Navigieren Sie zum Abschnitt GRUPPEN in die obere linke Ecke. Hier können Sie eine neue Businessgruppe erstellen, indem Sie auf das im Bildschirm unten links sichtbare Symbol ⊕ klicken.

Bevor Sie das tun, achten Sie darauf, dass all Ihre Anpassungen auch in einem Transportauftrag hinterlegt sind, der in der oberen rechten Ecke per Klick auf das ⚙-Symbol aktivierbar ist.

Wählen Sie nun für die Businessgruppe eine Namenskonvention, die der Ihres Businesskatalogs ähnelt. Der TITEL sollte den Geschäftsbereich, wie im Businesskatalog definiert, klar identifizieren. So könnte beispielsweise *Sales Management* eine passende Bezeichnung für eine Gruppe sein (siehe Abbildung 3.26).

Bei der Einrichtung von SAP-Fiori-Businessgruppen besteht die Möglichkeit, die GRUPPENPERSONALISIERUNG durch Endbenutzer zu erlauben. Dies bedeutet, dass Endbenutzer die Anwendungen innerhalb ihrer Gruppen personalisieren können, indem sie diese neu anordnen, entfernen oder ändern. Es ist jedoch empfehlenswert, die Personalisierung für Gruppen zu deaktivieren, um ein einheitliches SAP Fiori Launchpad für alle Vertriebsleiter weltweit sicherzustellen.

Gruppe anlegen

Titel: *

Sales Management

ID: *

ZP_BCG_SD_GLOB_SALES_MGMT

Gruppenpersonalisierung:

Ermöglichen Sie Benutzern die Personalisierung ihrer Gruppe

Sichern Abbrechen

Abbildung 3.26: Erstellen einer SAP-Fiori-Businessgruppe

Die abschließende Aufgabe ist es, den Businesskatalog und dessen Kacheln mit Zielzuordnungen auf die Businessgruppe zu beziehen. Dies verbindet die technischen mit den sichtbaren Komponenten. Klicken Sie auf das Symbol ⊕ im Abschnitt ALS KACHELN ANZEIGEN. Filtern Sie anschließend in dem neuen Suchfenster nach Ihrem spezifischen Businesskatalog. Anschließend fügen Sie die gewünschte Kachel durch Anklicken des Plussymbols hinzu, womit Sie die Verknüpfung zwischen Ihrem Businesskatalog und den Businessgruppen vervollständigen. Der grüne Haken symbolisiert die erfolgreiche Zuweisung (siehe Abbildung 3.27).

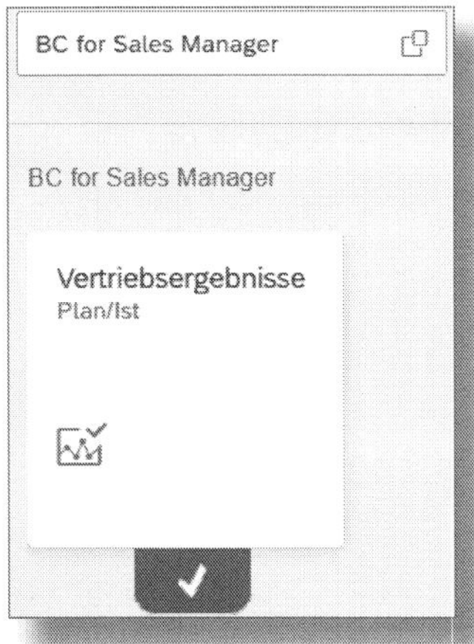

Abbildung 3.27: Businessgruppe – Kachel hinzufügen

3.4.4 Businessbereiche und Businessseiten

Seit der Einführung von SAP S/4HANA Cloud 2005 und SAP S/4HANA 2020 bietet sich Ihnen im SAP Fiori Launchpad die Möglichkeit, Bereiche und Seiten anstelle von Gruppen zu verwenden. Dieser innovative Ansatz adressiert ein von Endbenutzern häufig gekanntes Problem: eine Überfülle an Gruppen, die auf der Startseite nicht effektiv dargestellt werden konnten und oftmals den Einsatz von unübersichtlichen Scrollleisten erforderten. Dies beeinträchtigte die Benutzerfreundlichkeit von SAP Fiori erheblich. Durch die Implementierung von Bereichen und Seiten lässt sich das Benutzererlebnis von SAP Fiori für Endbenutzer signifikant verbessern.

Überblick

Bereiche fungieren als Hauptcontainer und ermöglichen den Zugriff auf eine oder mehrere Seiten über ein Drop-down-Menü. Dieses Konzept erlaubt es Endbenutzern, auf mehrere Startseiten zuzugreifen und somit ihren Inhalt im SAP Fiori Launchpad effektiver zu organisieren. Durch die Definition verschiedener Bereiche können Sie Seiten mit Abschnitten einrichten, die wiederum verschiedene Kacheln systematisch anordnen. Diese Abschnitte innerhalb einer Seite bieten eine ähnliche Funktionalität wie das frühere Gruppenkonzept und gestatten den Endbenutzern, jede Seite zu personalisieren. Ein Beispiel für diese Methode ist in Abbildung 3.28 dargestellt. Sie sehen hier den Bereich ❶ HAUPTBUCH. Innerhalb dessen befindet sich die Seite ❷ BUCHUNGSBELEGE, die verschiedene Abschnitte wie ❸ BUCHUNGEN und ANALYSE umfasst.

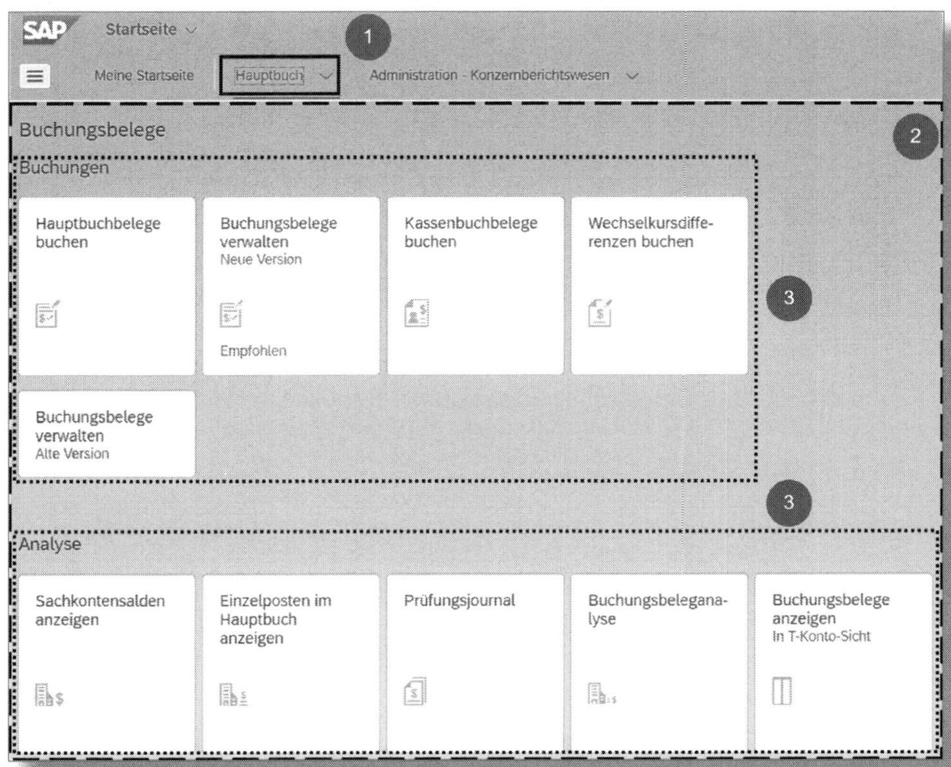

Abbildung 3.28: Konzept der SAP-Fiori-Bereiche und -Seiten

Notwendige Konfigurationen

Für die Erstellung und Pflege von Seiten und Bereichen sind zwei spezifische Fiori-Apps erforderlich: »Launchpad-Bereiche verwalten« (App-ID: F4834) und »Launchpad-Seiten verwalten« (App-ID: F4512). Damit

Sie diese Apps und deren Funktionen nutzen können, müssen Sie die in Tabelle 3.2 aufgeführten OData-Services aktiviert haben.

OData-Services	Beschreibung
FDM_SPACE_REPOSITORY_CUST_SRV	administrativer Zugriff auf die App »Launchpad-Bereiche verwalten«
FDM_PAGE_REPOSITORY_CUST_SRV	administrativer Zugriff auf die App »Launchpad-Seiten verwalten«
FDM_PAGE_RUNTIME_SRV	ermöglicht Endbenutzern das Anzeigen von Bereichen und Seiten im SAP Fiori Launchpad
FDM_TRANSPORT_SRV	erforderlich für den Transport von Bereichen und Seiten

Tabelle 3.2: OData-Services für die Verwaltung von Bereichen und Seiten

Erstellung von Bereichen und Seiten

Zunächst starten Sie die App »Launchpad-Bereiche verwalten« aus Ihrem SAP Fiori Launchpad. Daraufhin klicken Sie im initialen Screen auf Anlegen (siehe Abbildung 3.29).

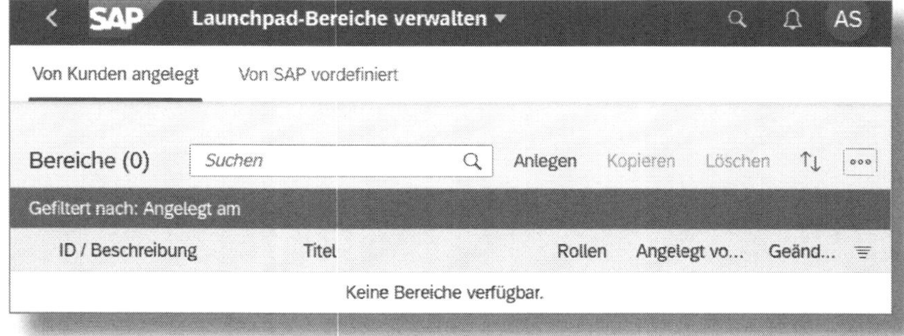

Abbildung 3.29: App »Launchpad-Bereiche verwalten«

Definieren Sie im folgenden Pop-up die Metadaten entsprechend Ihrer Namenskonvention sowie einen Transportauftrag (siehe Abbildung 3.30).

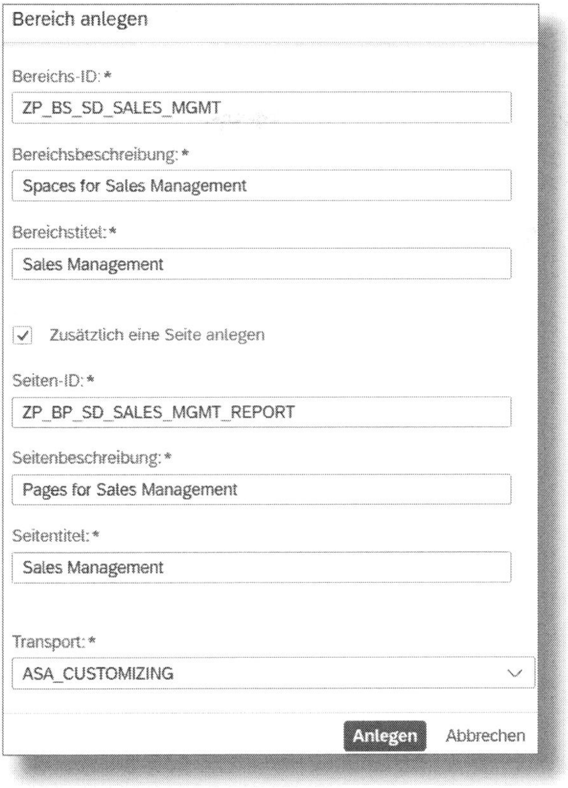

Bereich anlegen

Bereichs-ID: *

ZP_BS_SD_SALES_MGMT

Bereichsbeschreibung: *

Spaces for Sales Management

Bereichstitel: *

Sales Management

Zusätzlich eine Seite anlegen

Seiten-ID: *

ZP_BP_SD_SALES_MGMT_REPORT

Seitenbeschreibung: *

Pages for Sales Management

Seitentitel: *

Sales Management

Transport: *

ASA_CUSTOMIZING

Anlegen Abbrechen

Abbildung 3.30: SAP-Fiori-Launchpad-Bereich anlegen

Wenn Sie dann ein Häkchen bei ZUSÄTZLICH EINE SEITE ANLEGEN machen, öffnet sich direkt die Funktion der App »Launchpad-Seiten verwalten«, und Sie können eine dazugehörige Seite mit entsprechenden Metadaten anlegen.

3.4.5 SAP-Fiori-Rolleninhalte – Übersicht

Bei den vielen neuen SAP-Fiori-Komponenten, die es beim Rollenbau und für die akkurate Berechtigungszuweisung als Administrator zu beachten gilt, kann man schnell den Überblick verlieren. Um der Vielzahl an notwendigen technischen Bestandteilen Herr zu werden, bietet die

SAP mit der Transaktion */UI2/RSP_LIST* eine Übersicht über alle Rollen inklusive der dazugehörigen Bereiche und Seiten sowie über deren technische Details an. Abbildung 3.31 illustriert am Beispiel der Masterrolle ZP_ME_SD_N_GLOB_HEAD, welche Bereiche sowie Seiten mit Titel und Beschreibung der Rolle zugeordnet sind. Daneben finden Sie hier auch weitere technische Details wie die Angabe der einzelnen enthaltenen Kacheln, Anwendungstypen, Zielzuordnungen oder den dazugehörigen Businesskatalog. Somit ist diese Transaktion ein essenzieller Informationspool für die gesamtheitliche Betrachtung der bestehenden SAP-Fiori-Integration in das aktuelle Rollenkonzept.

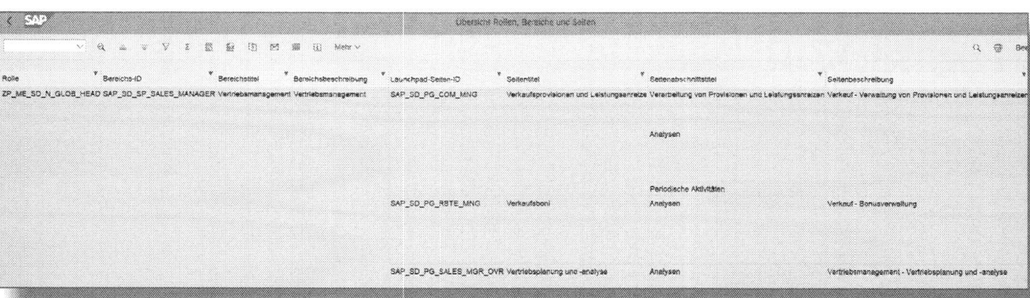

Abbildung 3.31: Transaktion »/UI2/RSP_LIST« – SAP-Fiori-Rolleninhalte, Übersicht

☛ Nutzung von SAP-Bereichen und -Seiten

Für die Integration von SAP Fiori in Ihr aktuelles Berechtigungskonzept bietet die SAP ebenfalls Vorlagen an, die Sie immer nur zur initialen Ideensammlung und für Funktionstests nutzen sollten. Adaptieren Sie diese Vorlagen jedoch inhaltlich, technisch sowie prozessual an Ihre eigenen Unternehmensvorgaben, und bauen Sie sich ein eigenes SAP Fiori basiertes Berechtigungskonzept mit Bereichen und Seiten bzw. Gruppen (für ältere Releases) auf. Abbildung 3.31 zeigt beispielhaft eine initiale Rolle im Stadium des Funktionstests für den Vertriebsleiter.

3.5 Berechtigungen in SAP Fiori

Trotz der Einführung einer vollends neu aufgelegten Benutzeroberfläche sowie der technischen Integration und Verwaltung von Katalogen, Gruppen, Bereichen und Seiten mit SAP Fiori bleibt die Transaktion *PFCG* das zentrale Werkzeug, um Endbenutzern den Zugriff auf Anwendungen wie Apps oder Transaktionen (als Legacy Apps) mittels Rollen zu ermöglichen. Die Aufgabe des Sicherheitsadministrators besteht weiterhin darin, Rollen im Entwicklungssystem zu erstellen, entsprechend den Vorgaben zu pflegen sowie zu testen, um sie anschließend zur aktiven Nutzung in die Produktivsysteme zu transportieren.

Für die Berechtigung von Fiori-Apps ist es erforderlich, die diesen zugrunde liegenden OData-Services zu berechtigen, was die Definition von Berechtigungsobjekten, -feldern und -werten einschließt. Ein wichtiger Aspekt hierbei ist die Unterscheidung zwischen Frontend- und Backend-Berechtigungen, die in diesem Abschnitt detailliert betrachtet wird. Bevor Sie mit der Erstellung Ihrer Rollen beginnen, ist es zudem unerlässlich, das System vorzubereiten, beispielsweise durch die Aktualisierung der SU24-Werte mittels eines SU25-Upgrades sowie durch kundenindividuelle Optimierungsmaßnahmen für Ihre Vorschlagswerte. Zudem sollten Sie Ihr Berechtigungskonzept daraufhin überprüfen, ob es die notwendigen Fiori-Apps funktional und zugriffsseitig umfassend abdeckt. Es ist von großer Bedeutung, SAP Fiori nahtlos in Ihr bestehendes Berechtigungskonzept zu integrieren.

3.5.1 Vorbereitungsmaßnahmen

Vor der Rollenbearbeitung sind vorbereitende Maßnahmen erforderlich. Einige dieser Schritte müssen nur einmal durchgeführt werden, andere sind wiederkehrende Aufgaben für verschiedene Komponenten.

Bevor Sie mit dem Erstellen oder dem Anpassen Ihrer Rollen beginnen, müssen Sie sicherstellen, dass Sie die technischen Komponenten wie Produktversionen, Datenbankstrukturen, ICF- und OData-Services ordnungsgemäß auf dem jeweiligen System hinterlegt und aktiviert haben. Dieser Schritt wird in der Regel von einem Basisadministrator durchgeführt, aber als Sicherheitsadministrator sollten Sie mit diesen Aktivitäten ebenfalls vertraut sein.

Die Transaktion *SU24* ist nach wie vor ein wichtiges Werkzeug für den Rollenaufbau. Ihre wesentlichen Aufgaben sind die Optimierung, Pflege und Aktualisierung Ihrer kundeneigenen SAP-Vorschlagswerte für alle Rollenmenüobjekte, einschließlich integrierter Fiori-Apps, über die entsprechenden OData-Services innerhalb der Businesskataloge. Die Aktualisierung von Vorschlagswerten umfasst in neuen SAP-S/4HANA-Releases auch immer viele Updates für notwendige OData-Services zu den Fiori-Apps.

Allgemeine SAP-Fiori-Endbenutzerrolle

Damit das SAP Fiori Launchpad ordnungsgemäß funktioniert und Endbenutzer es starten sowie ausführen können, sind allgemeine Fiori-Berechtigungen erforderlich. Tabelle 3.3 enthält die erforderlichen Menüobjekte, die über eine allgemeine Endbenutzerrolle für SAP Fiori berechtigt werden müssen.

Serverebene	Typ	Objektname
Frontend-Server	Transaktion (TRAN)	/UI2/FLP
Frontend-Server	Webservice (IWSV)	/UI2/PAGE_BUILDER_PERS_0001
Frontend-Server	Webservice (IWSG)	/UI2/INTEROP_0001
Frontend-Server	Webservice (IWSG)	ZPAGE_BUILDER_PERS_0001
Frontend-Server	Webservice (IWSG)	ZINTEROP_0001
Frontend-Server	Webservice (IWSG)	/IWFND/SG_MED_CATALOG_0002
Backend-Server	Funktionsmodul (FUNC)	/IWBEP/FM_MGW_HANDLE_REQUEST

Tabelle 3.3: Allgemeine SAP-Fiori-Endbenutzerrolle – Menüobjekte

Dafür können Sie beispielsweise Ihre bestehende Grundrolle anpassen und eine separate Fiori-Grundrolle bauen, wenn aktuell nicht alle Endbenutzer auf das SAP Fiori Launchpad zugreifen sollen.

Vorschlagswertpflege

Ich empfehle zudem, Ihre Vorschlagswerte für den Funktionsbaustein /IWBEP/FM_MGW_HANDLE_REQUEST mit der Transaktion *SU24* zu aktualisieren (siehe Abbildung 3.32).

Objekt	Feldname	Aktivität	Wert von	Wert bis
S_RFCACL	ACTVT		16	
	RFC_CLIENT			
	RFC_EQUSER		Y	
	RFC_INFO		*	
	RFC_SYSID			
	RFC_TCODE		*	
	RFC_USER		@	

Abbildung 3.32: Transaktion »SU24« – Funktionsbaustein /IWBEP/FM_MGW_HANDLE_REQUEST pflegen

Diese erforderliche Berechtigung ermöglicht es dem Endbenutzer, zwischen dem Frontend und dem Backend zu kommunizieren. Pflegen Sie das Zielfrontend-System (RFC_SYSID) und den Mandanten (RFC_CLIENT) in der Endbenutzerrolle.

Überprüfen Sie auch, ob das Berechtigungsobjekt /UI2/CHIP für die Transaktion */UI2/FLP* gepflegt ist (siehe Abbildung 3.33). Diese empfohlenen Werte verhindern eine Überberechtigung im SAP Fiori Launchpad auf dem Aktivitätslevel und stellen gleichzeitig alle SAP-Standard-UI2-Seitenaufbaudienste (X-SAP-UI2*) bereit, die ein Endbenutzer benötigt.

Objekt	Feldname	Aktivität	Wert von	Wert bis
/UI2/CHIP	/UI2/CHIP		X-SAP-UI2*	
	ACTVT		03	
			16	

Abbildung 3.33: Transaktion »SU24« – Transaktion »/UI2/FLP« pflegen

Checkliste zur Vorbereitung des Rollenaufbaus

Sobald Ihr System einsatzbereit ist und Ihre OData-Services sowie ICF-Knoten aktiviert sind, können Sie damit beginnen, benutzerdefinierte Rollen sowie deren Berechtigungen zu erstellen oder zu pflegen, die nun auch Fiori-Apps enthalten. Tabelle 3.4 gibt Ihnen einen Überblick über alle Vorbereitungsaktivitäten, die Sie bis dahin erledigt haben sollten.

Schritt	Aktivität	Beschreibung
1	System-Patches	Aktualisieren Sie Ihr System auf die neueste SAP-S/4HANA-Version und die neuesten Produktversionen.
2	Vorschlagswerte optimieren	Optimieren Sie die Vorschlagswerte per Transaktion *SU24* entsprechend Ihren Geschäftsanforderungen und individuellen Eigenentwicklungen.
3	Benutzerverwaltung	Derselbe Endbenutzer ist auf dem Frontend- und dem Backend-Server erforderlich.
4	SAP Fiori Apps Reference Library	Überprüfen Sie die Geschäftsanforderungen, und machen Sie die entsprechenden Fiori-Apps über die SAP Fiori Apps Reference Library, SAP-Recommendation oder andere Tools von Drittanbietern ausfindig.
5	Aktivierung von Diensten	Aktivieren Sie alle erforderlichen OData- und ICF-Services.

Schritt	Aktivität	Beschreibung
6	Erstellung und Pflege von Katalogen, Gruppen sowie Bereichen und Seiten	Erstellen und pflegen Sie die erforderlichen SAP-Fiori-Komponenten wie Kataloge, Gruppen, Seiten und Bereiche.
7	SAP Fiori – allgemeine Endbenutzerrolle	Weisen Sie die allgemeine Endbenutzerrolle allen SAP-Fiori-Benutzern zu.
8	SAP-Fiori-Frontend-/ Backend-Systemrollen	Erstellen und pflegen Sie Businessrollen mit erforderlichen SAP-Fiori-Komponenten (OData-Service, Kataloge, Gruppen, Bereiche und Seiten), und weisen Sie sie zu.

Tabelle 3.4: SAP-Fiori-Rollenpflege – Vorbereitung

3.5.2 SAP-Fiori-Rollenbau im Embedded Deployment

Nach der Konfiguration, Aktivierung und Erstellung aller notwendigen SAP-Fiori-Komponenten starten Sie nun mit der eigentlichen Rollenpflege. Da die klare Empfehlung des Softwareherstellers die Nutzung des Embedded Deployment ist, wird auch die Integration von SAP Fiori in das Berechtigungskonzept hier auf Basis dieses Szenarios aufgezeigt.

Navigieren Sie zur Transaktion *PFCG*, und wählen Sie eine bestehende Jobfunktionsrolle aus, um eine Fiori-App zu pflegen – beispielsweise die Rolle eines Salesmanagers für die Fiori-App mit der ID F2941 und alle zugehörigen Komponenten. Wir ordnen nun den vorher erstellten Businesskatalog (ZP_BC_SD_GLOB_SALES_MGMT), der die benötigten Apps beinhaltet, dem Rollenmenü zu (siehe Abbildung 3.34). Durch den Best-Practice-Rollenbau per Rollenmenü über die Transaktion *PFCG* gelangen die verschiedenen OData-Services (*ISWG* und *IWSV*) sowie der Backend-Service *SD_SALESPERF 0001* für die Aktivierung der App-ID F2941 im SAP-Standard automatisch in das Rollenmenü. Anschließend fügen Sie noch die visuelle Ebene, den Bereich *(ZP_BS_SD_SALES_MGMT)*, dem *Menü der Rolle* hinzu. In einer eingebetteten Bereitstellung können Sie sämtliche Businesskataloge in die Frontend-Endbenutzerrolle integrieren.

Achten Sie bei einem bestehenden Ableitungskonzept darauf, die entsprechenden SAP-Fiori-Komponenten in die Masterrolle aufzunehmen.

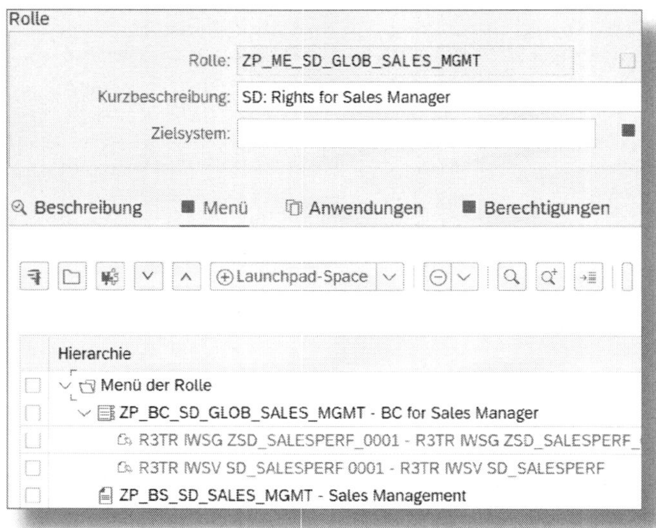

Abbildung 3.34: Transaktion »PFCG« – Fiori-Rollenpflege

Auf Basis des Businesskatalogs und der enthaltenen OData-Services schlägt der Profilgenerator beim Bearbeiten des Berechtigungsprofils der Rolle mit der Option »Alten Stand lesen und mit den neuen Daten abgleichen« direkt die entsprechenden Berechtigungsvorschlagswerte aus der Transaktion *SU24* vor (siehe Abbildung 3.35).

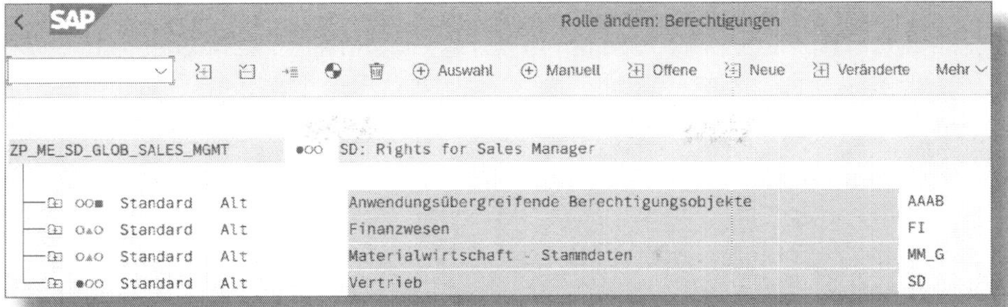

Abbildung 3.35: Transaktion »PFCG« – Berechtigungsprofil

Diese offenen Berechtigungsfelder können Sie nun entsprechend den Aktivitäten während des notwendigen Rollentests explizit mit Werten füllen, die Ihren Prozessen und dem jobfunktionsorientierten Arbeitsalltag entsprechen.

3.6 Prüfung und Lösung von Berechtigungsfehlern in SAP Fiori

SAP Fiori führt eine Vielzahl innovativer Funktionen ein, die die bestehenden Berechtigungs- und Systemanforderungen signifikant erweitern. Aufgrund der funktionalen Komplexität dieser Neuerungen kann der technische Vorbereitungsaufwand steigen und die Implementierung neuer Berechtigungskomponenten notwendig werden. Die SAP verbessert fortlaufend die Analysemöglichkeiten durch regelmäßige Updates und SAP-Hinweise, um eine lückenlose Berichterstattung und Prozessierung sicherzustellen. Zudem werden neue Apps eingeführt und Funktionen innerhalb bestehender oder neuer Anwendungen optimiert, um aktuellen Herausforderungen gerecht zu werden und Problemlösungen zu fördern. Dies macht stets komplexe Analysen erforderlich, wenn es um die Validierung und Beseitigung von Fehlern innerhalb von SAP Fiori geht. Dabei sind es nicht immer per se die Berechtigungen, oftmals tritt ein Fehler auch aufgrund technischer Systeminkonsistenzen auf.

Nichtsdestotrotz ist es wichtig, sich mit gewissen SAP-Standardbericht- und Analyseanwendungen in SAP Fiori vertraut zu machen. Für eine Fehleranalyse ist ein detaillierter Überblick über die Möglichkeiten einer effektiven Verwaltung Ihrer SAP-Fiori-UI-Berechtigungen essenziell.

SAP-UI-Technologieunterstützung

Die Transaktion *SUI_SUPPORT* bietet eine umfassende Werkzeugsammlung für den SAPUI5-Support. Sie dient als zentraler Anlaufpunkt für die Einrichtung und Verwaltung von SAP Fiori, für SAPUI5-Anwendungen, Layered Repository, SAP Fiori Launchpad und SAP Gateway einschließlich Protokollen, Caches und Jobs (siehe Abbildung 3.36). Sie ermöglicht Ihnen darüber hinaus einen plattformübergreifenden Zugriff, beispielsweise für die Wartung von OData-Services, die Verwaltung des SAP Gateway oder die Pflege von Rollen. Der Zugriff auf diese Transaktion sollte ausschließlich qualifizierten SAP-Fiori-Administratoren und Sicherheitsadministratoren vorbehalten sein.

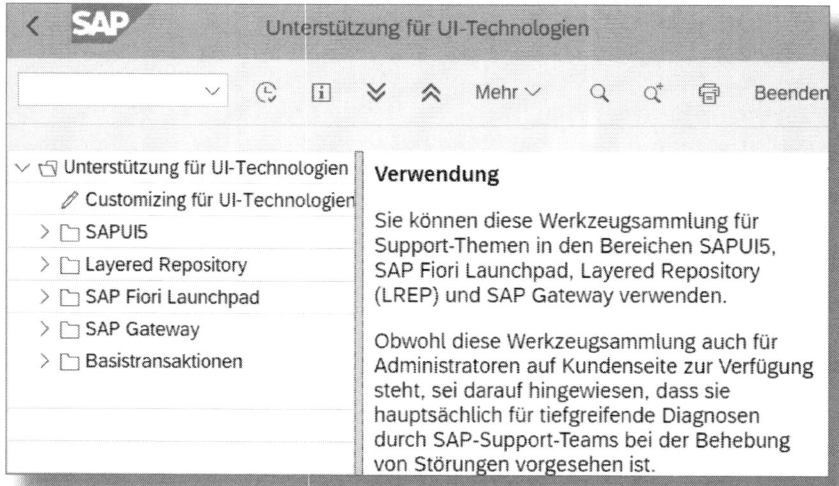

Abbildung 3.36: Transaktion »SUI_SUPPORT« – Startbildschirm

App-Support in SAP Fiori

Die Fiori-App »App-Support« (App-ID: F4914) stellt Ihnen ähnliche Dienste wie die Transaktion *SU53* zur Verfügung und erlaubt Endbenutzern, fehlgeschlagene Berechtigungsprüfungen, anwendungsspezifische Informationen sowie Fehler im Zusammenhang mit dem SAP Gateway und der Laufzeit einzusehen. Dafür müssen Sie sie jedoch zunächst in der SAP-Fiori-Konfiguration entweder mandantenabhängig per Transaktion */UI2/FLP_CUS_CONF* oder mandantenunabhängig per Transaktion */UI2/FLP_CONF_DEF* aktivieren. Der dazugehörige zu aktivierende Parameter (AKTIV) lautet APP_SUPPORT (siehe Abbildung 3.37).

Abbildung 3.37: Transaktion »/UI2/FLP_CUS_CONF« – Parameter APP_SUPPORT

Zudem müssen noch der ICF-Knoten *sui_flp_app_sup* sowie der OData-Service SUI_FLP_APP_SRV aktiviert werden. Die Bereitstellung der entsprechenden Fiori-App »App-Support« erfolgt dann wie gehabt über einen entsprechenden Businesskatalog, der beispielsweise in einer Grundrolle für alle Endbenutzer hinterlegt wird. Vergessen Sie hierbei nicht die notwendige Berechtigungspflege im Rollenprofil.

Damit sind die Vorbereitungsmaßnahmen für die vollständige Nutzung der App abgeschlossen. Sie können die APP_SUPPORT-Anwendung nun nach dem Rollentransport auf die Produktion sowie der Konfiguration je nach Rollenzuweisung nutzen. Mit der korrekten Berechtigungszuweisung erhalten Benutzer über das persönliche Benutzer-Drop-down-Menü im SAP Fiori Launchpad nun Zugriff auf die Anwendung (siehe Abbildung 3.38), die auch Informationen über die aktuell genutzte Applikation sowie verschiedene Fehlerarten enthält. Achten Sie darauf, dass die SAP-Fiori-Anwendung »App-Support« per se nur innerhalb einer konkreten App auswählbar ist.

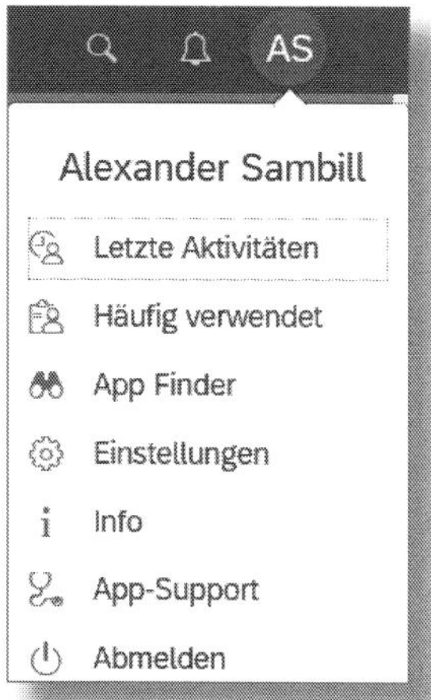

Abbildung 3.38: Benutzer-Drop-down-Menü in SAP Fiori – App-Support

Wie Sie in Abbildung 3.39 erkennen, erweist sich die darin enthaltene Rubrik App-Information als sehr nützlich, da sie die App-ID und andere relevante Details der Applikation wie den Anwendungsnamen und sogar das dazugehörige semantische Objekt sowie die entsprechende Aktion aufzeigt. Solche Informationen sind essenziell für Angaben in einem Support-Ticket und helfen der Administration bei der Lösungsfindung.

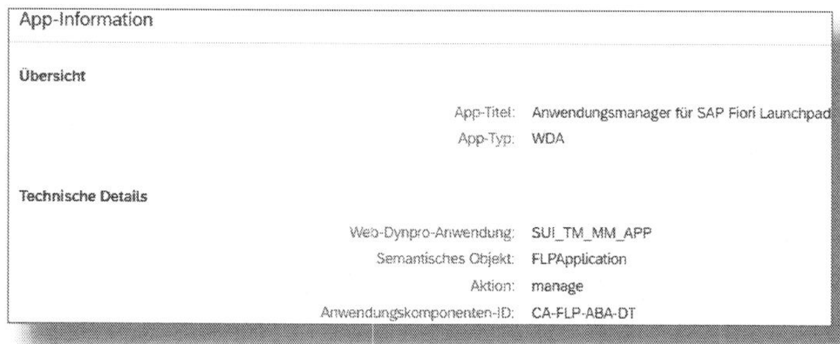

Abbildung 3.39: Fiori-App »App-Support« – App-Information

Abbildung 3.40 illustriert ein Aufstellungsbeispiel von SAP-Gateway-Fehlern, die sich auch per Download Logs abrufen lassen.

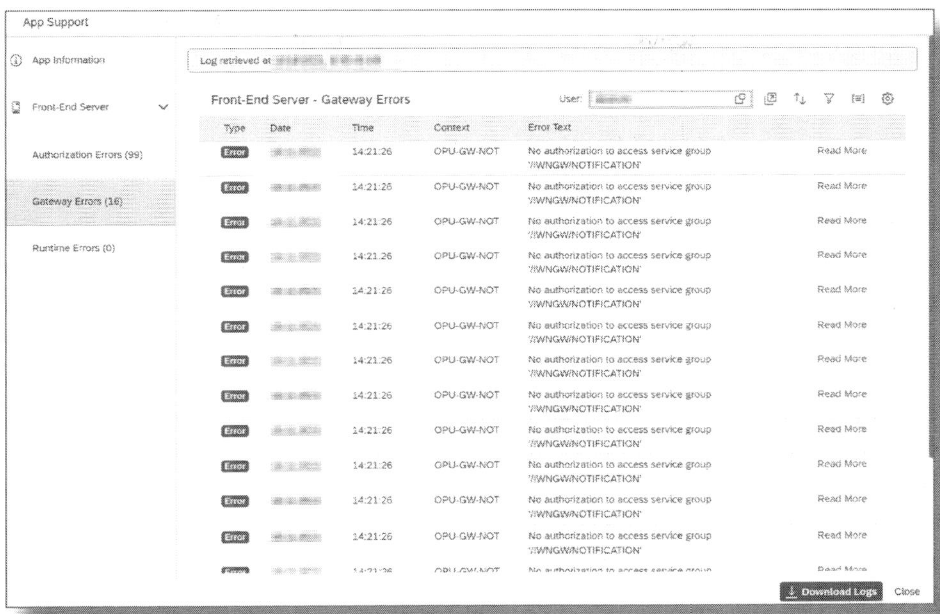

Abbildung 3.40: Fiori-App »App-Support« – Gateway-Fehler

Die SAP-Fiori-Anwendung »App-Support« bietet Ihnen zusätzlich über das Berechtigungsobjekt S_FLP_AS die Option, eigene Fehler oder die eines anderen Benutzers einzusehen (siehe Abbildung 3.41).

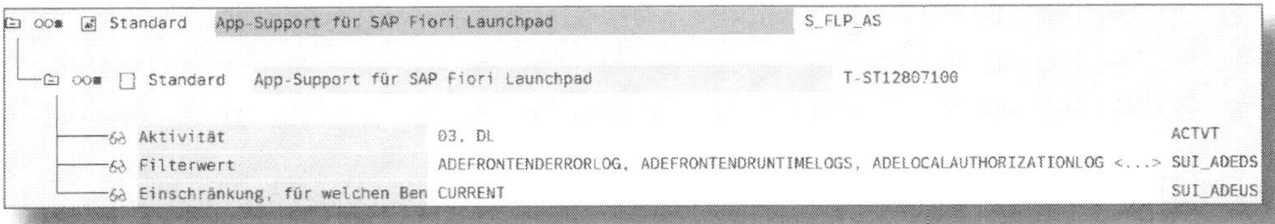

Abbildung 3.41: Fiori-App »App-Support« – Berechtigungen

Mit diesem Berechtigungsobjekt können Sie den Zugriff entweder ausschließlich für den aktuellen Benutzer (Berechtigungsfeld SUI_ADEUS mit dem Wert CURRENT) oder für alle Benutzer (Berechtigungsfeld

SUI_ADEUS mit dem Wert ALL) freigeben. Es ist ratsam, der Administration und bestimmten Key-Usern den Zugang zu Informationen anderer Benutzer zu ermöglichen.

Die SAP-Fiori-Anwendung »App-Support« ist ein wertvolles Hilfsmittel, das allen Ihren Endbenutzern zur Verfügung stehen sollte, um sie bei der Fehleranalyse zu unterstützen.

Reports und Transaktionen zur Behebung von Fehlern in SAP Fiori

In der Praxis sind technische Probleme nicht immer auf Berechtigungsfehler, sondern beispielsweise auch auf fehlende Systemkomponenten, veraltete Anwendungen, nachlässige kundenspezifische Codeentwicklungen oder Hardwareprobleme zurückzuführen. In SAP Fiori müssen Sie aufgrund des neuen SAP-UI-Modells und integrativer Anwendungen spezifische Systemeinstellungen und -parameter aktivieren sowie neuartige Entitäten wie Businesskataloge, OData-Services oder CDS Views berücksichtigen. Einige hilfreiche und erforderliche Transaktionen für die Analyse und Behandlung möglicher Fehler in dieser webbasierten Umgebung sehen Sie in Tabelle 3.5.

Server-Ebene	Transaktion/Report	Beschreibung
Frontend	/IWFND/ERROR_LOG	Fehlerprotokoll des SAP Gateway
Frontend	/IWFND/APPS_LOG	SAP-Gateway-Anwendungsanzeige
Frontend	/IWFND/CACHE_CLEANUP	Auflösen von SAP-Gateway-Modell-Caches
Frontend	/IWFND/MAINT_SERVICE	OData-Services aktivieren/bereitstellen
Frontend	/UI2/CHIP_SYNCHRONIZE_CACHE	Synchronisieren des Chip-Cache
Frontend	/UI2/DELETE_CACHE	Löschen des Chip-Cache
Frontend	/UI2/FLC	Überprüfen des SAP Fiori Launchpad

Server-Ebene	Transaktion/Report	Beschreibung
Frontend	/UI2/FLC1	Überprüfen von verwaisten Businesskatalogen und -gruppen
Frontend	/UI2/FLIA	Analysieren von SAP Fiori Launchpad Intents
Frontend	/UI2/FLP_CONTCHECK	Prüfen von SAP-Fiori-Rolleninhalten für Kataloge und Gruppen
Frontend	/UI2/FLP_SYS_CONF	Prüfen der SAP-Fiori-Launchpad-Systemeinstellungen
Frontend	/UI2/FSAC	Überprüfen der Systemaliasverbindung für das SAP Fiori Launchpad
Frontend	PRGN_COMPARE_ROLE_MENU	Massenaktualisierung des Rollenmenüs mit Businesskatalogen, -gruppen sowie Bereichen und Seiten (SAP-Hinweis: 2465999)
Frontend	RSUSR_ROLE_MENU	Transaktion SUIM zur Suche nach Businesskatalogen und -gruppen (SAP-Hinweis: 2341600)
Frontend	RSUSR_START_APPL	Transaktion SUIM zur Suche nach Berechtigungen zum Starten von Anwendungen (SAP-Hinweis: 2449011)
Frontend	RS_ICF_SERV_ADMIN_TASK	Report zur Verwaltung und Anzeige von ICF-Knoten mit Excel-Down- und -Upload-Funktionen
Frontend	SACM	Runtime-Simulator zur Überprüfung von CDS-Entitätsfehlern.
Frontend	SE16(N)	Überprüfen der Tabelle /IWFND/I_MED_SRH, um festzustellen, ob alle erforderlichen IWSG-Dienste aktiviert sind

Server-Ebene	Transaktion/Report	Beschreibung
Frontend	SLG1	Überprüfen der Anwendungsprotokolle
Frontend	SU25	Prüfen (über Schritt 2d), ob der Ersatz von SAP-GUI-Transaktionen durch Fiori-Apps möglich ist
Frontend	STAUTHTRACE/ST01	Analysieren fehlender Berechtigungen beim Starten des Webdienstes (S_SERVICE)
Backend	/IWBEP/ERROR_LOG	Fehlerprotokoll des SAP Gateway-Backends
Backend	/IWBEP/VIEW_LOG	SAP-Gateway-Protokollanzeige
Backend	/IWBEP/CACHE_CLEANUP	Auflösen von SAP-Gateway-Modell-Caches

Tabelle 3.5: Fehlerbehebung in SAP Fiori – Reports und Transaktionen

Sie können auch die Entwicklertools verwenden, die in jedem Webbrowser verfügbar sind, um weitere Informationen zu Fehlercodes und Problemen innerhalb der webbasierten SAP-Fiori-Umgebung zu erhalten. Darüber hinaus benötigen Sie wie gehabt auch die Standardtools für die Analyse von Berechtigungsproblemen auf dem SAP NetWeaver AS ABAP, wie beispielhaft die Transaktionen *SU53*, *ST05*, *SM21* oder *TCD STAUTHTRACE*.

3.7 Zusammenfassung

SAP Fiori, ein integraler Bestandteil von SAP S/4HANA, repräsentiert die innovative Entwicklung im Bereich der Benutzeroberflächen, die darauf abzielt, Geschäftsprozesse durch eine intuitive und konsistente Benutzererfahrung zu optimieren. Trotz der anfänglich herausfordernd wirkenden Einrichtung, Konfiguration und Autorisierung baut SAP Fiori auf bewährten Werkzeugen und Methoden aus der traditionellen ABAP-Welt auf. Die Plattform integriert neue Elemente wie Kataloge,

Gruppen, Bereiche und Seiten, die mithilfe spezifischer SAP-Werkzeuge erstellt und verwaltet werden. Der Einsatz und Betrieb von SAP Fiori setzt ein tiefgehendes Verständnis der technischen Infrastruktur sowie des konzeptionellen Rahmens voraus, innerhalb dessen die Anwendungen operieren. Von der Entscheidung über die Art der Bereitstellung bis hin zur detaillierten Konfiguration von Rollen und Berechtigungen spiegelt SAP Fiori die Evolution in der SAP-Systemlandschaft wider und unterstreicht die Notwendigkeit, traditionelle Rollen und Berechtigungen den Anforderungen moderner Benutzererfahrungen anzupassen.

Ein Schlüsselelement von SAP Fiori ist die Personalisierung der Benutzererfahrung, die es Endbenutzern ermöglicht, ihr SAP Fiori Launchpad individuell anzupassen und so einen verbesserten und intuitiveren Zugriff auf relevante Informationen zu erhalten. Diese Flexibilität steigert nicht nur die Benutzerzufriedenheit, sondern durch eine effizientere Navigation und Zugänglichkeit auch die Produktivität.

SAP Fiori stellt die Berechtigungsadministration vor komplett neue Herausforderungen, da eine präzise Vorgehensweise bei der Implementierung von Berechtigungen – einschließlich neuer Entitäten, Administrationstools und Analysemethoden – vonnöten ist. Die komplexe und vielschichtige Administration sowie Berechtigungsdifferenzierung in SAP Fiori setzt Expertenwissen voraus und führt zu einem höheren Zeitaufwand bei der Umsetzung. All diese Aspekte sollten idealerweise bereits vor der Einführung der SAP-S/4HANA-Software berücksichtigt und festgelegt werden, um sowohl funktionale Integrität als auch Sicherheit zu gewährleisten.

4 SAP-S/4HANA-Berechtigungsmigration

Mit der Einführung von SAP S/4HANA, der neuesten Business Suite der SAP, steht Unternehmen, die bislang SAP ERP (ECC) 6.0 verwendet haben, ein bedeutender Wandel bevor. Für Sie ist entscheidend, die hiermit verbundenen technischen und prozessualen Änderungen zu erfassen und zu verstehen, damit Sie im Vorfeld wissen, wie Sie Ihre Geschäfts- und IT-Infrastruktur entsprechend anpassen können. Eine direkte Übertragung Ihres bisherigen Berechtigungskonzepts auf SAP S/4HANA ist nicht möglich. SAP S/4HANA führt umfassende Neuerungen im Datenmodell, in der Datenbankverarbeitung, den Geschäftsprozessen, der Benutzeroberfläche und den Funktionalitäten ein. Diese Transformation macht die Migration zur neuen Kern-ERP-Plattform für viele Unternehmen zu einer herausfordernden und komplexen Aufgabe. Insbesondere haben die zahlreichen Änderungen an Transaktionen und Anwendungen in SAP S/4HANA weitreichende Auswirkungen auf Rollen und Berechtigungen, was Ihrem Migrationsprojekt zusätzlich zur Integration von SAP Fiori eine erhöhte Komplexität verleiht.

Mit den derzeit rasanten technologischen Entwicklungen, charakterisiert durch Big Data, das Internet der Dinge (IoT) und Industrie 4.0, stehen Unternehmen vor der Herausforderung, Neuerungen schnell in ihre Geschäftsprozesse zu integrieren. Angesichts wachsender Anforderungen an die Technologie bezüglich schneller Datenübertragung, plattformübergreifender Informationsabfragen, reduzierter Wartungskosten und mobiler Datennutzung hat die SAP 2015 mit der Einführung der SAP Business Suite 4 SAP HANA, bekannt als SAP S/4HANA, reagiert.

SAP S/4HANA ist in On-Premise- und verschiedenen Cloud-Versionen verfügbar. Die neue Suite ist nicht nur der Nachfolger von SAP ERP (ECC) 6.0, sondern repräsentiert eine Weiterentwicklung der SAP-Geschäftssuite, die mit fortschrittlichen Technologien, etwa dem wie maschinelles Lernen und Künstliche Intelligenz, die auf der leistungsfähigen In-Memory-Datenbank SAP HANA aufbauen. Für global agierende Unternehmen verbessert diese Plattform die Dateninfrastruktur durch ein vereinfachtes Datenmodell und ermöglicht zudem eine Echtzeitdatenverarbeitung, wobei SAP HANA die einzige kompatible Datenbank für SAP S/4HANA ist.

Dabei müssen Sie beachten, dass der Übergang von SAP ERP (ECC) 6.0 zu SAP S/4HANA mehr ist als eine Systemaktualisierung. Es handelt sich um eine völlig neue Implementierung, die eine Überarbeitung der Geschäftsprozesse, Datenmodelle, Benutzeroberflächenfunktionen und der gesamten Architektur Ihrer SAP-Landschaft erfordern kann. Diese Änderungen haben einen erheblichen Einfluss auf Ihr aktuelles Berechtigungskonzept.

Daher führt dieses Kapitel Sie in die Berechtigungsmigration nach SAP S/4HANA ein. Wir beleuchten gemeinsam, welche Auswirkungen die essenziellen technologischen Änderungen, die neuen S/4-Funktionen und die simplifizierte Architektur des Datenmanagements auf Ihr Berechtigungskonzept haben. Wichtig zu beachten ist, dass der Migrationsprozess der Berechtigungen zu SAP S/4HANA einen Schlüsselfaktor für den reibungslosen funktionalen und technischen Übergang zur neuen innovativen Produktlinie darstellt. Die Zeiten, in denen Softwarehersteller und Unternehmen lediglich die Funktionstüchtigkeit im Fokus hatten, sind vorbei. Heutzutage steht und fällt ein System mit der Robustheit und Qualität des implementierten Sicherheits- und Berechtigungskonzepts.

! Abkündigung der Wartung von SAP ERP (ECC) 6.0

Die SAP hat das Ende der Wartungsunterstützung für die SAP ERP (ECC) 6.0 Suite für Ende 2027, allerdings mit einer optionalen und kostenpflichtigen Verlängerung bis 2030, angekündigt.

4.1 Einfluss von SAP S/4HANA auf Berechtigungen

Die SAP Business Suite hat im Laufe der Jahre kontinuierlich an Umfang zugenommen. Dies führte zu einer wachsenden Diskrepanz zwischen dem Aufwand für die Integration fortschrittlicher Funktionen und der tatsächlichen Erweiterbarkeit des Systems, insbesondere in Bezug auf den SAP NetWeaver, die zentrale Entwicklungsplattform und Laufzeitumgebung in SAP ERP (ECC) 6.0. Die dynamische Entwicklung machte die Einführung einer neuen Technologie erforderlich, die in die vierte Generation der SAP Business Suite, SAP S/4HANA, mündete.

Bevor wir uns den technischen Details der SAP-HANA-Datenbank, den unterschiedlichen Produktversionen von SAP S/4HANA und der Migration der Berechtigungen zuwenden, müssen wir die Veränderungen betrachten, die mit der neuen Business Suite einhergehen. Diese beinhaltet integrierte Funktionen, moderne Datenbanktechnologien sowie neue Werkzeuge und Terminologien, die Ihr bestehendes Rollen- und Berechtigungskonzept signifikant beeinflussen können, da sie umfassende Änderungen an den vorhandenen Berechtigungen, Anwendungen und Modulen nach sich ziehen. Infolge der tiefgreifenden Geschäftsprozessänderungen werden die gewohnten Transaktionen durch neue bzw. durch Fiori-Apps ersetzt und sind somit obsolet. Zudem stellen direkte Datenbankabfragen, neue SAPUI5-Funktionen und hohe explizite Standardisierungsanforderungen seitens des Softwareherstellers umfangreiche Ansprüche an die Modellierung und Implementierung Ihres neuen Rollenkonzepts. Die Vielzahl an neuen Funktionen, Strukturen und die Simplifizierungen der alten SAP-ECC-Welt führen somit zu komplexen Designanforderungen an Ihr neues Berechtigungskonzept.

4.1.1 Simplifizierungsansatz in SAP S/4HANA

Ein wesentlicher Aspekt von SAP S/4HANA ist die Vereinfachung von Geschäftsprozessen und Anwendungen. Komplexität soll reduziert, Betriebsabläufe optimiert und die Bedienung der Business Suite für Endbenutzer soll vereinfacht werden. Ziel ist es, eine intuitive Arbeitsweise zu fördern und die digitale Geschäftstransformation auf ein neues Niveau zu heben. Eine Lösung bieten gesteigerte Einfachheit und schnellere Innovationszyklen, um den dynamischen Geschäftsanforderungen gerecht zu werden. SAP unterteilt diese Vereinfachungsbestrebungen in die folgenden vier Hauptbereiche:

- Simplifizierung des Datenmodells
- Simplifizierung von Prozessen
- Simplifizierung der Benutzeroberfläche (UI)
- Simplifizierung der Systemlandschaft

Sehen wir uns den Umfang der Simplifizierung in SAP S/4HANA in den nächsten Abschnitten genauer an.

Simplifizierung des Datenmodells

Das bisherige Datenmodell von SAP ERP (ECC) 6.0 war durch zahlreiche Tabellen zur Speicherung von Stamm- und Bewegungsdaten gekennzeichnet, was zu vielen Hintergrundprozessen und Datenredundanzen führte. Mit dem *Principle of One* strebt SAP eine Reduzierung von Anwendungen und Transaktionen an, optimiert die Datenbankstruktur und bietet darüber hinaus eine einheitliche Lösung für geschäftliche Herausforderungen. Die Vorteile sind schnellere Datenverarbeitung, ein höheres Maß an Flexibilität, reduzierter Speicherbedarf und vereinfachtes Customizing. Abbildung 4.1 verdeutlicht diesen Ansatz am Beispiel des neuen Material-Ledgers sowie am Accounting im Kontext des Universal Journal von SAP S/4HANA.

Simplifizierung von Prozessen

Vor der Vereinfachung des Datenmodells erforderten viele Prozesse im Rahmen der Nutzung der SAP-ERP-Software zeitintensive Schritte. SAP hat nicht nur die Anzahl der Transaktionen und manuellen Schritte reduziert, sondern auch seine Anwendungen verbessert und praxisorientiertere Programmabläufe sowie Funktionen eingeführt. Diese ermöglichen es Endbenutzern, ihre Arbeit schneller, effizienter und komfortabler zu verrichten. SAP S/4HANA zielt darauf ab, Prozesse zu bieten, die mit minimalen Schritten auskommen und dadurch die Produktivität und Effizienz der Betriebsabläufe steigern.

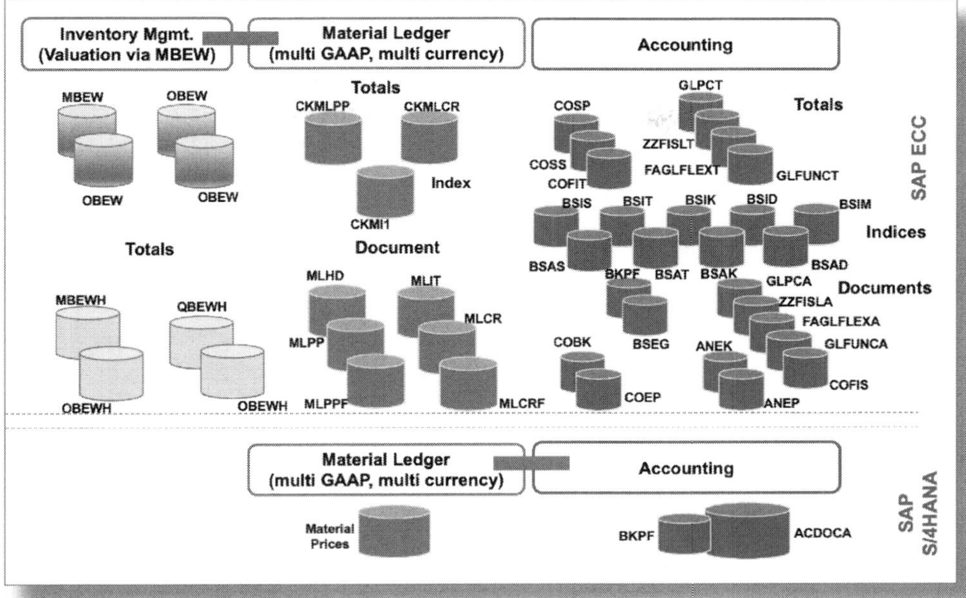

Abbildung 4.1: Datenmodellvereinfachung – Material-Ledger und Accounting

Simplifizierung der Benutzeroberfläche (UI)

SAP führt mit zusätzlichen Anwendungslayouts und -themen, wie dem Belize-Theme, ein frisches Look-and-Feel für seine Lösungen ein. Eine wesentliche Neuerung ist die Benutzeroberfläche SAP Fiori, die mit ihrer umfassenden Palette an Anwendungen neue Geschäftsperspektiven eröffnet und die Abwicklung von Geschäftsprozessen maßgeblich beeinflusst. SAP Fiori fungiert beispielsweise als alleiniger Zugangspunkt für die SAP-S/4HANA-Cloud-Produkte. Bei SAP S/4HANA HEC oder SAP S/4HANA On-Premise besteht weiterhin die Wahlmöglichkeit zwischen dem klassischen SAP GUI, Webbenutzeroberfläche und SAP Fiori UI. Weitere Details zu den Bereitstellungsoptionen finden Sie in Abschnitt 4.3. Die Nutzung von SAP Fiori UI verbessert nicht nur die Benutzerfreundlichkeit und Produktivität, sondern auch das Nutzererlebnis (UX). Dieser Simplifizierungsansatz führt zu verkürzten Ladezeiten, reduziert die Anzahl notwendiger Klicks, minimiert Bildschirmwechsel und verringert die Menge auszufüllender Felder.

Hinsichtlich der Berechtigungen ist die Integration von SAP Fiori in Ihr Berechtigungskonzept unerlässlich, wobei die gleichen Compliance-bezogenen Einschränkungen wie für Ihre Backend-Systeme gelten.

Simplifizierung der Systemlandschaft

Im Zuge des neuen Datenmodellansatzes bietet SAP S/4HANA ein vollständig integriertes und aktualisiertes Modell der Systemlandschaft, das dem zuvor erwähnten Principle of One folgt. Diese Integration umfasst verschiedene Module der SAP Business Suite, die erweitert, zusammengeführt und aktualisiert wurden, um deren Leistungsfähigkeit bei technischen Prozessierungen zu steigern. So wurden beispielsweise in SAP S/4HANA die ehemals separaten Module Materialwirtschaft (MM), SAP Supplier Lifecycle Management (SAP SLM) und SAP Supplier Relationship Management (SAP SRM) im Bereich SAP S/4HANA Sourcing and Procurement zusammengefasst. Solche tiefgreifenden Änderungen können erhebliche Auswirkungen auf Ihr Geschäftsmodell, Ihre Prozesse, Benutzerberechtigungen, aber auch auf Ihre SAP-Benutzerlizenzen haben.

Wie in Abbildung 4.2 dargestellt, gliedert SAP die verschiedenen Module in zwei Kategorien: Kern- und Cloud-Lösungen. Laut dem Produktmanagement der SAP ist zu erwarten, dass viele Kunden eine hybride Systemlandschaft mit SAP S/4HANA nutzen werden, wobei einige Produkte ausschließlich in der Cloud verfügbar sind.

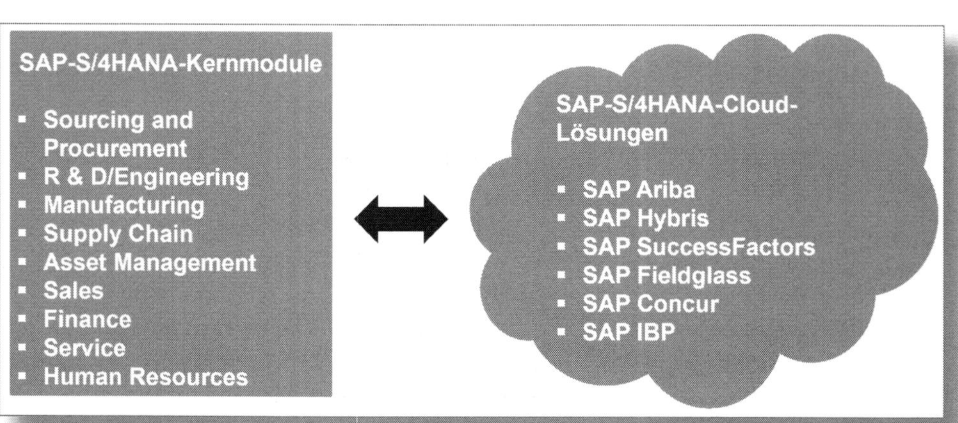

Abbildung 4.2: SAP S/4HANA – Kern- und Cloud-Lösungen

Alle diese Vereinfachungen sind in der *Simplifizierungsliste* von SAP S/4HANA dokumentiert, die einen unverzichtbaren Leitfaden für die Implementierung der neuen Business Suite darstellt. Sie beschreibt auf funktionaler Ebene die Neuerungen im Vergleich zu den einzelnen Transaktionen und anderen Rollenmenüobjekten in SAP ERP (ECC) 6.0 sowie die technischen Anforderungen, Innovationen und Modifikationen der veränderten SAP-S/4HANA-Anwendungen. Zudem hat SAP diverse geschäftsbezogene Entwicklungen und Funktionalitäten in seine SAP-S/4HANA-Standardlösung integriert, die situativ Eigenentwicklungen und Codemodifikationen überflüssig machen. Viele dieser Anpassungen, die im Rahmen der SAP-Strategie für moderne Geschäftsprozesse und Digitalisierung eingeführt wurden, sind technischer Natur und bei der Migration eines bestehenden SAP-ERP-(ECC)-6.0-Systems zu SAP S/4HANA obligatorisch. Die Simplifizierungsliste deckt alle Systemabhängigkeiten ab, einschließlich spezifischer Branchenlösungen. Der technische Grundtenor im Zusammenhang mit SAP S/4HANA ist, sukzessive wieder stärker zum SAP-Standard zurückzukehren und die Komplexität von vormals notwendigen Eigenentwicklungen zu reduzieren.

☛ Maßnahmen zur Vorbereitung der Migration

SAP hat bereits zahlreiche Innovationen in SAP ERP (ECC) 6.0 integriert. Die meisten davon sind für die ältere Suite optional, jedoch für SAP S/4HANA verpflichtend. Deshalb empfehle ich Ihnen, falls ausreichend Kapazitäten und Zeit verfügbar sind, diese neuen Funktionen in Ihre bestehende SAP-Landschaft zu implementieren, um sich optimal auf eine Migration zu SAP S/4HANA vorzubereiten. Beispielsweise wäre es ratsam, Ansätze wie den neuen Geschäftspartner- oder Hauptbuchansatz bereits als eigenständige Projekte in Ihrem aktuellen SAP-ERP-6.0-System zu realisieren, bevor Sie mit der Migration beginnen. Dies ermöglicht Ihren Endbenutzern, sich frühzeitig mit einigen der neuen Prozesse vertraut zu machen, und reduziert zudem den technischen Aufwand der Konversion.

Bitte beachten Sie auch, dass der Grad der Übereinstimmung Ihres Berechtigungskonzepts mit dem SAP-Standard den Aufwand für die Berechtigungsmigration erheblich verringern kann.

4.1.2 Allgemeine Geschäftsprozessänderungen in SAP S/4HANA

Basierend auf dem Principle of One, hat SAP S/4HANA zahlreiche Änderungen eingeführt, die unter Umständen erhebliche Auswirkungen auf Ihre bestehenden Geschäftsprozesse haben. Viele Anwendungen, die Sie möglicherweise in SAP ERP (ECC) 6.0 genutzt haben, sind in der neuen Version obsolet geworden. Zum Beispiel war es in SAP ERP (ECC) 6.0 möglich, eine Lieferantenrechnung sowohl im Modul MM als auch in FI zu buchen. In SAP S/4HANA wird diese Aufgabe nun ausschließlich über das Rechnungsmanagement abgewickelt. Abbildung 4.3 zeigt weitere Exempel für Funktionen, die Ihre Geschäftsprozesse in SAP S/4HANA direkt beeinflussen könnten.

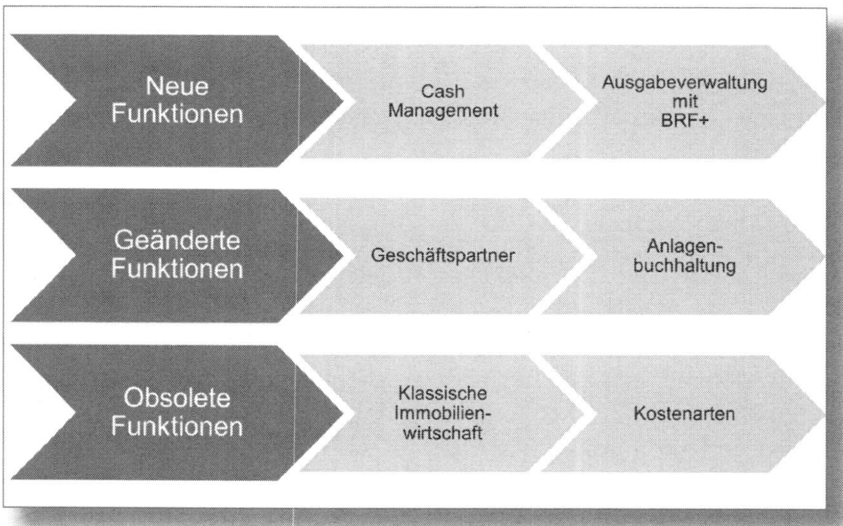

Abbildung 4.3: SAP S/4HANA – Hauptfunktionen mit Auswirkungen auf bestehende Geschäftsprozesse

Diese Verschiebungen innerhalb der neuen Geschäftsprozesse wirken sich unmittelbar auf Ihr bestehendes Berechtigungskonzept aus. SAP hat etwa 5.500 Berechtigungsobjekte und zahlreiche Programmcodezeilen modifiziert, die Ihr aktuelles Berechtigungskonzept beeinflussen können. Diese Änderungen erfordern im Rahmen Ihres Übergangs zu

SAP S/4HANA voraussichtlich zumindest teilweise eine Neukonzeption der Rollen. Aus diesem Grund ist es wichtig zu verstehen, dass die Implementierung von SAP S/4HANA nicht nur technische Anpassungen notwendig macht, sondern ebenso zu veränderten Endbenutzeraktivitäten und -prozessen führt. Folglich müssen Sie die neuen Endbenutzeraktionen in Ihr Berechtigungskonzept integrieren, was eine Anpassung und in einigen Fällen eine vollständige Überarbeitung Ihrer Rollen nach sich zieht. Das Ausmaß dieser Angleichungen hängt zum einen von den genutzten Funktionalitäten und zum anderen vom Grad der Standardisierung Ihrer Geschäftsprozesse und technischen Komponenten ab.

Bevor Sie Ihr Berechtigungskonzept umgestalten, müssen Ihre Geschäftsabteilungen die relevanten geänderten Endbenutzeraktionen sammeln und validieren. Anschließend können Sie neue Geschäftsszenarien inklusive einzelner Schritte und Richtlinien für Ihre Endbenutzer entwickeln, um die notwendigen Berechtigungen zu testen und abzustimmen. Sicherheitsadministratoren sowie das gesamte Unternehmen können hierbei auf diverse SAP-Businessrollenvorlagen und den SPN zurückgreifen. Die Rollenvorlagen umfassen die neuen Geschäftsfunktionen für verschiedene SAP-S/4HANA-Module und Prozessbereiche. Als Nachfolger des SAP Best Practices Explorer bietet der SPN eine umfassende Übersicht, die Ihnen hilft, die relevanten Prozessänderungen zu identifizieren und die neuen Funktionen für Ihre Endbenutzer in Ihre Unternehmung zu integrieren.

Zusammenfassend lässt sich festhalten: Ihr Berechtigungskonzept muss auf dem neuen Geschäftspartneransatz, der Integration von Finanzen und Controlling, dem Universal Journal und der obligatorischen Aktivierung des Material-Ledgers basieren.

Geschäftspartneransatz

Ein entscheidender Punkt der Simplifizierungsliste von SAP ist, dass nur Kunden mit einer bestehenden Kunden-/Lieferantenintegration in SAP ERP (ECC) 6.0 den kompletten Übergang zu SAP S/4HANA vollziehen können. SAP S/4HANA ermöglicht eine zentralisierte Pflege von Geschäftspartnerstammdaten mittels der Transaktion *BP*, die als zentraler Knotenpunkt für die Verwaltung und Darstellung aller relevanten Informationen für Stakeholder – egal, ob Lieferanten oder Kunden – dient. In der Praxis sind über 50 Transaktionen, die zuvor in SAP ERP (ECC) 6.0 für die Verwaltung von Kunden- oder Lieferantendaten genutzt wurden, in SAP S/4HANA nicht mehr verfügbar. Beispielsweise es keine separaten Transaktionen mehr für die Erstellung von Lieferanten (Transaktion *FK01*) oder von Kunden (Transaktion *FD01*). Die mit dem Geschäftspartnerkonzept eingeführten Neuerungen haben somit tiefgreifende Auswirkungen auf Ihr Berechtigungskonzept, sie beeinflussen unmittelbar Ihr gesamtes Sicherheitsdesign.

☛ SAP-Hinweis zum Geschäftspartneransatz

Für weitere Informationen zum neuen Geschäftspartneransatz verweise ich Sie auf den SAP-Hinweis 2570961.

Integration von Finanzen und Controlling

Ein wesentlicher prozessbezogener Aspekt der Migration zu SAP S/4HANA ist die Transformation von Finanzen und Controlling (FI-CO) in SAP S/4HANA Finance (das bereits als SAP Simple Finance für SAP ERP (ECC) 6.0 verfügbar war). SAP S/4HANA Finance ist für die neue Produktlinie von SAP unerlässlich und bietet zahlreiche innovative Funktionen. Die Unterscheidung zwischen Hauptbuchkonto und Kostenstellen bleibt bestehen, jedoch werden Kostenstellen nun in Stammdaten vereinheitlicht. Während in SAP ERP (ECC) 6.0 die Controlling-Abteilung Kostenstellen über Transaktionen wie *KA01*, *KA02* oder *KA03* erstellt, geändert oder angezeigt hat, sind diese Transaktionen in SAP S/4HANA nun veraltet und ein integraler Bestandteil der Transaktion *FS00* – zentrales Hauptbuchkonto. Diese gehört typischerweise zur Finanzabteilung, was bedeutet, dass die CO-Kontenzuordnung nun im FI-Kontenplan berücksichtigt werden muss. Diese Zusammenführung von finanz- und Controlling-bezogenen Transaktionen, die zuvor separate Anwendungen waren, wirft Verfahrensprobleme auf: Zum einen müssen die Verantwortlichkeiten innerhalb dieser migrierten Transaktion sowohl für die Finanz- als auch für die Controlling-Abteilung geklärt werden. Da keine separaten Transaktionen mehr zur Unterscheidung des zugrunde liegenden Zugriffs der Abteilungen vorhanden sind, müssen zum anderen die Berechtigungen für die zentrale Transaktion *FS00* in die Rollenberechtigungsprofile der Jobfunktionsrollen integriert werden. Eventuell bedingt dies sogar die vorherige Anpassung der Vorschlagswerte durch die Transaktion *SU24*.

Universal Journal

Das Universal Journal dient in SAP S/4HANA als zentrale Informationsquelle für sämtliche Finanz- und Controlling-Daten. Die Tabelle ACDOCA ist in diesem Zusammenhang die primäre Datenquelle für die Haupt- und Anlagenbuchhaltung, für das Controlling, die Ergebnisanalyse und für das Material-Ledger. Diese Konsolidierung vermeidet Redundanzen und reduziert den technischen Synchronisierungsaufwand.

Aktivierung des Material-Ledgers

Gemäß dem Principle of One hat SAP die Materialverwaltungsfunktionalität überarbeitet und die Materialbewertung sowie die Lagerverwaltung im Material-Ledger zentralisiert. Dieses vereint nun die wesentlichen Funktionen für Materialien – einschließlich des tatsächlichen Kostenmanagementsystems. Es unterstützt des Weiteren den Einsatz mehrerer Währungen und Bewertungsansätze. Aufgrund des neuen Datenmodells ist die Aktivierung des Material-Ledgers für alle Unternehmen obligatorisch, die zu SAP S/4HANA migrieren.

4.1.3 Datenmanagementarchitektur von SAP S/4HANA

SAP S/4HANA ermöglicht die Implementierung einer Zwei- oder Drei-Schichten-Architektur. Welche von beiden für Sie am besten geeignet ist, hängt von Ihren spezifischen Anwendungsfällen und Anforderungen ab.

In diesem Zusammenhang sollten Sie sich fragen: Möchte ich den Endbenutzern gestatten, über Anwendungen, die auf dem integrierten

SAP-HANA-Webserver ausgeführt und aufgerufen werden, direkt auf meine Daten zuzugreifen?

Dieser direkte Zugriff wird in der Drei-Schichten-Architektur vermieden, denn hier interagieren die Endbenutzer mit Applikationen, die auf einer Anwendungsserverebene ausgeführt werden. Die Apps verarbeiten die Daten mittels eines technischen Benutzers, um auf die Datenbank zuzugreifen. Dieser technische Benutzer übermittelt Informationen an die Anwendungsschicht, und die jeweilige Geschäftsanwendung liefert auf der Präsentationsschicht die angeforderten Daten an den Endbenutzer. In diesem Szenario ist kein direkter Zugriff der Endbenutzer auf die SAP-HANA-Datenbank erforderlich. Die Architektur lässt sich daher in drei Ebenen gliedern (siehe Abbildung 4.4):

- Client-Tier – Präsentationsebene (CLIENTS)
- Business-Tier – Anwendungsebene (APPLIKATIONSSERVER)
- Data-Tier – Datenbankebene (SAP-HANA-DATENBANK)

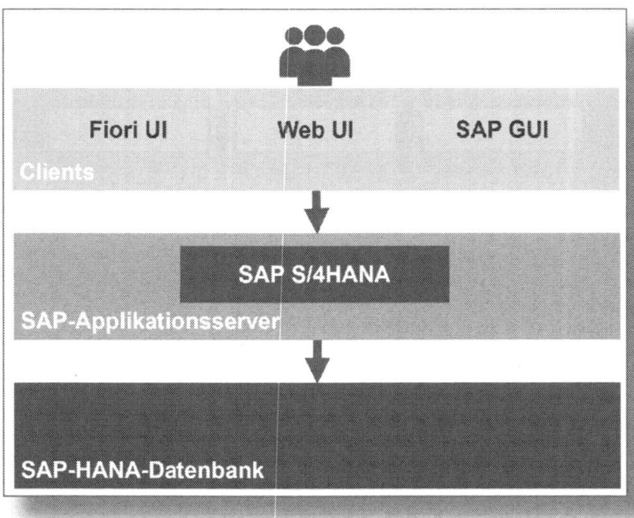

Abbildung 4.4: Dreischichtige Datenmanagementarchitektur

Im Rahmen der *Drei-Schichten-Architektur* dient die oberste Ebene, die Präsentationsschicht, auch als Frontend und ist der Ort, an dem die Interaktion der *Clients* stattfindet. Diese Schicht ermöglicht die Eingabe von Endbenutzern und die aufbereitete Präsentation von Daten. Sie wird von einem *Applikationsserver* innerhalb der Anwendungsschicht betrieben, der die notwendigen Systemprozesse für Geschäftsanwendungen innerhalb von *SAP S/4HANA* verwaltet und steuert. Die unterste und damit dritte Schicht beherbergt die Datensätze in der *SAP-HANA-Datenbank* auf Datenbankebene.

In der *Zwei-Schichten-Architektur* greifen die *Clients hingegen* unmittelbar auf die *SAP-HANA-Datenbank* zu. In diesem Szenario können Geschäftsanwendungen, wie beispielsweise SAPUI5-Apps, derart entwickelt werden, dass sie direkt auf der nativen Anwendungsserverinstanz von *SAP HANA*, den *SAP HANA Extended Application Services Advanced* (SAP XSA), ausgeführt werden. Architektonisch betrachtet, führt das Weglassen eines separaten Anwendungsservers zum schnelleren Datentransfer und zu einer zügigeren Verarbeitung (siehe Abbildung 4.5).

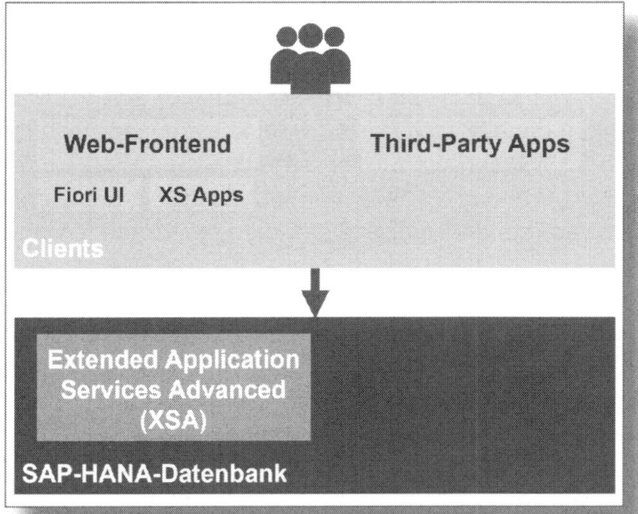

Abbildung 4.5: Zweischichtige Datenmanagementarchitektur

Der direkte Zugang zur Datenbank erfolgt über die Nutzung von virtuellen Datenmodellen (VDMs) als Datenquellen. Sie dienen als generische Schnittstellen, um Informationen aus den SAP-HANA-Datenbanktabellen und -ansichten bereitzustellen. Geschäftsanwendungen, die die XSA-Engine von SAP HANA nutzen, setzen voraus, dass ein Endbenutzer direkten Zugriff auf die Datenbank erhält. Zudem können, abhängig von der Art der Geschäftsanwendung und Ihren integrierten Sicherheitsmaßnahmen, spezielle Berechtigungen für SAP HANA XSA erforderlich sein. Daher ist für diese Zugriffe eine Anpassung Ihres bisherigen Datenbankberechtigungskonzepts an die spezifischen neuen Anforderungen notwendig.

Einige SAP-Produkte – wie SAP Analytics Cloud, SAP Lumira, SAP BusinessObjects Business Intelligence und SAP Analysis for Microsoft Office – können über eine Open-Database-Connectivity(ODBC)- oder Java-Database-Connectivity(JDBC)-Verbindung Daten unmittelbar aus der Datenbank abfragen. Für diese Verbindung benötigt der Endbenutzer jedoch auch eine bestehende Benutzer-ID in der Datenbank.

4.2 SAP-HANA-Datenbank

Bereits im Jahr 2011 führte SAP seine *High-Performance Analytic Appliance (HANA)* ein; es handelt sich dabei um eine Datenbanktechnologie, die schnell in SAP-Business-Warehouse(SAP-BW)-Architekturen implementiert wurde, um die Vorteile von Echtzeitbetriebsberichterstattung und der Verarbeitung großer Datenmengen zu nutzen. Die Datenverarbeitung in einer SAP-HANA-Datenbank unterscheidet sich grundlegend von der in anderen etablierten relationalen Datenbankmanagementsystemen (RDBMS). Dies zeigt die einzigartige Architektur und Leistungsfähigkeit von SAP HANA, die speziell darauf ausgelegt ist, schnelle Datenbeschaffung und -analysen zu ermöglichen und somit die Effizienz und Leistung von Unternehmensanwendungen zu verbessern.

4.2.1 Technische Details der SAP-HANA-Datenbank

SAP HANA ist ein relationales In-Memory-Datenbankmanagementsystem, das signifikante Leistungsvorteile gegenüber traditionellen RDBMS bietet, insbesondere in SAP-Business-Suite- und SAP-BW-Systemen. Durch die spaltenorientierte Architektur ermöglicht SAP HANA hohe Kompressionsraten und schnellen Datenzugriff, indem häufig genutzte Daten im Arbeitsspeicher abgelegt werden. Diese Technologie erleichtert Echtzeitberichterstattungsszenarien und verbesserte Analytik unter Einbeziehung unterschiedlicher Datenquellen wie Big Data, Geodaten oder sozialer und geschäftlicher Netzwerke.

Als offene Plattform für Anwendungsentwicklung unterstützt SAP HANA diverse Programmiersprachen, wie R, SQL und Java. Sie dient als zentrale Entwicklungsplattform für eine Vielzahl von Anwendungen. Der native Anwendungsserver von SAP HANA, die XS-Engine, ermöglicht eine effiziente Bereitstellung von Anwendungen, die Endbenutzern über verschiedene Schnittstellen Zugriff auf komplexe Analysen bieten.

Beispielsweise können SAP-Fiori-Anwendungen Daten über OData-Services aus dem ABAP-Backend konsumieren und diese mittels HTML5-Technologie darstellen. Die gesamte Berechnungslogik wird auf Datenbankebene abgewickelt, um die Vorteile der In-Memory-Verarbeitungstechnologie zu nutzen. Der Inhalt der Fiori-App wird auf einem ABAP-Anwendungsserver gehostet und mithilfe des SAPUI5-Frameworks entwickelt; Letzteres verwendet wiederum eine HTML5-Rendering-Bibliothek für die Darstellung auf der Benutzeroberfläche.

Eine Übersicht über die unterschiedlichen Architekturebenen im Kontext der Prozessverarbeitung und Funktionalität einer SAP-HANA-Datenbank bietet Abbildung 4.6.

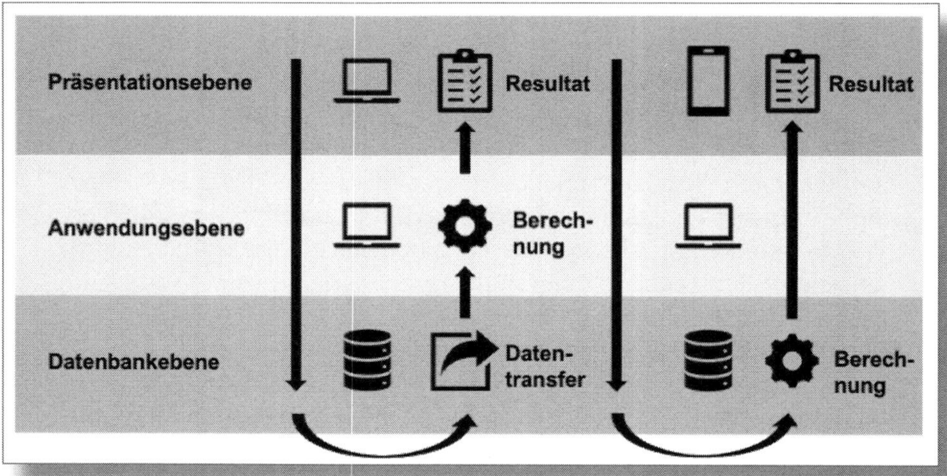

Abbildung 4.6: Architekturebenen – Vergleich

Zusammenfassend lässt sich sagen, dass SAP S/4HANA mit seiner zugrunde liegenden SAP-HANA-Datenbank wesentliche Einschränkungen früherer SAP-ERP-Versionen hinter sich lässt. Als Mehrwerte sind in diesem Kontext zu nennen:

- Vereinfachung des Datenmodells
- Optimierung der Datenverarbeitung
- Einsatz einer In-Memory-Datenbank
- integrierte Lösung mit großer Erweiterbarkeit
- Echtzeitdatenanalyse
- Leistungs- und Performanceverbesserung
- Ermöglichung von Cloud Computing

Während SAP HANA in der Vergangenheit eine optionale Wahl für die Ihrem SAP-ERP-6.0-System zugrunde liegende Datenbank war, ist sie mit SAP S/4HANA obligatorisch geworden. Mit den zahlreichen jetzt vorhandenen Zugangspunkten zum System – wie Fiori-Anwendungen, SAP-GUI-Transaktionen oder direkt datenbankbasierten Berichten – ist es nun erforderlich, ein umfassendes Berechtigungskonzept zu etablieren, das alle Ebenen Ihrer Architektur abdeckt. Während die Präsentations- und Anwendungsebene weiterhin das ABAP-Berechtigungsmodell nutzen, verwendet SAP HANA ein spezifisches Privilegienkonzept.

4.2.2 Benutzertypen

SAP HANA unterscheidet grundlegend zwischen normalen und eingeschränkten Endbenutzern, die hinsichtlich ihrer Nutzungskonzepte voneinander abweichen. Zusätzlich werden in einer SAP-HANA-Datenbank Benutzer nach ihren spezifischen Funktionen differenziert, wie nach technischem oder geschäftsbezogenem Zugriff. Die in diesem Kontext gängigsten Benutzertypen sind:

- Datenbankendbenutzer
- normale Benutzer
- eingeschränkte Benutzer
- technische Benutzer

Jede dieser Gruppen soll im Folgenden in einem gesonderten Abschnitt in den Blick genommen werden.

Datenbankendbenutzer

Dieser Benutzertyp entspricht in SAP HANA einer realen Person, die als Administrator oder Geschäftsbenutzer auf der Datenbankebene aktiv ist. Sie können den technischen Benutzer SYS verwenden, um solche Benutzer zu erstellen. Wenn Datenbankendbenutzer das Unternehmen verlassen und deaktiviert werden, werden ihre Datenbankobjekte automatisch gelöscht und alle zugewiesenen Berechtigungen durch das Datenbankmanagementsystem (DMS) aufgehoben.

Normale Benutzer

Dieser Benutzertyp, manchmal auch als Standardbenutzer bezeichnet, kann sich über ODBC oder JDBC an der SAP-HANA-Datenbank anmelden. Er ist berechtigt, auf sein eigenes Schema zuzugreifen, und ihm wird die Rolle PUBLIC zugewiesen. Diese gewährt Zugriff auf verschiedene Systemansichten und kann nicht manuell vergeben werden, da es sich um eine vordefinierte, systemverwaltete Rolle handelt. SAP-HANA-Benutzerverwalter können diesen Benutzertyp mithilfe des `CREATE USER`-SQL-Statements im SAP HANA Cockpit, der SAP HANA Web-based Development Workbench oder im SAP HANA Studio erstellen. Alternativ können SAP-HANA-Benutzer bei konfigurierter Option den Benutzertyp ebenfalls über das DBMS-Benutzermanagement in ABAP mithilfe der Transaktion *SU01* erzeugen.

Eingeschränkte Benutzer

Dieser Benutzertyp hat standardmäßig keinen direkten Datenbankzugriff, da der Benutzerstammsatz keine Datenbankberechtigungen enthält. Eingeschränkte Benutzer können jedoch berechtigt werden, sich anzumelden und sich über ODBC oder JDBC direkt mit der Datenbank zu verbinden, sofern dies erforderlich ist. Dieser Typ wird mittels des `CREATE RESTRICTED USER`-SQL-Statements und mit denselben Anwendungen wie normale Benutzer erstellt.

Technische Benutzer

Technische Benutzer, wie SYSTEM, SYS oder SYS*, sind keiner Einzelperson zugeordnet und nicht für die Anmeldung als SYS- oder SYS*-Benutzer vorgesehen. Sie sind in technische Prozesse involviert, die für die Datenbankverwaltung, Überwachung und Wartung essenziell sind, dazu gehört auch die Sammlung statistischer Daten.

! SAP-HANA-Benutzer SYSTEM

In SAP HANA hat der technische Benutzer SYSTEM eine besonders kritische Rolle. Er besitzt einen privilegierten Zugang in der Datenbank und ist primär nur für Installations- und Aktualisierungsprozesse vorgesehen. Wie von SAP empfohlen, sollte der Benutzer SYSTEM aufgrund seiner kritischen Bedeutung und Zugriffsmöglichkeiten stets gesperrt sein, es sei denn, er wird für spezifische administrative Aufgaben benötigt. Es ist möglich, den Benutzer SYSTEM zu kopieren, wobei der kopierte Benutzer nicht dieselbe umfassende Berechtigung wie das Original erhält. Weitere Einzelheiten zur Deaktivierung dieses Superbenutzers finden Sie im SAP-Hinweis 2493657.

4.2.3 SAP-HANA-Berechtigungen

Das Zugriffsmodell in SAP HANA unterscheidet sich wesentlich von dem in einer ABAP-Umgebung. Während in ABAP Berechtigungen, Rollen und Profile über die Transaktion *PFCG* verwaltet werden, bietet SAP HANA ein *Privilegien- und Rollenframework*, das über verschiedene Benutzeroberflächen oder mittels SQL genutzt wird.

In SAP HANA werden Zugriffsrechte als Privilegien bezeichnet. Sie basieren auf standardisierten SQL-Privilegien, die jedoch spezifisch für SAP HANA angepasst sind. Sie erlauben Operationen auf Datenbankobjekten. Um eine Aktion in SAP HANA auszuführen, sind oft mehrere Privilegien erforderlich. Im Gegensatz zu ABAP beinhalten Privilegien keine Komponenten wie Berechtigungsobjekte, Felder und Werte.

Sie können Privilegien einem Benutzer direkt oder über Rollen zuweisen, wobei es als bewährte Praxis gilt, sie primär über Rollen zu vergeben.

In SAP HANA gibt es fünf verschiedene Arten von Privilegien:

- **Systemprivileg:** Berechtigung für Basisfunktionen einer SAP-HANA-Datenbank wie Benutzer- oder Transportverwaltung
- **Objektprivileg:** Berechtigung zum Zugriff auf eine SAP-HANA-Datenbank und zur Änderung von Datenbankobjekten wie Schemata, Tabellen oder Ansichten
- **Analytisches Privileg:** Berechtigung für die Überwachung und Berichterstattung. Das jeweilige analytische Privileg gewährt

Anzeigezugriff auf bestimmte Ansichten (z. B. analytische Datenansicht, Attributansichten und Berechnungsansichten). Dieses Privileg ist vergleichbar mit den Berechtigungen für die Analyse im SAP BW

- **Paket-/Repository-Privileg:** Berechtigung für den Zugriff auf Pakete und Aktionen im Repository, ausgenommen ist SAP HANA Extended Application Services, Advanced
- **Applikationsprivileg:** Berechtigung für Anwendungsfunktionen mit SAP HANA Extended Application Services, ausgenommen ist SAP HANA Extended Application Services, Advanced

Eine Rolle in SAP HANA ist eine Sammlung von Privilegien oder anderen Rollen; sie dient dazu, einem Benutzer verschiedene Privilegien strukturiert zuzuweisen. Ähnlich wie in ABAP-Systemen kann eine Rolle hier aus anderen Rollen (siehe ABAP-Sammelrolle) oder ausschließlich aus Privilegien (siehe ABAP-Einzelrollen) bestehen. Die in SAP HANA vorhandenen Rollentypen sind *Repository-Rollen* (Design-Zeit-Artefakte), *Katalogrollen* (Laufzeitartefakte) und *SAP-HANA-Deployment-Infrastructure(HDI)-Rollen* (verwendet von SAP HANA Extended Application Services, Advanced). Dabei können alle Datenbankrollen, unabhängig von ihrem Rollentyp, technisch als einzelne oder zusammengesetzte Rolle fungieren.

4.3 SAP-S/4HANA-Bereitstellungsoptionen

Die Entwicklung von SAP ERP (ECC) 6.0 hin zur ganzheitlich neuen Business Suite SAP S/4HANA markiert nicht nur unternehmerisch, sondern auch technisch einen bedeutenden Meilenstein in der langen Geschichte von SAP. Die neue Suite hat weitreichende Auswirkungen auf die Berechtigungsstrukturen und -konzepte sowie deren Verwaltung, von traditionellen hin zu moderneren Systemlandschaften. Zudem verändert sie die Zugriffs- und Sicherheitsmechanismen innerhalb der SAP-Landschaft grundlegend. Ein zentrales Ziel von SAP ist der konsequente Ausbau der Cloud-Optionen und -Produkte. Die Rolle von cloudbasierten SAP-Lösungen gewinnt in der modernen Geschäftswelt zunehmend an Bedeutung, und zwar für jedes Unternehmen, das SAP im Einsatz hat. Die neuen Business-Suite-Lösungen bieten eine Vielzahl an Spezifika hinsichtlich Flexibilität und Skalierbarkeit.

SAP S/4HANA ist nicht nur mit der traditionellen On-Premise-Bereitstellung, sondern auch mit verschiedenen cloudbasierten Bereitstellungsoptionen nutzbar. Es ist daher wichtig, die Unterschiede zwischen den vier verfügbaren Bereitstellungsoptionen zu verstehen, denn jede Entscheidung beeinflusst Ihre gesamte Systemarchitektur, die technische Vorbereitung, das Berechtigungskonzept und nicht zuletzt die Geschäftsprozesse. Sie betrifft ebenfalls Ihren Ansatz zur Implementierung von SAP S/4HANA, einschließlich der Frage, ob Sie Ihre bestehende SAP-ERP-Lösung migrieren oder eine neue Implementierung durchführen müssen. Somit bildet Ihre Wahl die Grundlage für die Gestaltung Ihrer SAP-S/4HANA-Systemlandschaft sowie für alle nachfolgenden Migrationsschritte. Es gibt keine standardisierte Anleitung zur Auswahl einer Bereitstellungsoption; Ihre Entscheidung hängt davon ab, was am besten zu Ihren geschäftlichen Anforderungen, Vorschriften, Budgets und Ressourcen passt.

Abbildung 4.7 bietet einen ersten Überblick über die zahlreichen verfügbaren SAP-S/4HANA-Produktvarianten mit ihren Servicelevel und funktionalen Umfängen. Beachten Sie, dass alle Cloud-Optionen Software-as-a-Service(SaaS)-Bereitstellungen sind. Jenseits dessen variieren die On-Premise-Optionen zwischen SAP S/4HANA HEC, das meist von SAP verwaltet wird, und Inhouse- oder Partner-Hosting. Während SAP S/4HANA Cloud, Public Edition, nur das Kern-ERP (eine Teilmenge von SAP ERP (ECC) 6.0) mit einem funktionalen Umfang für bestimmte Branchen und 59 Länder enthält, bieten die anderen Bereitstellungen den vollen Umfang an Funktions-, Länder- und Branchenbandbreite sowie Partner-Add-ons.

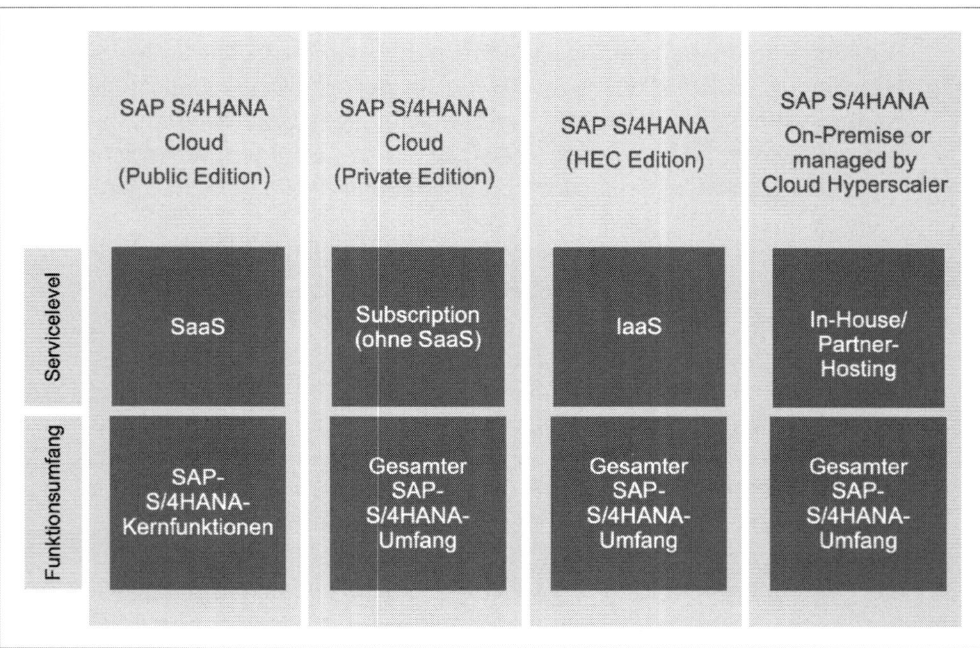

Abbildung 4.7: SAP-S/4HANA-Bereitstellungsoptionen – Übersicht

Entscheiden Sie sich für das Produkt SAP S/4HANA Cloud im SaaS-Modell, übernimmt SAP die Bereitstellung und Wartung der Software. Alternativ zu SAP als Cloud-Anbieter können Sie auch einen anderen Dienstleister wählen, wie beispielsweise Microsoft Azure, Amazon Web Services (AWS) oder Google Cloud. In allen Fällen betreibt der Serviceprovider bzw. SAP die Infrastruktur auf Basis standardisierter Prozesse, Dienste und Service Level Agreements. Je umfangreicher Ihre Anforderungen an Erweiterbarkeit sind, beispielsweise in Bezug auf Add-ons, Drittanbieteranwendungen oder die gewählte Implementierungsstrategie, desto flexibler müssen Sie agieren und Kosten einkalkulieren. Es ist daher essenziell, dass Sie sich bereits im Vorfeld über Ihre individuellen Unternehmensanforderungen im Klaren sind, die sich in der Wahl der passenden Bereitstellungsoption in SAP S/4HANA sowie in deren spezifischen Merkmalen niederschlagen.

Um Sie beim Entscheidungsprozess zu unterstützen, beschreiben die nachfolgenden Abschnitte die vier Produktvarianten und fassen die verschiedenen Bereitstellungsoptionen auch im Berechtigungskontext zusammen.

4.3.1 SAP S/4HANA Cloud Public Edition

SAP S/4HANA Cloud Public Edition, auch als SAP S/4HANA Cloud (Multi-Tenant Edition) bekannt, ist eine SaaS-Bereitstellung. Der Softwareinhaber und -betreiber ist die SAP, sie stellt standardisierte Best-Practice-Konfigurationen und Prozesse für ERP-Kernfunktionen, wie z. B. für Finanz, Controlling, Personal und Vertrieb, bereit. Sie teilen sich eine Instanz mit mehreren anderen SAP-Kunden, wobei SAP Fiori als einzige Benutzeroberfläche dient. Darüber hinaus haben Sie keinen Zugang zu einem Transportmanagementsystem, um Änderungen in nachfolgenden Systemen zu verteilen, und können kaum analytische Anwendungen zur Untersuchung von Berechtigungsfehlern oder funktionalen Problemen nutzen. Des Weiteren unterliegen Sie dem periodischen Release-Zyklus, der von SAP verwaltet wird. Sie übernehmen jedoch auf der anderen Seite keine Verantwortung für die Hardwarewartung. Kundeneigene oder Entwicklungen von Partnern sind nur über die Erweiterungsplattform SAP BTP nutzbar, die als Platform-as-a-Service(PaaS)-Lösung von SAP angeboten wird.

Die Transaktionen *SU01* und *PFCG* können Sie in dieser Edition nicht zur Benutzer- und Rollenverwaltung verwenden. Es stehen Ihnen lediglich standardisierte Businessrollen zur Verfügung, die Sie den Endbenutzern mittels der vorhandenen SAP-Fiori-Administrationswerkzeuge zuweisen müssen.

In Tabelle 4.1 sind die wichtigsten Indikatoren von SAP S/4HANA Cloud Public Edition aufgeführt.

Indikatoren	Kurzbeschreibung
Implementierung	nur eine Neuimplementierung (Greenfield)
Infrastruktur	Mandantenlandschaft, die von SAP gehostet und betrieben sowie mit anderen Kunden geteilt wird (Multimandantenansatz)
UI	nur SAP Fiori
Funktionsumfang	eingeschränkter Funktionsumfang (Kern-ERP) für 59 Länder
Branchenunter-stützung	spezifische Branchen
Erweiterbarkeit	vordefinierte Erweiterungen (Optionen) über SAP BTP
Innovationszyklus	feste und obligatorische vierteljährliche Releases, die von SAP verwaltet werden
Lizenzmodell	SaaS-Lizensierung (GROW with SAP oder RISE with SAP nutzbar)

Tabelle 4.1: Indikatoren für SAP S/4HANA Cloud Public Edition

4.3.2 SAP S/4HANA Cloud Private Edition

SAP S/4HANA Cloud Private Edition, vormals bekannt als SAP S/4HANA Cloud (Single-Tenant Edition), wird als SaaS auf einem einzelnen Mandanten bereitgestellt. Sie teilen Ihre Instanz also nicht mit anderen SAP-Kunden. Diese Bereitstellung bietet den vollen Funktionsumfang und Zugriff auf Anwendungen, ähnlich wie die On-Premise-Optionen. Darüber hinaus können Sie über vertraute Benutzeroberflächen (SAP GUI oder SAP Fiori) im System arbeiten. Benutzerdefinierter Code (in den Namensbereichen Z* und Y*) kann erweitert werden, der SAP-Namensraum (SAP*) sollte dagegen nicht verändert oder erweitert werden. Sie haben ferner vollen Zugriff auf den Applikationsserver. In Kombination mit SAP BTP können Sie alle SAP-S/4HANA-Erweiterungen sowie auch Eigenentwicklungen wie Application Programming Interfaces oder BadIs einsetzen (z. B. für In-App-Erweiterungen). Das Release-Management wird zwischen SAP und Ihnen für zwei Upgrades innerhalb von ca. zwölf Monaten abgestimmt. Die Mainstream-Wartung bis zum höchsten Release innerhalb von fünf Jahren ist obligatorisch.

Anders als bei der SAP S/4HANA Cloud Public Edition lassen sich in diesem Fall weiterhin sämtliche Transaktionen für die Rollen- und Benutzerverwaltung verwenden, darunter die Transaktionen *PFCG* und *SU01*. Außerdem müssen Sie kein vordefiniertes Berechtigungskonzept von SAP verwenden und können stattdessen Ihr eigenes Rollenkonzept erstellen.

Die wichtigsten Indikatoren zur SAP S/4HANA Cloud Private Edition finden Sie in Tabelle 4.2 zusammengefasst.

Indikatoren	Kurzbeschreibung
Implementierung	Neuimplementierung, Systemumstellungen (Brownfield) oder selektive Datenübergänge (Bluefield)
Infrastruktur	dedizierte Landschaft in einer von SAP oder einem anderen Hyperscale-Cloud-Anbieter betriebenen Cloud-Infrastruktur (Einzelmandantenansatz)
UI	SAP Fiori und SAP GUI
Funktionsumfang	gleicher Funktionsumfang wie bei der On-Premise-Edition für 64 Länder mit einigen Einschränkungen für Add-ons von Drittanbietern
Branchenunterstützung	meistens alle (25 Branchen)
Erweiterbarkeit	SAP-S/4HANA-Erweiterungsframework und Erweiterungen über SAP BTP ermöglichen Side-by-Side- und In-App-Erweiterungen; Codeerweiterungen und Codemodifikationen sind erlaubt
Innovationszyklus	jährliche Upgrades, bei denen Sie für die Einhaltung des Mainstream-Supports verantwortlich sind; SAP übernimmt spezifische technische Aspekte des Upgrades; Ihnen obliegt die Verwaltung des gesamten Innovations- und Lifecycle-Prozesses
Lizenzmodell	Softwarelizensierung ohne SaaS-Ansatz (RISE with SAP nutzbar)

Tabelle 4.2: Indikatoren für SAP S/4HANA Cloud Private Edition

4.3.3 SAP S/4HANA HEC

SAP S/4HANA als SAP HANA Enterprise Cloud (HEC) Edition ist eine Infrastructure-as-a-Service(IaaS)-Hostoption für eine On-Premise-Infrastruktur mit vordefinierten Servicevereinbarungen. Das SAP-HEC-System basiert auf einer SAP-S/4HANA-Cloud-Private-Edition-Umgebung. In diesem Szenario beauftragen Sie SAP oder einen Hyperscaler-Cloud-Anbieter, die Infrastruktur in Ihrem eigenen oder einem ausgelagerten Rechenzentrum bereitzustellen und zu verwalten. Mögliche Hyperscaler-Cloud-Anbieter sind beispielsweise Microsoft Azure, AWS oder Google Cloud. Zu den enthaltenen Diensten gehören u. a. das Verwalten und Wiederherstellen von Backups, das Durchführen von Upgrades oder Patches sowie die Anreicherung der Hardware. Als Kunde können Sie den Cloud-Anbieter wählen und Ihre eigenen lizenzierten SAP-Produkte gemäß der On-Premise-Bereitstellungsoption implementieren. Eine dritte Möglichkeit besteht darin, die Kundenedition von SAP HANA Enterprise Cloud zu verwenden, mit der Sie Ihre SAP-Softwarelandschaft und Ihre Daten in eigenen Rechenzentren verwalten können. Bei dieser Option können Sie Hewlett Packard Enterprise GreenLake oder Lenovo TruScale™ als Hardware-IaaS nutzen, um cloudbasierte Lösungen in Ihren eigenen Rechenzentren für Ihre On-Premise-Systeme bereitzustellen. Unabhängig vom gewählten SAP-HANA-HEC-Ansatz haben Sie vollen Zugriff auf den Applikationsserver und den gesamten Funktionsumfang von SAP S/4HANA. SAP S/4HANA HEC ist folglich eine On-Premise-Lösung mit einem individuellen Infrastrukturmodell in einer privaten Cloud-Umgebung. Der Einsatz des Hyperscaler-Cloud-Anbieters sichert Ihnen einen flexiblen Infrastrukturverwaltungsdienst. Der Berechtigungsumfang ist derselbe wie bei SAP S/4HANA On-Premise (siehe Tabelle 4.3).

Indikatoren	Kurzbeschreibung
Implementierung	neue Implementierung, Systemumstellung (Brownfield) oder selektiver Datentransfer (Bluefield)
Infrastruktur	kundenspezifische Landschaft auf SAP HANA Enterprise Cloud in einem SAP- oder Hyperscale-Cloud-Anbieter-Datenzentrum; auch ein eigenes Rechenzentrum ist möglich (Kundenedition)

Indikatoren	Kurzbeschreibung
UI	SAP Fiori und SAP GUI
Funktionsumfang	voller SAP-S/4HANA-Funktionsumfang für Länder und Branchen mit integrierbaren Cloud-Optionen und Partnerergänzungen
Branchenunterstützung	alle
Erweiterbarkeit	vollständige Anpassung, Änderung und Erweiterbarkeit möglich – wie bei SAP ERP (ECC) 6.0
Innovationszyklus	jährliche Upgrades in Eigenverantwortung
Lizenzmodell	IaaS-Abonnement und Bring Your Own License (BYOL)

Tabelle 4.3: Indikatoren für SAP S/4HANA HEC

4.3.4 SAP S/4HANA On-Premise

Hinsichtlich des Bereitstellungsansatzes gleicht SAP S/4HANA On-Premise dem traditionellen SAP ERP (ECC) 6.0 On-Premise. In diesem Szenario sind Sie für die Hardwareinfrastruktur verantwortlich, die entweder in Ihrem eigenen Rechenzentrum oder bei einem Hyperscale-Cloud-Anbieter gehostet wird. Letztendlich liegen die Installation, der Betrieb, die Wartung und die Verwaltung des Systems in Ihrer Verantwortung. Mit SAP S/4HANA On-Premise haben Sie maximale Flexibilität und können weiterhin kundeneigene Entwicklungen im Y*- und Z*-Namensraum implementieren. Darüber hinaus besteht die Möglichkeit, Partnercode zu integrieren und sogar den SAP-Code anzupassen, was jedoch nicht empfohlen wird. Somit bietet SAP S/4HANA On-Premise nicht nur die höchste Flexibilität, sondern auch Erweiterbarkeit und Anpassungsfähigkeit. Die Flexibilität erstreckt sich auf alle Anwendungen, die SAP-HANA-Datenbank, Module, Server, Vernetzung und die Konnektivität. Neben dem traditionellen On-Premise-Ansatz haben Sie auch die Möglichkeit, Cloud-Optionen in Ihre Systeminfrastruktur zu integrieren. Diese Kombination wird als Hybridbereitstellung bezeichnet.

Von einer Berechtigungsperspektive ausgehend, können Sie weiterhin mit den Transaktionen *PFCG* und *SU01* arbeiten, um die Pflege und den Zugriff für Endbenutzer über Rollen und Berechtigungsprofile zu steuern. Zudem haben Sie die Option, alle anderen bekannten berechtigungsbezogenen Anwendungen zur Verwaltung und Analyse Ihres Berechtigungskonzepts einzusetzen.

Tabelle 4.4 fasst die wichtigsten Fakten zur Bereitstellung von SAP S/4HANA On-Premise zusammen.

Indikatoren	Kurzbeschreibung
Implementierung	neue Implementierung, Systemumstellung oder selektiver Datentransfer
Infrastruktur	kundeneigenes Rechenzentrum oder gehostet von einem beliebigen Hyperscale-Cloud-Anbieter wie Microsoft Azure, AWS oder Google Cloud Platform
UI	SAP Fiori und SAP GUI
Funktionsumfang	voller SAP-S/4HANA-Funktionsumfang für Länder und Branchen mit integrierbaren Cloud-Optionen und Partnerergänzungen
Branchenunterstützung	alle
Erweiterbarkeit	vollständige Anpassung, Änderung und Erweiterbarkeit möglich – wie bei SAP ERP (ECC) 6.0
Innovationszyklus	jährliche Upgrades in Eigenverantwortung
Lizenzmodell	dauerhaft oder BYOL

Tabelle 4.4: Indikatoren für SAP S/4HANA On-Premise

4.3.5 Standardisierungs- und Flexibilitätsgrad

SAP S/4HANA bietet Ihnen eine Vielzahl von Bereitstellungsoptionen, um den unternehmensspezifischen Anforderungen bestmöglich gerecht zu werden. Die optimale Option für Ihr Unternehmen hängt von diversen Faktoren ab: Neben den bereits dargestellten Unterschieden ist es essenziell, den Standardisierungs- und Flexibilitätsgrad zu berücksichtigen.

In diese Überlegungen sollten auch Punkte wie Erweiterbarkeit, Konfiguration, Berechtigungsadministration, finanzielle Aspekte, geschäftlicher Mehrwert, Konnektivität sowie der Modulumfang einfließen. Je höher der Grad der Standardisierung und je geringer die Flexibilität, desto niedriger sind in der Regel die Gesamtkosten des Betriebes in dieser Hinsicht (Total Cost of Ownership). In einem solchen Szenario gewinnt die Rolle von Dienstleistern, insbesondere in den Bereichen IT-Infrastruktur und Betrieb, an Bedeutung, Sie können sich auf die Schaffung von Geschäftswerten fokussieren. Standardisierung impliziert jedoch einen Fit-to-Standard-Ansatz, der unweigerlich Auswirkungen auf Ihre Geschäftsprozesse hat (siehe Abbildung 4.8).

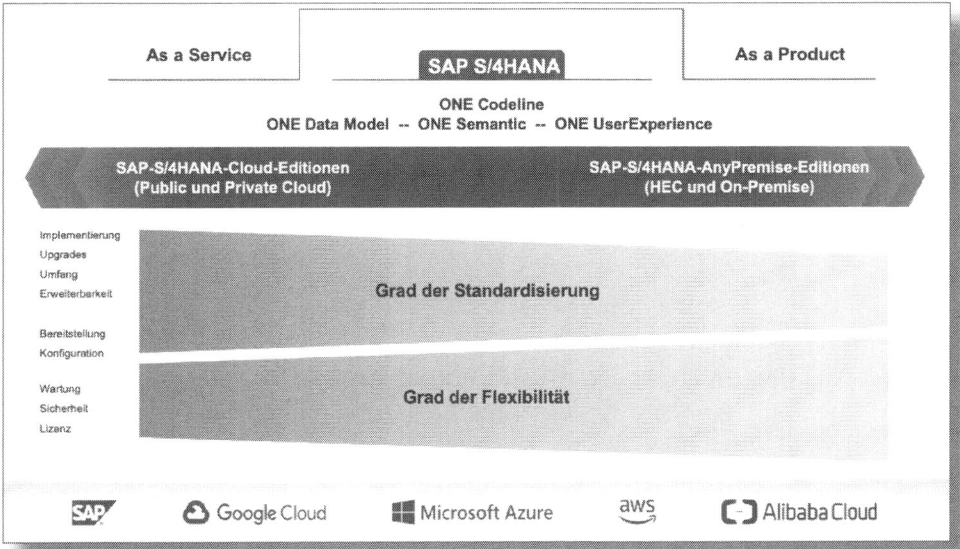

Abbildung 4.8: Standardisierungs- und Flexibilitätsgrad in SAP S/4HANA

Maximale Flexibilität wird erzielt, wenn SAP S/4HANA auf einer dedizierten Infrastruktur inhouse installiert ist, betrieben entweder von SAP, einem anderen Dienstleister oder von Ihnen selbst. Bei einer

Auslagerung Ihres Infrastrukturbetriebs an einen Hyperscaler nutzen Sie ein IaaS-Modell. In solchen Fällen tragen Sie selbst die volle Verantwortung für das Sicherheitsmanagement. Im Gegensatz zum SaaS-Modell ermöglicht es Ihnen die IaaS-Variante, angemessene Sicherheitsmaßnahmen nach Ihren eigenen Anforderungen zu implementieren, einschließlich erweiterter Berechtigungsmodelle, die über das herkömmliche Management von Lese- und Schreibzugriffen in Unternehmensanwendungen hinausgehen. So können beispielsweise Datenschutzmaßnahmen umgesetzt werden, um die Offenlegung sensibler Informationen innerhalb einer Geschäftsanwendung oder eines Berichts zu verhindern.

Standardisierung kann auch signifikante Auswirkungen auf die Sicherheit haben. Bei der Implementierung von SAP S/4HANA Cloud Public Edition wird die Sicherheit z. B. immer auf den Funktionsumfang der Lösung beschränkt sein. Das Benutzerzugriffsmodell wird durch vordefinierte Rollen erheblich vereinfacht, was dazu führt, dass sich der Wartungs- und Pflegeaufwand des Berechtigungskonzepts reduziert. Gleichermaßen sind Sie aber umgekehrt an die Vorgaben gebunden. Bei geringerer Standardisierung stehen Ihnen mehr Anpassungsoptionen zur Verfügung, sodass Sie ein ausgefeiltes Berechtigungsmodell implementieren können, das Ihren individuellen Anforderungen entspricht und auf Ihre spezifische Systemlandschaft zugeschnitten ist.

4.3.6 Vergleich der Bereitstellungsoptionen

Für viele Unternehmen stellen skalierbare Cloud-Optionen zukunftsfähige Geschäftslösungen dar, da sie den Bedarf an einer unternehmensinternen IT-Infrastruktur reduzieren und Sie ferner von administrativen Aufgaben in den Bereichen Basis, Sicherheit oder Anwendungsmanagement entlastet werden. Cloudbasierte ERP-Systeme ermöglichen es Ihrem Unternehmen, sich auf das Kerngeschäft zu konzentrieren, ohne zeitaufwendige und potenziell kostspielige Wartungsaktivitäten durchführen zu müssen. Allerdings ist die ausschließliche Nutzung von Cloud-Optionen nicht für alle Unternehmen geeignet. Obwohl eine breite Palette von Funktionalitäten verfügbar ist, können diese nicht immer ganzheitlich auf die individuellen Geschäftsprozesse, Einschränkungen und Bedürfnisse jedes Unternehmens abgestimmt werden. Daher gestatten Ihnen die verschiedenen SAP-S/4HANA-Bereitstellungsoptionen – von klassisch vor Ort bis hin zu Cloud-Umgebungen –, das Modell zu wählen, das am besten zu Ihren Anforderungen passt.

Abbildung 4.9 hilft Ihnen dabei, die Verantwortungsebenen einzuordnen.

<table>
<tr><th></th><th></th><th>Cloud (Public)</th><th>Cloud (Private)</th><th>HEC</th><th colspan="2">On-Premise</th></tr>
<tr><td>Software</td><td>Daten</td><td>Kunde</td><td>Kunde</td><td rowspan="6">Kunde</td><td rowspan="7">Kunde</td><td rowspan="10">Kunde</td></tr>
<tr><td>Daten/Applikation</td><td>Applikation</td><td rowspan="9">SAP</td><td rowspan="9">SAP oder Hyperscaler</td></tr>
<tr><td>Plattform</td><td>Laufzeitumgebung</td></tr>
<tr><td rowspan="3">Laufzeitumgebung/ Schnittstellensoftware/ Datenbank/ Betriebssystem/ Entwicklung/Integration</td><td>Schnittstellensoftware</td></tr>
<tr><td>Datenbank</td></tr>
<tr><td>Betriebssystem</td></tr>
<tr><td>Infrastruktur</td><td>Virtualisierung</td><td rowspan="4">SAP (HEC) oder Hyperscaler oder Kunde + SAP</td></tr>
<tr><td rowspan="3">Virtualisierung/Server/ Speicherung/Netzwerk/ Rechenzentrum</td><td>Server</td><td rowspan="3">Hyperscaler</td></tr>
<tr><td>Speicherung & Netzwerk</td></tr>
<tr><td>Rechenzentrum</td></tr>
</table>

Abbildung 4.9: Verantwortlichkeiten je SAP-S/4HANA-Edition

Wie dort gezeigt wird, verwalten bei Cloud-Lösungen in erster Linie SAP oder ein anderer Hyperscale-Cloud-Anbieter die Infrastruktur, die Plattform und die meisten Softwarekomponenten im Rahmen eines SaaS-Vertrags. Sie als Kunde sind lediglich für die Verwaltung und Verarbeitung von Geschäftsdaten in der Cloud-Umgebung verantwortlich (SAP S/4HANA Cloud Public Edition und Private Edition).

Die geschäftsbereichsbezogenen Anwendungen der verschiedenen Cloud-Editionen hängen ausschließlich von der gewählten Bereitstellungsoption ab. Während die SAP S/4HANA Cloud Public Edition nur rudimentäre Szenarien enthält (z. B. für Finanzen, Vertrieb, Marketing oder Kundendienst), bietet die Private Edition den vollen Zugriff auf den SAP-S/4HANA-Funktionsumfang. Durch die optionale Integration von SAP BTP, die mit einem PaaS-Vertrag genutzt werden kann, und des SAP-S/4HANA-Erweiterungsumfangs erschließt sich eine Vielzahl von Erweiterungs- und Codeänderungsmöglichkeiten. Wenn es um den digitalen Kern in Cloud-Umgebungen geht, profitieren Sie einerseits von deutlich niedrigeren Wartungs- und Betriebskosten und können andererseits auch die Systemleistung schnell erhöhen. Die cloudbasierten Varianten passen am besten zu mittelgroßen oder schnell wachsenden Unternehmen, die grundlegende Geschäftsfunktionen benötigen. Derartige Unternehmen können hauptsächlich SAP-Standardprozesse nutzen und durch die leistungsstarke SAP BTP ihr Servicelevel leicht skalieren.

Die On-Premise-Lösungen erfordern viel umfangreichere Anpassungen auf allen Ebenen. Beispielsweise bietet die SAP-S/4HANA-Bereitstellung als IaaS, SAP HEC, ein hohes Maß an Flexibilität. Der Aufwand für Plattform- und Softwarewartung ist jedoch im Vergleich zu den Cloud-Bereitstellungsoptionen ebenfalls größer. Eine Kombination von Insourcing und Outsourcing kann in diesem Fall die anfänglichen Hardwarekosten senken, erlaubt Ihnen jedoch weiterhin vollen Zugriff auf den gesamten On-Premise-Geschäftsumfang. Die Wartung Ihrer Infrastruktur hängt von Ihrem Anbieter ab. In diesem Modell können Sie Geschäftsanwendungen im großen Maßstab mit einer flexiblen Hardwarekonfiguration nutzen.

SAP S/4HANA On-Premise könnte die beste Wahl sein, wenn Sie möglichst viele Individualisierungs- und Anpassungsfähigkeiten wünschen. Der klassische On-Premise-Ansatz eignet sich für große Unternehmen mit Geschäftsprozessen, die in ihrem Tätigkeitsbereich außergewöhnlich sind und die hohe Anforderungen an Anpassungsfähigkeit stellen.

SAP S/4HANA ist als aktuelle Softwarelösung von SAP nicht nur eine Erweiterung von SAP ERP (ECC) 6.0, wie viele ursprünglich dachten.

Die Produktlinie hat viele verbesserte und neuartige Funktionen, Geschäftsmöglichkeiten, Prozesse, und sie unterstützt die Integration von Stakeholdern, wobei sich komplexeste Systemlandschaften realisieren lassen. Während SAP S/4HANA On-Premise den vollen Funktionsumfang der SAP Business Suite für alle Branchen abdeckt, offerieren die verschiedenen cloudbasierten Editionen Skalierbarkeit und flexible Service Level Agreements. Daher können Sie einerseits aus einem breiten Spektrum von Fähigkeiten wählen, von einem minimalen Grad bis zu einem Maximum (siehe Abbildung 4.8). Andererseits besteht zwischen dem Grad der Standardisierung und der Flexibilität eine umgekehrt proportionale Beziehung, wodurch – wie an anderer Stelle bereits ausgeführt – Ihre Bereitstellungsentscheidung stark von Ihren internen Prozessen, Funktionen, Anforderungen und Ressourcen abhängt.

Die gewählte Edition bestimmt unter anderem Ihre Aufgaben bei der Erstellung, Wartung und Umsetzung des Berechtigungskonzepts. Bei der Implementierung von SAP S/4HANA für On-Premise-Lösungen ist eine Berechtigungskonzeptmigration oder sogar eine Neugestaltung mit fortlaufender Wartung zwingend erforderlich. In diesem Fall sind Sie vollends für die Erstellung von Businessrollen, die allgemeine Berechtigungspflege und die Benutzeradministration verantwortlich.

Im Gegensatz dazu werden bei SAP S/4HANA Cloud Public Edition vorkonfigurierte Berechtigungen und Rollen mitgeliefert. Diese Edition bietet nahezu einsatzbereite Berechtigungen, und Sie können mithilfe der SAP-Businessrollen ein neues Rollenkonzept erstellen. Natürlich ist die SAP S/4HANA Cloud Private Edition ebenfalls ein Cloud-Modell. Für die Individualisierung des Berechtigungskonzepts sind Sie hier als Kunde allerdings selbst verantwortlich und können Ihre Endbenutzerberechtigungen entsprechend Ihren Geschäftsanforderungen erweitern, ohne von SAP-Vorlagen abhängig zu sein. Da Sie jedoch in die Cloud wechseln, müssen Sie ein völlig neues Rollenkonzept einführen, um die Ziele und Prozesse der Cloud-Umgebung abzudecken. Da Sie äquivalent zu SAP S/4HANA HEC und On-Premise weiterhin mit Standardtransaktionen zur Berechtigungspflege, wie *PFCG* oder *SU01*, arbeiten, können Sie auch Ihre bisherigen Rollen analysieren und auf Migrationsfähigkeit zu SAP S/4HANA prüfen.

4.4 S/4HANA-Berechtigungsmigrationsstrategien

Mit der Einführung von SAP S/4HANA hat SAP bedeutende Veränderungen im Datenmodell vorgenommen, was die Migration zur neuen ERP-Plattform für viele Unternehmen herausfordernd und komplex macht. Insbesondere die umfangreichen Änderungen an Transaktionen, Datenstrukturen, Systemfunktionen, Geschäftsprozessen und die Integration von SAP Fiori in SAP S/4HANA haben tiefgreifende Auswirkungen auf Rollen und Berechtigungen. Dies erhöht u. a. die Komplexität des gesamten Migrationsprojekts erheblich.

Aus der Berechtigungsperspektive ist es essenziell zu verstehen, dass die Migration eines Berechtigungskonzepts von SAP ERP (ECC) 6.0 zu SAP S/4HANA weitaus mehr erfordert als ein einfaches Upgrade auf ein neues EHP. Während ein herkömmliches Upgrade der SAP Business Suite einige Anpassungen Ihres bestehenden Berechtigungskonzepts notwendig machen könnte, ist die Implementierung der neuen Business Suite von SAP deutlich umfassender. Sie benötigen eine vollständige Überarbeitung des bestehenden Berechtigungskonzepts sowie eine Integration und Implementierung neuer Berechtigungsobjekte und -entitäten.

Zusätzlich zur Bewertung und Auswahl der erforderlichen Tools, der Architektur und der zu migrierenden Geschäftsdaten für Ihren Wechsel müssen Sie die geeignete Form des technischen Übergangs wählen. Unabhängig von dem ausgesuchten Ansatz können Sie mehrere SAP-ERP-Lösungen und -Systeme zu einer einzigen Instanz zusammenführen. Ihr Ansatz hängt dabei von der gewählten SAP-S/4HANA-Bereitstellungsoption, den Systemanforderungen und den individuellen Geschäftszwecken ab. Je nach gewählter SAP-S/4HANA-Edition stehen Ihnen verschiedene Wege für Ihre Berechtigungsmigration offen, wobei grundsätzlich drei Vorgehensweisen unterschieden werden können: Greenfield-, Brownfield- und Bluefield-Ansatz (siehe Abbildung 4.10).

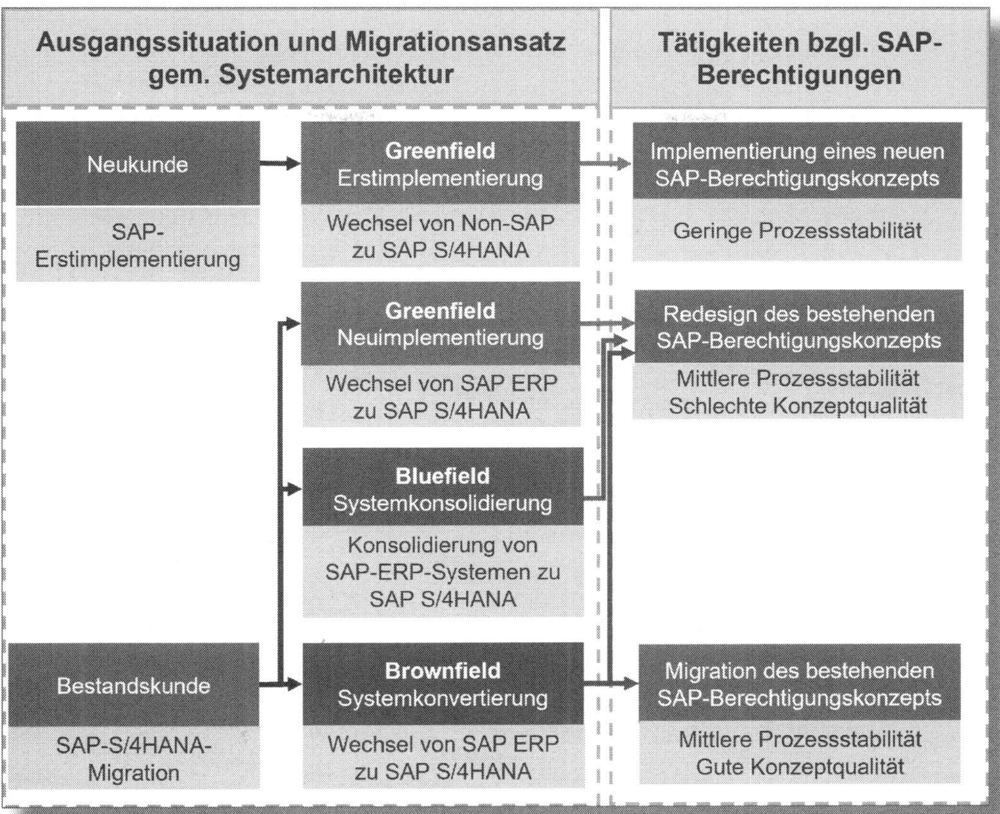

Abbildung 4.10: SAP-S/4HANA-Berechtigungsmigration – Überblick der Ansätze

☛ SAP-S/4HANA-Datenmigration

Unabhängig vom gewählten Ansatz müssen Sie eine vollständige Datenmigration durchführen. Zu diesem Zweck können Sie SAP Data Services (siehe SAP-Hinweis 2768127) und das SAP-S/4-HANA-Migrationscockpit verwenden. Welche Daten Sie migrieren möchten bzw. können, hängt von Ihrer Datenkonsistenz und Ihren Anforderungen ab.

Sie sollten die Integration Ihrer Systemlandschaft in einen dieser drei Ansätze in der Praxis nicht unterschätzen, sie kann durchaus herausfordernd sein. Ihre Rollenmigration wird dabei von vielen Faktoren abhängen, so z. B. von der Qualität der bestehenden Rollen, dem organisatorischen Umfang und dessen Restriktionen, von anstehenden Geschäftsprozessänderungen, der Integration von SAP Fiori, dem Sicherheitsfokus im Kontext von kundenspezifischen Entwicklungen sowie auch von internen und externen Vorschriften. Daher empfehle ich Ihnen, vor Beginn Ihres Migrationsprojekts eine umfassende Systemanalyse und Konzipierung durchzuführen, um alle Anforderungen und Einschränkungen vorab zu klären. Dies ermöglicht Ihnen, den Umfang des Projekts hinsichtlich Zeit, Kosten und Leistung genauer abzuschätzen.

4.4.1 Greenfield

Der *Greenfield-Ansatz* umfasst die Einführung eines SAP-S/4HANA-Systems von Grund auf. Sie können diesen Weg wählen, unabhängig davon, ob Sie sich für SAP S/4HANA On-Premise oder eine der Cloud-Editionen entscheiden. Dabei spielt es keine Rolle, ob Sie ein oder mehrere bestehende SAP-Systeme haben; Sie richten Ihre Systemlandschaft, Geschäftsbedürfnisse und Ziele nun neu aus. Dieser Ansatz bietet eine ausgezeichnete Gelegenheit, alte Geschäftsprozesse und Daten zu ersetzen und frisch zu beginnen.

Innerhalb des Greenfield-Ansatzes gibt es zwei mögliche Vorgehensweisen: Im ersten Fall können Sie vollständig auf neue, cloudbasierte Prozesse, Datenmodelle und Berechtigungen umsteigen; wenn Sie die SAP S/4HANA Cloud Public Edition nutzen, ist dieser Ansatz obligatorisch. Im zweiten Fall müssen Sie Ihre früheren Geschäftsprozesse und individuellen Berechtigungen mit den verfügbaren standardisierten SAP-Cloud-Prozessen und -Infrastrukturen in Einklang bringen. Für alle anderen SAP-S/4HANA-Bereitstellungsoptionen stehen Ihnen auch der Brownfield- und der Bluefield-Ansatz zur Verfügung.

Erstimplementierung des Rollenkonzepts

Ein neuer SAP-Kunde, der bisher keine SAP-Business-Suite-Lösung genutzt hat und über keine Bestandsdaten aus einem Altsystem verfügt, benötigt eine völlig neue Einführung von SAP S/4HANA. Dies bedeutet, dass er das System und all seine Prozesse von Grund auf einrichten muss, einschließlich einer vollständigen Neugestaltung des Berechtigungskonzepts. Da in diesem Fall SAP-Systemdaten und -prozesse fehlen, die wiederverwendet werden könnten, muss ein SAP-S/4HANA-Rollenkonzept neu entstehen.

Der Greenfield-Ansatz könnte auch für bestehende Kunden mit nicht migrierbaren oder veralteten Systemkonfigurationen, Prozessen und schwachen Berechtigungskonzepten die beste Option sein. Er ermöglicht einen sauberen und reibungslosen Übergang zu SAP S/4HANA.

Beim traditionellen Implementierungspfad beginnen Sie ohne Ausgangsdaten und integrieren alle bisherigen Prozesse und Vorschriften in ein neues SAP-Berechtigungskonzept. Dabei sind mehrere Meilensteine zu erreichen, wie die Gruppierung Ihrer Endbenutzer, die Bestimmung von Jobfunktionsrollen, die kundeneigene Optimierung von Vorschlagswerten, die Einführung eines organisationsweiten Ableitungskonzepts, die Integration von SAP Fiori, das Testen neuer Rollen und die Durchführung eines nahezu nahtlosen Go-live des Rollenkonzepts.

Neugestaltung des Rollenkonzepts inklusive SAP-S/4HANA-Migration

Eine Neugestaltung des Rollenkonzepts vor, während oder nach der Migration der Berechtigungen zu SAP S/4HANA ist für Unternehmen mit einem inkonsistenten Rollenkonzept, das nicht vollständig den externen und internen Vorschriften entspricht, gut umsetzbar. Eine Neugestaltung ermöglicht es in diesem Fall, alle Geschäftsanforderungen und Berechtigungen zu validieren und in ein standardkonformes Rollenkonzept zu transformieren. Dies führt zu einem nachhaltigen, wartbaren und sicheren Berechtigungskonzept, das alle internen und externen Anforderungen abdeckt. Bedenken Sie auch, dass Sie durch diese

Neugestaltung während des SAP-S/4HANA-Berechtigungsmigrationsprojekts die Möglichkeit haben, den Gesamtaufwand und die Kosten zu reduzieren. Dieser Ansatz ist jedoch komplexer als eine Neugestaltung des Berechtigungskonzepts vor oder nach der Migration, da sowohl das Erstellen eines neuen Rollenkonzepts als auch die Anforderungen von SAP S/4HANA abgedeckt werden müssen.

4.4.2 Brownfield

Der *Brownfield-Ansatz*, auch als Systemkonvertierung eines aktuellen SAP ERP (ECC) 6.0 zu SAP S/4HANA bekannt, ist sinnvoll, wenn Sie auf SAP S/4HANA AnyPremise oder SAP S/4HANA Cloud Private Edition migrieren. Im Gegensatz zum Greenfield-Ansatz, der Ihnen ermöglicht, bei null zu beginnen, arbeiten Sie beim Brownfield-Ansatz weiterhin mit Ihrem bisherigen Berechtigungskonzept und migrieren es – mit den nötigen Anpassungen und Verbesserungen – zu SAP S/4HANA. Dieser Ansatz ähnelt einem Upgrade oder einer Renovierung Ihrer bestehenden SAP-ERP-Rollen.

Die entscheidenden Indikatoren für ein Brownfield-Szenario sind die Qualität der bestehenden Systemkonfiguration, der Daten und des Berechtigungskonzepts, aber ebenso die Anpassungsfähigkeit der Prozesse beim Übergang vom alten ins neue System. Sie können – abhängig von der Qualität Ihres aktuellen Rollenkonzepts – entweder eine standardkonforme Migration oder nur eine technische Konvertierung wählen. SAP empfiehlt den Brownfield-Ansatz für eine erfolgreiche und schnelle Migration, wenn Ihr System weitgehend standardkonform ist, Ihr Berechtigungskonzept den SAP Best Practices folgt und Ihre kundenspezifischen Entwicklungen den SAP-Entwicklerrichtlinien entsprechen.

Standardkonforme Migration

Eine standardkonforme Migration beinhaltet die Verfahrens- und die technische Übertragung eines standardisierten Berechtigungskonzepts mit konformen kundenspezifischen Entwicklungen und Systemdaten. Sie passen Ihre alten Daten und Einstellungen an die neue Produktlinie an. Je standardkonformer Ihr Berechtigungskonzept ist, desto geringer ist der Migrationsaufwand und desto eher hält sich die Anzahl der notwendigen technischen Änderungen in Grenzen. Der zentrale Aspekt dieser Brownfield-Migration ist, Ihre bisherigen Prozesse in das neue SAP-S/4HANA-System zu integrieren.

Im Rahmen eines standardkonformen Migrationsansatzes passen Sie Ihre vorhandenen Rollen an die relevanten SAP-S/4HANA-Änderungen an. Hierbei ist es essenziell, dass Ihr gesamtes Rollenkonzept den SAP-Standards entspricht. Dies beinhaltet eine gute Pflege Ihres Berechtigungskonzepts, einschließlich standardkonformer Rollen und der Vermeidung manueller Berechtigungsprofile. Ihre Rollen sollten einerseits auf Berechtigungsstandardwerten basieren und andererseits aktuelle Geschäftsanforderungen berücksichtigen. Dies schließt auch manuelle Berechtigungsobjekte in Rollen aus. Rollen dürfen in keinem Fall mit manuellen Startberechtigungsobjekten wie S_TCODE, S_SERVICE, S_START und S_RFC kombiniert werden. Ebenfalls nicht erlaubt sind Rollen mit Berechtigungswertebereichen für diese Objekte, denn andernfalls können Objekte im Rollenmenü nicht direkt mit der Vereinfachungsliste in SAP S/4HANA verglichen und somit nicht direkt übertragen werden.

Auch die Migration des Vererbungskonzepts erfordert eine Bereinigung bei Inkonsistenzen. Wenn Ihr Rollenkonzept diese Anforderungen nicht erfüllt und Ihr Unternehmen keine Neugestaltung des Rollenkonzepts plant, bleibt nur die Möglichkeit einer ungesunden technischen Konvertierung nach der Lift-and-Shift-Methode.

Technische Konvertierung (Lift-and-Shift-Methode)

Eine technische Konvertierung ist notwendig, wenn ein standardkonformes Berechtigungskonzept mit klar definierten Geschäftsprozessen fehlt und wenig Zeit für die Migration zur Verfügung steht. Dieser Ansatz stellt lediglich eine funktionale Einrichtung für SAP S/4HANA dar, ohne nachhaltige Prozess- und Berechtigungsabstimmungen. Hierbei erfolgt eine rudimentäre Überführung Ihrer Prozesse und Ihres Rollenkonzepts. Beachten Sie bitte, dass ein unsicheres und nicht wartbares Berechtigungskonzept in die neue SAP-S/4HANA-Landschaft überführt wird. Dieser Ansatz löst keine Berechtigungs- und Prozessprobleme. Er erfordert möglicherweise mehr Aufwand als ein Greenfield-Ansatz oder eine Neugestaltung des Rollenkonzepts, da viele manuelle Eingriffe notwendig sind, wenn ein inkonsistentes Rollenkonzept in einem neuen System ausgeführt wird.

Bei dieser Art der SAP-S/4HANA-Übergangslösung bleibt Ihr vorhandenes, nicht Best-Practice-konformes Rollenkonzept erhalten, und es werden nur notwendige Konsistenzanpassungen für die Konformität und die Rollenvererbung durchgeführt. Somit wird – technisch gesehen – ein nicht standardkonformes Rollenkonzept samt seinen Berechtigungen migriert, ohne Rücksicht auf Aktualisierbarkeit oder Nachhaltigkeit zu nehmen. Dieser technische Ansatz ist eine Kompromisslösung für Unternehmen, denen die erforderliche Qualität des Rollenkonzepts für eine Best-Practice-Migration fehlt und die aufgrund zeitlicher Beschränkungen keine umfassende Berechtigungsneugestaltung durchführen können. Es ist jedoch unerlässlich, dass das zukünftige Rollenkonzept mittelfristig wartbar und sicher ist, um interne und externe Anforderungen zu erfüllen. Beachten Sie bitte, dass Sie mit diesem Ansatz lediglich ein unsicheres, nicht nachhaltiges und nicht wartbares Rollenkonzept in Ihre neue ERP-Lösung überführen.

4.4.3 Bluefield

Der technische Pfad zu SAP S/4HANA, auch als selektive Transformation bezeichnet, wird hauptsächlich verwendet, um mehrere Altsysteme (alte SAP-ECC-Systeme) in ein konsolidiertes SAP-S/4HANA-System zu überführen. SAP empfiehlt hierfür die Nutzung der verschiedenen verfügbaren Data-Management-and-Landscape-Transformation(DMLT)-Tools und -Services. In diesem Szenario installieren Sie die SAP-S/4HANA-Version auf einer neuen Instanz (ABAP-Server), und zwar unabhängig von Ihrer bestehenden Systemlandschaft. Anschließend übertragen Sie selektiv Konfigurations- und geschäftsbezogene Daten von Ihren Altsystemen auf die neue SAP-S/4HANA-Instanz. Danach beginnt die Integration von Geschäftsprozessen, die Systemanpassung und Berechtigungswartung in Ihrem neuen System.

Dieser Ansatz ermöglicht Ihnen die Migration zu SAP S/4HANA oder den Wechsel in die Cloud, ohne komplett von vorne zu beginnen.

4.4.4 Bewertung

Sowohl Ihre Geschäftsziele als auch die Konsistenzen Ihrer früheren ERP-Systeme sind entscheidend für die Wahl des technischen Pfads. Wenn Sie beispielsweise zu SAP S/4HANA Cloud wechseln möchten, ist der Greenfield-Ansatz empfehlenswert. Für maximale Innovation, die Überarbeitung von Geschäftsprozessen und für die Einführung zusätzlicher Cloud-Lösungen, wie SAP SuccessFactors oder SAP Ariba, wird auch für andere Editionen eine Neueinführung als vorteilhaft angesehen. Insbesondere wenn Ihr System und Ihr Berechtigungskonzept nicht den SAP-Standards und den Best Practices entsprechen, ist ein Neustart von Grund auf ratsam. Für eine schnelle SAP-S/4HANA-Integration ist hingegen der Brownfield-Ansatz die beliebteste Wahl; er erfordert allerdings möglicherweise mehr Vorimplementierungsaufwand.

Letztlich sind Ihre technischen und geschäftlichen Ziele wichtige Einflussfaktoren bei der Entscheidung. Nutzen Sie den Übergang zu SAP S/4HANA als Gelegenheit, Ihr Sicherheitskonzept zu überarbeiten, da ohnehin zahlreiche prozessbezogene, technische und berechtigungsrelevante Änderungen vonnöten sind.

4.5 Vorbereitung der Berechtigungsmigration im SAP-Standard

Eine wesentliche Voraussetzung für die Vorbereitung Ihrer Migration ist die Entscheidung für die bevorzugte SAP-S/4HANA-Bereitstellungsoption, die den Anforderungen Ihres Unternehmens am besten gerecht wird. Beachten Sie, dass Sie in SAP S/4HANA Cloud vordefinierte Berechtigungen und Rollen als SAP-Vorlagen erhalten, die Sie nur geringfügig konfigurieren können, bevor sie den Endbenutzern zugewiesen werden. Aus diesem Grund erfordert SAP S/4HANA Cloud nicht so umfangreiche Berechtigungswartungen wie andere Bereitstellungsoptionen. Im Folgenden konzentrieren wir uns auf drei SAP-S/4HANA-Bereitstellungsoptionen:

- SAP S/4HANA Cloud Private Edition
- SAP HANA Enterprise Cloud (HEC)
- SAP S/4HANA On-Premise

Im nächsten Abschnitt werden wichtige Instrumente zur Ausrichtung Ihrer SAP-S/4HANA-Geschäftsprozesse, zum Datenmanagement und zu Validierungsprozessen für benutzerdefinierten Code erläutert, es werden außerdem Compliance-Aspekte beleuchtet. Die Vorbereitungsaktivitäten für die Überführung Ihrer SAP-S/4HANA-Berechtigungen werden zusammengefasst. Dazu gehören die Entscheidungsfindung bezüglich des Migrationsansatzes, die Überprüfung der Vereinfachungselemente, der SAP Readiness Check sowie das SAP-S/4HANA-Migrationscockpit. Des Weiteren wird die Validierung des benutzerdefinierten Codes thematisiert.

4.5.1 Vorüberlegungen zur Migration

Im Rahmen der Migration von SAP ERP (ECC) 6.0 zu SAP S/4HANA ist eine umfassende Analyse der Auswirkungen auf Ihr System, Ihre Prozesse und Berechtigungen unerlässlich. Es bietet sich dabei eine hervorragende Gelegenheit, Ihr System zu optimieren und veraltete Daten, Dokumentationen sowie Prozesse zu eliminieren. Berücksichtigen Sie dabei folgende wesentliche Fragen:

- Ist der Einsatz von SAP-Fiori-Anwendungen notwendig?
- Planen Sie die Einführung neuer Funktionen und Lösungen?
- Sind direkte Datenbankabfragen über SAPUI5-Apps erforderlich oder wünschenswert?
- Welcher technische Migrationspfad (Greenfield, Brownfield oder Bluefield) passt am besten zu Ihrer Systemlandschaft und Ihrem Berechtigungskonzept?

- Wie integrieren Sie die Vereinfachungsliste effektiv in Ihr Rollenkonzept?
- Gibt es SAP-Standardalternativen für Ihre individuellen Entwicklungen?
- Welcher benutzerdefinierte Code muss migriert werden?
- Sind Ihre Rollen konform gestaltet und ermöglichen sie regelmäßige SAP-Release-Wechsel ohne Unterbrechungen?
- Wie harmonisieren und standardisieren Sie Ihre Geschäftsprozesse mit SAP S/4HANA?
- Ist der Umfang der Integration des neuen Geschäftspartneransatzes bereits definiert?
- Welche Änderungen beeinflussen Ihr Berechtigungskonzept?
- Wie gestaltet sich Ihr Projektplan für den Übergang zu SAP S/4HANA?
- Nutzen Sie SAP S/4HANA als Chance, Ihr Rollen- und Berechtigungskonzept zu verbessern?

Bestehende benutzerdefinierte Rollenkonzepte sind oft nicht für einen reibungslosen Wechsel zu SAP S/4HANA geeignet. Manuelle Berechtigungen oder fehlende Vererbungskonzepte können einen umfangreichen Zugriff gewähren, ohne die tatsächlichen Aufgaben zu berücksichtigen. Analysieren Sie daher Ihr aktuelles Rollenkonzept, um die optimale Migrationsstrategie zu ermitteln. Evaluieren Sie die Qualität Ihrer Rollen, Vorschläge und des benutzerdefinierten Codes. Berücksichtigen Sie dabei auch die spezifischen Anforderungen von SAP Fiori, das in SAP S/4HANA unverzichtbar ist.

Identifizieren Sie potenzielle Schwachstellen in Ihrem Berechtigungskonzept, und klären Sie, welche Aspekte in Ihrem Migrationsprojekt berücksichtigt werden müssen. Nutzen Sie die Gelegenheit, neue Funktionen, geänderte Datenverarbeitungssysteme und neue Geschäftsprozesse zu evaluieren und zu implementieren, wie beispielsweise das neue Hauptbuch oder die parallele Buchführung.

Ein standardkonformes Rollenkonzept ist entscheidend für eine erfolgreiche SAP-S/4HANA-Strategie. Verwenden Sie konsequent Rollenmenüs und -vorschläge, um eine standardkonforme Migration zu ermöglichen. Wenn Sie bisher nicht oder nur teilweise mit den Berechtigungsstandardwerten gearbeitet haben, ist eine Überarbeitung oder Neugestaltung Ihres Rollenkonzepts dringend empfohlen. Ein Lift-and-Shift-Ansatz könnte ebenfalls in Betracht gezogen werden, abhängig von Ihren Unternehmenszielen und dem Projektzeitplan. Die Anwendung von Vorschlägen erleichtert nicht nur die Migration zu SAP S/4HANA, sondern auch die Wartung, Verwaltung und Aktualisierung Ihres Rollenkonzepts.

4.5.2 Simplifikationscheck

Der *Simplifikationscheck* ermöglicht es Ihnen, die Auswirkungen der Vereinfachungen von SAP S/4HANA auf Ihr System zu bewerten. Für diesen Check besuchen Sie den Vereinfachungselement-Katalog im SAP-for-Me-Portal unter *https://me.sap.com/sic* (siehe Abbildung 4.11).

Abbildung 4.11: Vereinfachungselement-Katalog – Startbildschirm

Wählen Sie aus den verschiedenen SAP-S/4HANA-Produktversionen die richtige aus. Nachdem Sie die nötigen Angaben zu Quell- und Zielprodukt gemacht haben, werden Ihnen tabellarisch alle notwendigen Informationen zu den technischen SAP-S/4HANA-Änderungen seitens SAP mit dem jeweiligen Geschäftsbereich, den Anwendungskomponenten und dem dazugehörigen SAP-Hinweis angezeigt. Anschließend ist es möglich, diese Informationen als Zip-Datei herunterzuladen und über den Bericht /SDF/RC_START_CHECK mittels Transaktion *SE38* in den Simplifikationspunktecheck zu integrieren (siehe Abbildung 4.12).

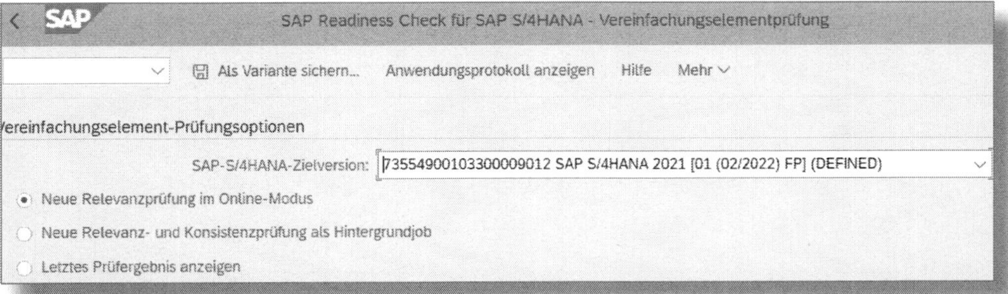

Abbildung 4.12: SAP Readiness Check Cockpit via Transaktion »SE38«

Der Bericht kann zwei unterschiedlichen Zwecken dienen:

- Vorbereitung Ihres aktuellen SAP-ERP-Systems auf eine Systemkonvertierung zu SAP S/4HANA
- Vorbereitung Ihres aktuellen SAP-S/4HANA-Systems auf ein Release-Upgrade auf eine neuere Version

Sie können die Relevanzprüfung des Tools nutzen, um den funktionalen und technischen Einfluss einer Systemkonvertierung auf Ihr aktuelles System zu bewerten. Die Konsistenzprüfung unterstützt Sie dabei, Dateninkonsistenzen oder fehlende Vorbereitungsaktivitäten zu identifizieren, die eine erfolgreiche Systemkonvertierung gefährden könnten. Beachten Sie, dass der Simplifikationspunktecheck primär für die Backend-Analyse konzipiert ist und daher nicht auf einem SAP-Fiori-Frontend-Server ausgeführt werden sollte.

Dieser Ansatz, basierend auf der Simplifikationsliste, liefert detaillierte Informationen zu Anwendungsbereichen, einschließlich Beschreibungen, Quellen, Änderungen, verfügbarer Prüfungen und zugehöriger SAP-Hinweise. Auf diese Weise können Sie potenzielle geschäftsprozessbezogene Auswirkungen klar identifizieren. Der Katalog der Simplifikationspunkte dient als umfassende Informationsquelle. In Kombination mit den Ergebnissen des SAP Readiness Check erhalten Sie einen Überblick über alle integrierten Prüfergebnisse, der Ihnen hilft, Ihre nächsten Schritte in der SAP-S/4HANA-Migration – fußend auf den Spezifikationen Ihres Systems – zu bewerten, zu definieren und anzupassen.

SAP-Hinweise zum Simplifikationscheck

Die SAP-Hinweise 2399707, 2182725 und 2502552 enthalten wertvolle Informationen für die Durchführung des Simplifikationschecks.

4.5.3 SAP Readiness Check

Nutzen Sie den *SAP Readiness Check*, um die Bereitschaft Ihres SAP-ERP-6.0-Systems für den Übergang zu SAP S/4HANA zu ermitteln. Dieses Tool dient der Konsistenzprüfung, es wurde von der SAP speziell für ihre Kunden entwickelt. Mit seiner Hilfe kann man feststellen, ob die Systemvoraussetzungen sowie zugehörige Add-ons und andere Komponenten für eine Migration zu SAP S/4HANA geeignet sind. Um diese Prüfung durchzuführen, folgen Sie bitte den Einführungsanweisungen und Richtlinien, die der SAP-Hinweis 2913617 bereitstellt. Dort finden Sie alle notwendigen Informationen zur Einrichtung des SAP Readiness Check für SAP S/4HANA sowie Antworten auf häufig gestellte Fragen.

SAP-Hinweise zum SAP Readiness Check

Wenn Sie noch zusätzliche Informationen zur SAP-S/4HANA-Konvertierung von SAP Readiness Check erhalten möchten, lesen Sie den SAP-Hinweis 2913617, für das SAP-S/4HANA-Upgrade für den SAP Readiness Check schauen Sie in den SAP-Hinweis 3059197.

Der SAP Readiness Check ist für folgende Quellversionen umsetzbar:

- SAP ERP (ECC) 6.0 EHPs 0 bis 8
- SAP S/4HANA Finance 1503 und 1605, technisch basierend auf SAP ERP (ECC) 6.0 EHP 7 und 8

In Tabelle 4.5 finden Sie eine detaillierte Übersicht über den SAP Readiness Check 2.0, einschließlich aller erforderlichen Schritte für eine umfassende Analyse Ihrer Migrationsmöglichkeiten zu SAP S/4HANA.

ID	Beschreibung des Schritts	SAP-Hinweis (Empfehlung)
1	Implementieren der erforderlichen SAP-Hinweise	2913617
2	Analysieren des benutzerdefinierten Codes	2185390
3	Ausführen des SAP-HANA-Sizing-Berichts	1793345/1872170
4	Simplifikationspunktecheck	2399707
5	SAP Signavio Process Insights nutzen	2745851
6	IDoc-Analyse	2769657
7	Analysieren des Datenmengenmanagements	2612179
8	Ausführen des SAP Readiness Check für SAP S/4HANA	2758146
9	Importieren und Auswerten der Systemdaten für den SAP Readiness Check (verfügbar unter *https://me.sap.com/readinesscheck*)	–

Tabelle 4.5: SAP Readiness Check – ausgewählte Schritte

☛ SAP-Dokumentationen zum SAP Readiness Check

Der SAP Readiness Check und verschiedenste Anleitungen hierfür sind unter folgender URL erreichbar: *https://help.sap.com/docs/SAP_READINESS_CHECK*.

4.5.4 SAP Signavio Process Navigator

Der *SAP Signavio Process Navigator* (SPN) ist der Nachfolger des bisherigen SAP Best Practices Explorer. Dieses leistungsstarke Werkzeug dient als zentrale Plattform zur Unterstützung der Implementierung und Optimierung von Geschäftsprozessen in SAP S/4HANA. Der SPN bietet eine umfassende Sammlung von Best Practices, die Unternehmen dabei helfen, ihre Geschäftsprozesse effizient zu gestalten und den maximalen Nutzen aus ihren SAP-Investitionen und neuen SAP-S/4HANA-Funktionen zu ziehen. Unternehmen können auf eine Vielzahl von vordefinierten Geschäftsprozessmodellen zugreifen, die speziell für SAP S/4HANA entwickelt wurden. Diese Modelle decken eine breite Palette von Branchen und Geschäftsfunktionen ab, sodass Sie maßgeschneiderte Lösungen auch für Ihre spezifischen Anforderungen finden sollten.

Der SPN ist besonders wertvoll bei der Erstellung eines neuen SAP-S/4HANA-Berechtigungskonzepts. Sie können vordefinierte Best Practices, dargestellt in Form von SAP-Rollenvorlagen, für die Umfangsdefinition der eigenen maßgeschneiderten Businessrollen nutzen. So identifizieren Sie leichter notwendige Geschäftsprozesse, aber auch den erforderlichen funktionalen Umfang der einzelnen Jobfunktionsrollen und stellen ferner durch eigene Rollen sicher, dass Ihre Berechtigungskonzepte den aktuellen internen und externen Sicherheitsstandards und Compliance-Anforderungen entsprechen.

Zusammenfassend lässt sich sagen, dass der SPN nicht nur den SAP Best Practices Explorer ersetzt hat, sondern auch erhebliche Mehrwerte bei der Erstellung und Verwaltung von SAP-S/4HANA-Berechtigungskonzepten bietet. Durch die Bereitstellung von Best Practices, einer benutzerfreundlichen Oberfläche und von umfassenden Sicherheitsfunktionen unterstützt er Unternehmen dabei, ihre SAP-Implementierungen effizient zu gestalten.

4.5.5 SAP S/4HANA Migration Cockpit

Ein essenzieller Bestandteil Ihres SAP-S/4HANA-Übergangsprojekts ist die Datenmigration. In der Vergangenheit ermöglichte das *SAP S/4HANA Migration Cockpit* die Validierung und Migration Ihrer bestehenden Stamm- und Transaktionsdaten in Ihr SAP-S/4HANA- oder SAP-S/4HANA-Cloud-System. Seit der Einführung von SAP S/4HANA 2020 ist es allerdings ausschließlich im Anzeigemodus über die Transaktion *LTMC* zugänglich. Auf diese Weise ist es Ihnen möglich, existierende Migrationsprojekte einzusehen, jedoch nicht, neue zu erstellen. Um Ihre Datenmigration durchzuführen, wird nun die App »Migrate Your Data« (App-ID: F3473) in SAP Fiori genutzt (siehe Abbildung 4.13).

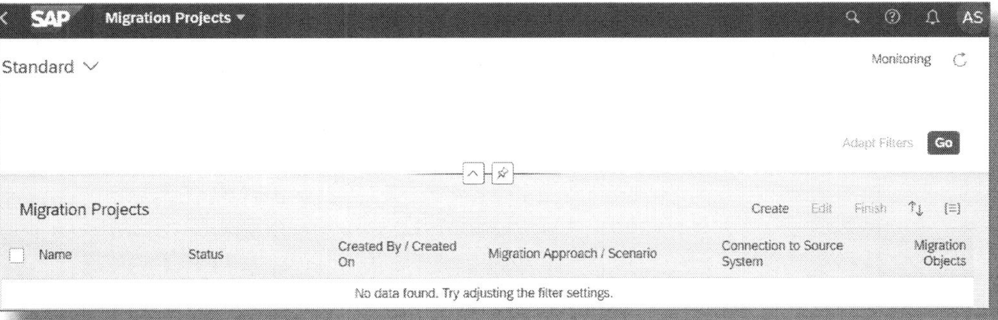

Abbildung 4.13: Fiori-App »Migrate Your Data«

Der Zugriff auf diese App gestaltet sich am unkompliziertesten, wenn Sie den für die Migration Verantwortlichen die SAP-Rolle SAP_BR_CONFIG_EXPERT_DATA_MIG zuordnen. Das SAP S/4HANA Migration Cockpit erlaubt es neuen sowie bestehenden Kunden, ihre Daten von einem SAP-ERP-(ECC)-6.0- oder einem Nicht-SAP-System zu SAP

S/4HANA zu transferieren. Es dient somit als Nachfolger der Legacy System Migration Workbench (Transaktion *LSMW*).

☛ Datenübertragung per SAP S/4HANA Migration Cockpit

Um das SAP S/4HANA Migration Cockpit für die Datenübertragung zu nutzen, bedarf es spezifischer Rollen. Für SAP S/4HANA sind das SAP_CA_DMC_MC_USER und SAP_BR_CONFIG_EXPERT_DATA_MIG für den Frontend-Server. Zur Verwendung des SAP S/4HANA Migration Object Modeler (Transaktion *LTMOM*) ist die Rolle SAP_CA_DMC_MC_DEVELOPER erforderlich. In der Cloud-Version von SAP S/4HANA sind für Endbenutzer zusätzlich die Administratorrolle SAP_BR_CONFIG_EXPERT_DATA_MIG einerseits sowie eine spezifische Rolle für jedes Migrationsobjekt andererseits notwendig, wie beispielsweise SAP_BR_CASH_MANAGER für den Migrationsteil »Banken«.

Für weiterführende Informationen und häufig gestellte Fragen verweise ich auf die SAP-Hinweise 2481235 und 2733253.

4.5.6 Analyse von Kundeneigenentwicklungen

In der heutigen Zeit ist die Gewährleistung von Sicherheit in IT-Systemen keine Option mehr, sondern unabdingbare Notwendigkeit. Insbesondere benutzerdefinierte Anwendungen, die in ABAP entwickelt wurden, stellen ein primäres Ziel für interne sowie externe Bedrohungen dar. Solche Entwicklungen können erhebliche Sicherheitsrisiken bergen, besonders wenn sie unzureichend durch SAP-Standard-AUTHORITY-CHECK-Anweisungen und BAPIs geschützt sind. Sie öffnen nicht selten unbeabsichtigt Lücken für unautorisierten Systemzugriff. Des Weiteren könnten einige Anwendungen durch die Einführung neuer Funktionen in der Standardversion von SAP S/4HANA obsolet geworden sein; der Verbleib von zahlreichen nicht mehr genutzten benutzerdefinierten Entwicklungen im System ist keine Seltenheit.

Daher ist es essenziell, dass Sie bei der Migration zu SAP S/4HANA Ihre benutzerdefinierten Entwicklungen einer gründlichen Überprüfung unterziehen. Identifizieren Sie Code, der einer Aktualisierung bedarf, oder erwägen Sie die Ablösung individueller Anwendungen durch Standardfunktionalitäten. Führen Sie eine umfassende Prüfung Ihrer Programme hinsichtlich Konformität mit Standards, Konvertierbarkeit sowie Nützlichkeit durch. SAP stellt eine Reihe von Tools für derartige Kompatibilitäts- und Sicherheitsüberprüfungen zur Verfügung, darunter das ABAP Test Cockpit und den SAP Code Inspector.

Ich empfehle Ihnen außerdem, sich mit einigen SAP-Hinweisen vertraut zu machen, die ich für Sie in Tabelle 4.6 noch einmal gesondert aufgelistet habe. Diese können Ihnen während der Validierung Ihres benutzerdefinierten Codes von Nutzen sein. Eine weitere wertvolle Ressource für die Überführung des Kundencodes ist das SAP-Dokument »Custom Code Migration Guide for SAP S/4HANA«.

SAP-Hinweis	Kurzbeschreibung
2436688	empfohlene SAP-Hinweise für die Verwendung von SAP S/4HANA Custom Code Checks im ABAP Test Cockpit oder in der App »Custom Code Migration«
2190420	SAP S/4HANA: Empfehlungen zur Anpassung des kundenspezifischen Codes
2241080	SAP S/4HANA: Inhalte zur Überprüfung des kundenspezifischen Codes
2296016	SAP S/4HANA: Custom Code Adaption. Entfernung von verwaisten Objekten
1885926	ABAP SQL Monitor
1912445	ABAP Custom Code Migration für SAP HANA. Empfehlungen und Code-Inspector-Varianten für die SAP-HANA-Migration

Tabelle 4.6: Ausgewählte SAP-Hinweise zur Überprüfung der Readiness von Eigenentwicklungen

Im Produktivsystem ermöglicht der Einsatz des *ABAP Call Monitor* (Transaktion *SCMON*) eine effiziente Wartung und Bereinigung nicht mehr benötigter benutzerdefinierter Codes in Ihrer Systemlandschaft.

Diese Funktion identifiziert aktuell genutzte benutzerdefinierte ABAP-Objekte auf Basis der vorherrschenden Geschäftsprozesse, ohne die Performance Ihres SAP-Systems zu beeinträchtigen.

Für die Prüfung Ihres SAP-S/4HANA-Benutzercodes ist insbesondere das ABAP Test Cockpit empfehlenswert, da es über die Fähigkeit zur Remote-Code-Analyse verfügt. Der Zugriff erfolgt über den Anfangsbildschirm in der Transaktion *ATC* (siehe Abbildung 4.14). Dieses Tool dient als zentrale Validierungsplattform für statische Funktions-, Sicherheits- und Leistungsprüfungen. Die Kombination aus den Analysefunktionen des ABAP Test Cockpit und denen des Code Inspector (Transaktion *SCI*) erweitert die Prüfmöglichkeiten erheblich.

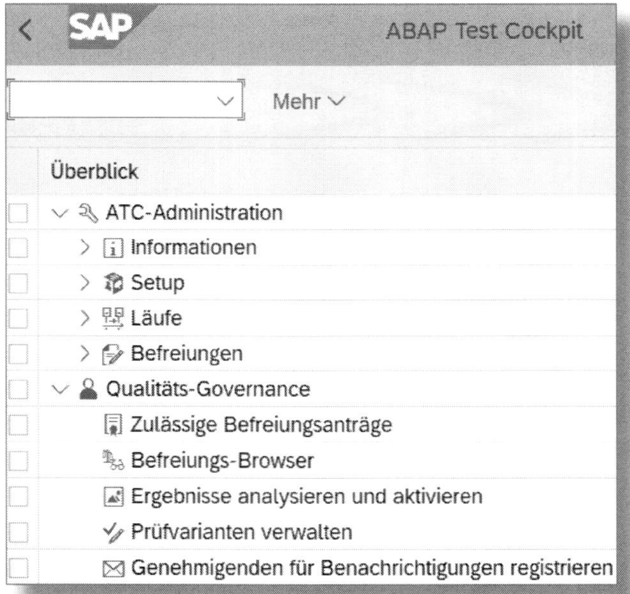

Abbildung 4.14: SAP ABAP Test Cockpit

Das ABAP Test Cockpit zeichnet sich durch eine Vielzahl von Scanfunktionen aus, darunter sind:

- Verwendung von Ausnahmen zur Unterdrückung und Datenanalyse von falsch positiven Ergebnissen

- umfassende Analysefunktionen für Entwickler, einschließlich Syntaxprüfung, ABAP-Wörterbuchprüfung, SAP-S/4HANA-Benutzercodeprüfung und ABAP Unit
- Qualitätssicherungsfunktionen wie Qualitätsportale, Ausnahmen und umfangreiche Regressionstests zur Minimierung von Produktionsfehlern
- Integration in die Entwicklungsinfrastruktur über SAP GUI oder Eclipse-basierte ABAP-Entwicklungswerkzeuge
- Remote-Scans mehrerer Systeme von einem zentralen System aus (gleiches oder geringeres Softwarelevel)
- Priorisierung von Prüfungen und umfassende Dokumentation
- Baseline-Integration für Ergebnisse aus dem ABAP Test Cockpit und Hervorhebung neuer Befunde

Für eine umfassende Prüfung Ihrer Codemigration zu SAP HANA und SAP S/4HANA führen Sie die Prüfvariante S4HANA_READINESS_REMOTE im ABAP Test Cockpit durch. Nutzen Sie spezifische Prüfvarianten, beispielsweise S4HANA_READINESS_1909, S4HANA_READINESS_2020 oder S4HANA_READINESS_2021, um Ihren benutzerdefinierten Code gegen die für Ihre Zielversion von SAP S/4HANA relevanten Vereinfachungselemente zu validieren.

SAP-Hinweise zum SAP ABAP Test Cockpit

Für weitere Informationen über dieses leistungsstarke Tool ziehen Sie den SAP-Hinweis 2436688 zurate. Beispielsweise bieten die Hinweise 2812556, 3231748 und 3365357 zusätzliche Einblicke, wie Sie die Prüfvariante S4HANA_READINESS_1909 und S4HANA_READINESS_20XX in Ihr ABAP-Test-Cockpit-Prüfsystem integrieren.

Die in Tabelle 4.7 aufgeführten Schritte stellen eine initiale Empfehlung für die Prüfung des kundeneigenen Codes mittels des ABAP Test Cockpit dar.

ID	Beschreibung	Hinweise
1	Aufsetzen des ABAP Test Cockpit	Siehe zur Remote-Analyse *https://community.sap.com/t5/application-development-blog-posts/remote-code-analysis-in-atc-technical-setup-step-by-step/ba-p/13308088.* Siehe zur lokalen Analyse den SAP-Hinweis 2436688.
2	Download der neuesten Simplifikationsdaten vom SAP Service Marketplace	Siehe den SAP-Hinweis 2241080.
3	Simplifikations-Datenbank auf dem zentralen System installieren	Siehe Transaktion *SYCM.*

Tabelle 4.7: Codeanalyse mit ABAP Test Cockpit

Zusätzlich zur Standardfunktionalität des ABAP Test Cockpit steht Ihnen der SAP Code Vulnerability Analyzer zur Verfügung. Dieses Tool, das eine statische Analyse des ABAP-Quellcodes ermöglicht, hilft Ihnen, Schwachstellen zu identifizieren und zu beheben, insbesondere im Hinblick auf die Cloud-Umgebung.

Als Alternative zum ABAP Test Cockpit kann der Code Inspector für Kompatibilitätsprüfungen im Kontext von SAP S/4HANA eingesetzt werden (siehe Abbildung 4.15). Starten Sie diese Anwendung mit der Transaktion *SCI*, um eine umfangreiche Analyse Ihrer benutzerdefinierten Entwicklungen hinsichtlich einer Migration zu SAP S/4HANA durchzuführen. Die Transaktion ermöglicht Prüfungen auf Repository-Objekte und bietet zugleich zahlreiche Leistungs-, Sicherheits- und Syntaxprüfungen an. Für zusätzliche Informationen zur Erstellung einer Code-Inspector-Variante oder zur Nutzung des Remote Function Call Extractor für statische Prüfungen sind die SAP-Hinweise 2271900 und 2270689 hilfreich.

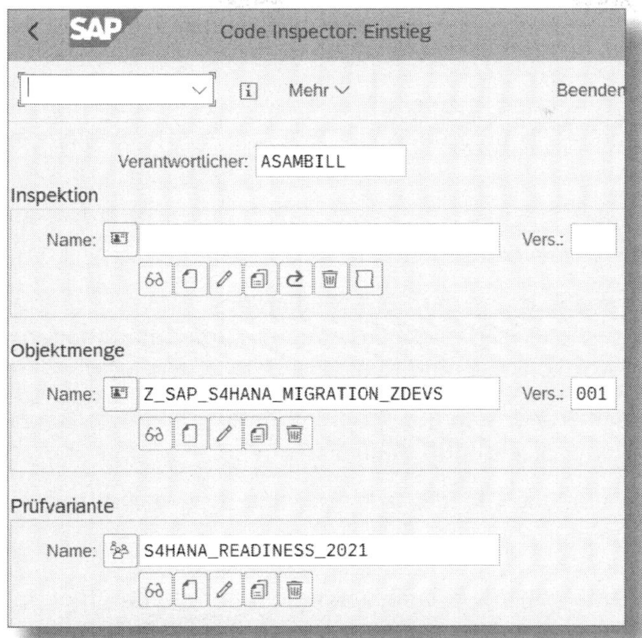

Abbildung 4.15: SAP-S/4HANA-2021-SCI-Analyse – Beispiel

4.5.7 Beachtung von Compliance-Anforderungen

Ein SAP-Sicherheitsadministrator führt regelmäßig Systemanalysen durch, um die Einhaltung von *Risiko- und Compliance-Vorschriften* sicherzustellen. Angesichts der technologischen Neuerungen von SAP S/4HANA ist eine Neubewertung und Anpassung bestehender Richtlinien und Verfahren unabdingbar. Der Vereinfachungsansatz, die Konsolidierung des Geschäftsmodells, die Einführung neuer Prozesse, die erweiterte Systemarchitektur sowie die SAP-Fiori-Benutzeroberfläche haben signifikante Auswirkungen auf die aktuellen Geschäftskontrollmechanismen. Es ist daher essenziell, diese technischen und geschäftlichen Veränderungen im Hinblick auf die Compliance-Struktur und -Überwachung Ihres Unternehmens zu überprüfen und anzupassen. Integrieren Sie Sicherheitsressourcen in das SAP-S/4HANA-Migrationsteam Ihres Unternehmens, und prüfen Sie, ob und wie Ihr bestehendes Kontrollsystem mit den neuen Geschäftsmodellen harmoniert. Achten Sie besonders auf folgende Aspekte:

- Die Einführung des neuen Geschäftspartnermodells beeinflusst bestehende automatische und manuelle Compliance-Kontrollen.
- SAP S/4HANA Finance bringt neue und modifizierte Prozesse in der Rechnungsverarbeitung mit sich.
- Die Zusammenführung der Bereiche Finance (FI) und Controlling (CO) aus SAP ERP (ECC) 6.0 erfordert eine Überarbeitung der Verantwortlichkeits- und Kontrollmechanismen.
- Die Konsolidierung mehrerer Kontenrahmen zieht Anpassungen am Endbenutzerzugriff nach sich.
- Die Integration von Cloud-Lösungen kann Ihr Geschäftsverarbeitungsmodell verändern und erweitern.

Die Migration zu SAP S/4HANA beeinflusst nicht nur die Kernfunktionen des ERP-Systems, sondern auch die Integration technischer Regeln und benutzerdefinierter Regelwerke. Es ist entscheidend, Qualitätssicherung und Compliance hinsichtlich behördlicher Vorgaben, branchenspezifischer Regelungen, Datenschutz, Good-Manufacturing-Practices- sowie allgemein Good-Practices-Anforderungen, Freigabestrategien und interner Richtlinien zu gewährleisten. Die Implementierung und Anpassung vordefinierter Regelwerke in Ihrem neuen System mittels SAP Governance, Risk and Compliance (SAP GRC) oder durch Softwarelösungen von Drittanbietern ist notwendig. Ein kompatibles Regelwerk für SAP S/4HANA sollte vor Beginn der Berechtigungsmigration nicht nur vorhanden sein, sondern auch aktualisierte Sicherheitsanforderungen im Migrationsprozess berücksichtigen.

Besonderes Augenmerk ist dabei auf folgende sicherheitsrelevante technische Aspekte zu legen:

- Die Konsolidierung und der Ersatz von Anwendungen beeinflussen die Benutzerberechtigungen.
- Neue und verbesserte Geschäftsprozesse erfordern eine Aktualisierung Ihres Berechtigungskonzepts.

- Zentralisieren Sie Ihr Berechtigungskonzept, und integrieren Sie Datenbanksicherheit sowie einen möglichen Endbenutzerzugriff.
- Stellen Sie sicher, dass Ihre Endbenutzerberechtigungen einem Jobfunktionsrollenkonzept entsprechen und den aktuellen Vorschriften genügen.
- Es sind sowohl eine Integration neuer SAP-Fiori-Berechtigungseinheiten und Cloud-Sicherheitsmaßnahmen für die genutzten Cloud-Lösungen in Ihr bestehendes Berechtigungskonzept als auch eine Anpassung Ihrer Risikoüberwachung notwendig.

Die Migration zu SAP S/4HANA bietet somit eine exzellente Gelegenheit, Kernprozesse zu überdenken und ggf. eine ganzheitliche Revision Ihres Internen Kontrollsystems (IKS) vorzunehmen. Diese Überlegungen tragen auch dazu bei, eine realistische Einschätzung für Ihr SAP-S/4HANA-Implementierungs- bzw. Migrationsprojekt zu erhalten.

4.6 SAP-Standardberechtigungsmigration

Die Transformation zu SAP S/4HANA erfordert eine umfassende Neubewertung Ihrer bestehenden Rollen und Benutzerberechtigungen. Der Aufwand und die notwendigen Investitionen in ein effizientes und sicheres SAP-S/4HANA-System hängen dabei maßgeblich von der Qualität Ihrer Rollenkonzepte ab.

Die Einführung von SAP S/4HANA bietet Ihnen eine hervorragende Gelegenheit, sowohl technische als auch verfahrenstechnische Optimierungen vorzunehmen. Das neue Datenmodell ermöglicht Ihnen, bestehende Redundanzen zu beseitigen, die die Kompatibilität von Legacy-Rollen und Berechtigungen beeinträchtigen könnten. Wie zuvor beachten Sie bitte auch hier, vorhandene Rollen lediglich als Grundlage für Ihr weiteres Vorgehen zu betrachten – und dies auch nur dann, wenn sie präzise Jobfunktionen widerspiegeln, genehmigte Prozesse unterstützen und gemäß dem SAP-Standard für den Rollenaufbau erstellt wurden. Andernfalls ist die Entwicklung neuer Jobfunktionsrollen durch eine umfassende Neugestaltung des Rollenkonzepts für Ihr

SAP-S/4HANA-Berechtigungskonzept ratsam. Diese Aufgabe sollte in die Gesamtplanung Ihres Projekts einfließen.

Es empfiehlt sich, ein oder mehrere Sandbox-Systeme als Basis für Ihre SAP-S/4HANA-Migration zu verwenden, einschließlich einer Kopie Ihres Produktivsystems und eines separaten Systems für Testzwecke.

SAP Roadmap Viewer

Für einen umfassenden Überblick über SAP S/4HANA verweise ich auf die »SAP Activate Methodology for Transition to SAP S/4HANA Roadmap Viewer« (*https://go.support.sap.com/roadmapviewer/*) sowie auf den »Conversion Guide for SAP S/4HANA« (*https://help.sap.com/docs/SAP_S4HANA_ON-PREMISE?locale=en-US*).

Nachfolgend skizziere ich die entscheidenden Schritte für Ihre Berechtigungsmigration unter Berücksichtigung von SAP-Standards, wobei ich vor allem auf die Berechtigungskonzeptmigration fokussiere. Neue Prozesse müssen integriert, die Architektur angepasst und weitere Aktivitäten im Rahmen des gesamten SAP-S/4HANA-Übergangsprozesses durchgeführt werden. Da die Informationen hier Ihnen nur als allgemeine Richtlinie dienen sollen, ist eine Anpassung sowie Abstimmung des Inhalts auf Ihre spezifischen Geschäftsanforderungen, technischen Prämissen und die von Ihnen gewählte Bereitstellungsoption unerlässlich.

4.6.1 Projektverwaltung und Basisaktivitäten

Angesichts der technischen, organisatorischen und verfahrenstechnischen Komplexität des Projekts ist es zunächst erforderlich, alle relevanten Richtlinien, Prozesse und Verantwortlichkeiten klar zu definieren. Eine umfassende Übersicht über die Organisation, deren Mitarbeiter und deren Jobfunktionen ist ebenso von Bedeutung.

Vor der Durchführung der Berechtigungsmigration sollten die Grundvoraussetzungen für den Übergang zu SAP S/4HANA gewährleistet sein.

Diese vorbereitenden Maßnahmen umfassen den Aufbau einer Sandbox, die Installation der benötigten Migrations- und Geschäftstools, Systemanpassungen sowie die Migration von benutzerdefiniertem Code. Weitere projektbezogene Überlegungen betreffen organisatorische, technische und prozessuale Aspekte. Nachfolgend sind wesentliche Punkte kurz angeführt.

Organisatorische Aspekte

Die Organisation des Projekts erfordert eine eindeutige Klärung von Koordinations- und Verfahrensaspekten sowie deren Anforderungen, um eine effiziente Überwachung und Fortschrittskontrolle zu gewährleisten. Berücksichtigen Sie dabei folgende Punkte:

- Erarbeiten Sie eine Projekterklärung für die Migration Ihrer SAP-Berechtigungen.
- Erstellen Sie ein Projektteam, und definieren Sie Rollen, Verantwortlichkeiten sowie die Kommunikationsstrategie.
- Entwickeln Sie einen detaillierten Projektplan mit allen erforderlichen Aktivitäten, Meilensteinen und Zeitplänen.
- Legen Sie Key-Performance-Indikatoren (KPIs) fest, um den Erfolg des Projekts zu messen und kontinuierlich zu überwachen.

Technische Aspekte

Auf technischer Ebene erfordert die Migration umfangreiche Vorbereitungen und Tests:

- Identifizieren und bewerten Sie die Auswirkungen von SAP S/4HANA inklusive SAP Fiori auf Ihre bestehenden SAP-Systeme und Geschäftsprozesse.
- Führen Sie eine Systeminventur durch, und bewerten Sie die Kompatibilität von benutzerdefiniertem Code mit SAP S/4HANA.

- Planen und implementieren Sie notwendige Anpassungen an Ihren Systemen und Prozessen.

Prozessuale Aspekte

Auch die Geschäftsprozesse und die Interaktion der Benutzer mit dem SAP-System müssen überdacht werden:

- Überprüfen und aktualisieren Sie Ihre Geschäftsprozesse, um die Vorteile von SAP S/4HANA voll auszuschöpfen.
- Entwickeln Sie ein umfassendes Schulungs- und Supportprogramm für Endbenutzer, damit diese die neuen Funktionen und Arbeitsabläufe effektiv nutzen können.

Die erfolgreiche Umsetzung dieser organisatorischen, technischen und prozessualen Aktivitäten ist entscheidend für eine reibungslose Migration zu SAP S/4HANA. Gleichzeitig stellen Sie dadurch sicher, dass Ihr Unternehmen die Vorteile der neuen Plattform voll ausschöpfen kann.

4.6.2 Analyse des aktuellen Rollenkonzepts

Bevor Sie mit Ihrem Migrationsprojekt beginnen, ist eine gründliche Überprüfung Ihres aktuellen Rollenkonzepts erforderlich. Diese initiale Analyse bewertet die Qualität und Relevanz des bestehenden Rollenkonzepts und untersucht, inwiefern die definierten Rollen den Anforderungen der Endnutzer, den spezifischen Arbeitsfunktionen, den Sicherheitsanforderungen sowie den technischen Prämissen für eine direkte Migration zu SAP S/4HANA entsprechen. Eine detaillierte Bewertung von Rollen und Endnutzern hilft Ihnen, überflüssige Funktionalitäten zu identifizieren und zu minimieren, was den Vereinfachungsprozess fördert und das Risiko verringert, dass das aktuelle Rollenkonzept zum Hindernis im Migrationsprojekt wird. Diese Analyse ist zudem eine grundlegende Voraussetzung für zukünftige Beratungen und Workshops mit Fachabteilungen, in denen Sie prozessbezogene und technische Modifikationen im Rahmen der SAP-S/4HANA-Migration mit Stakeholdern, Verantwortlichen und Fachspezialisten diskutieren.

Überlegungen bei einer standardkonformen Berechtigungsmigration

Für eine reibungslose Migration zu SAP S/4HANA ist eine Berechtigungsmigration, die den Standardvorgaben entspricht, optimal. Dieses Vorgehen ist realisierbar, wenn Ihr bestehendes Berechtigungskonzept auf Standardberechtigungswerten und prozessbezogenen Geschäftsanforderungen basiert. Zur Überprüfung dieser Prämissen sollten Sie sich einige Fragen stellen. Die Voraussetzungen für eine standardkonforme Berechtigungsmigration sind dann erfüllt, wenn Sie diese überwiegend mit »Ja« beantworten können:

- Vermeiden Sie sämtliche manuellen Berechtigungen, insbesondere manuelle Startberechtigungsobjekte, in Ihren Businessrollen (ausgenommen Werterollen)?
- Vermeiden Sie in Startberechtigungsobjekten Wertebereiche wie S_TCODE oder S_SERVICE?
- Nutzen Sie die Berechtigungsvorschlagswerte?
- Sind die Vorschlagswerte zu Ihren Eigenentwicklungen in der Transaktion *SU24* gepflegt?
- Verwenden Sie das Rollenmenü über die Transaktion *PFCG*?
- Folgen Sie dem Konzept der SAP Best Practices zur Rollenvererbung, sofern dies für den organisatorischen Zugriff notwendig ist?
- Vermeiden Sie manuelle Berechtigungsprofile für alle Endnutzer?
- Vermeiden Sie manuelle Berechtigungsprofile für alle technischen Nutzer?
- Basiert Ihr bestehendes Berechtigungskonzept auf dem Least Leverage Principle?

Wenn Sie diese Fragen nicht überwiegend bejahen, bleibt Ihnen lediglich die Option einer technischen Berechtigungsumwandlung oder die Neugestaltung Ihres Rollenkonzepts im Rahmen eines Brownfield-Ansatzes. Andernfalls empfiehlt sich ein Greenfield-Ansatz, um ein neues Berechtigungskonzept von Grund auf zu entwickeln.

Diese Überlegungen sind nicht nur für den Migrationsaufwand und -ansatz relevant, sondern ermöglichen auch die Evaluierung der Robustheit Ihres bestehenden Rollenkonzepts. Die Migration von Rollen mit umfangreichem Zugriff oder kritischen Berechtigungs- und Funktionstrennungskonflikten erhöht den Migrationsaufwand erheblich und beeinträchtigt die Gesamtsystemsicherheit.

! Manuelle Berechtigungen

Für spezifische Berechtigungen (z. B. für den SAP Solution Manager) oder die Berichterstattung über Kostenstellen und Profitcenter können manuelle Berechtigungen notwendig sein (Werterollenkonzept). Dennoch könnte der Standard in vielen Fällen ausreichend sein. Für typische Businessrollen wird die Nutzung von manuellen Berechtigungen jedoch nicht empfohlen.

Validierung der Berechtigungsobjekte

Um sicherzustellen, dass Ihr aktuelles Rollenkonzept mit den Änderungen in der Vereinfachungsliste übereinstimmt, benötigen Sie einen umfassenden Überblick über die in Ihren Rollenmenüs enthaltenen Objekte. Starten Sie dazu die Transaktion *SE16*, und geben Sie die Tabelle AGR_TCODES sowie Ihre Rollenbenennungskonvention ein. Nach Ausführung der Suche erhalten Sie eine Liste aller Transaktionen innerhalb Ihrer Rollen (AGR_NAME), um deren Transaktionsumfang zu überprüfen (siehe Abbildung 4.16). Dies ist notwendig, da Vorlagenrollen ihren funktionalen Umfang an nachgelagerte Rollenableitungen vererben.

Dieser Ansatz empfiehlt sich ausschließlich dann, wenn Sie bereits über ein standardkonformes und nachhaltiges Rollenkonzept verfügen, das auf Jobfunktionen basiert und durch integrierte Nutzungsdaten abgerundet ist. Sollten Sie Ihre Rollen nicht über das Rollenmenü, sondern über manuelle Werte im Berechtigungsobjekt S_TCODE gepflegt haben, wird Ihnen die Tabelle AGR_TCODES keine validen Ergebnisse ausgeben.

Tabelle: AGR_TCODES

MANDT	AGR_NAME	TY..	TCODE
100	ZP_ME_FI_N_GLOB_MGMT	TR	CAT2
100	ZP_ME_FI_N_GLOB_MGMT	TR	CERTRULE
100	ZP_ME_FI_N_GLOB_MGMT	TR	CG3Z
100	ZP_ME_FI_N_GLOB_MGMT	TR	CL02
100	ZP_ME_FI_N_GLOB_MGMT	TR	F-67
100	ZP_ME_FI_N_GLOB_MGMT	TR	F110
100	ZP_ME_FI_N_GLOB_MGMT	TR	F4512
100	ZP_ME_FI_N_GLOB_MGMT	TR	F4834
100	ZP_ME_FI_N_GLOB_MGMT	TR	FAGLB03
100	ZP_ME_FI_N_GLOB_MGMT	TR	FAGLL03
100	ZP_ME_FI_N_GLOB_MGMT	TR	FB01
100	ZP_ME_FI_N_GLOB_MGMT	TR	FB02
100	ZP_ME_FI_N_GLOB_MGMT	TR	FB03

Abbildung 4.16: Tabelle AGR_TCODES – Ergebnisliste

Zusätzlich empfiehlt es sich, die Tabelle AGR_1251 zu analysieren, um sämtliche Startberechtigungsobjekte (z. B. S_TCODE, S_SERVICE, S_START oder S_RFC) und somit auch manuell hinterlegte Startobjekte (beginnend mit »S_«) herauszufiltern. Dies ermöglicht Ihnen umfangreichere Informationen über notwendige Anwendungsstarts zu erhalten, die für Ihr SAP-S/4HANA-Berechtigungsmigrationsprojekt von Bedeutung sind (siehe Abbildung 4.17).

Tabelle: AGR_1251

MANDT	AGR_NAME	COUNTE..	OBJECT	AUTH	FIELD	LOW	HIGH	MODIFIED
100	ZP_ME_FI_N_GLOB_MGMT	000481	S_TCODE	T-ST14030000	TCD	FAGLL03		S
100	ZP_ME_FI_N_GLOB_MGMT	000482	S_TCODE	T-ST14030000	TCD	FB01		S
100	ZP_ME_FI_N_GLOB_MGMT	000483	S_TCODE	T-ST14030000	TCD	FB02		S
100	ZP_ME_FI_N_GLOB_MGMT	000484	S_TCODE	T-ST14030000	TCD	FB03		S
100	ZP_ME_FI_N_GLOB_MGMT	000485	S_TCODE	T-ST14030000	TCD	FB04		S
100	ZP_ME_FI_N_GLOB_MGMT	000486	S_TCODE	T-ST14030000	TCD	FB05		S
100	ZP_ME_FI_N_GLOB_MGMT	000487	S_TCODE	T-ST14030000	TCD	FB08		S
100	ZP_ME_FI_N_GLOB_MGMT	000488	S_TCODE	T-ST14030000	TCD	FB1D		S
100	ZP_ME_FI_N_GLOB_MGMT	000489	S_TCODE	T-ST14030000	TCD	FB1K		S
100	ZP_ME_FI_N_GLOB_MGMT	000490	S_TCODE	T-ST14030000	TCD	FB60		S
100	ZP_ME_FI_N_GLOB_MGMT	000491	S_TCODE	T-ST14030000	TCD	FBA8		S
100	ZP_ME_FI_N_GLOB_MGMT	000492	S_TCODE	T-ST14030000	TCD	FBCJ		S
100	ZP_ME_FI_N_GLOB_MGMT	000493	S_TCODE	T-ST14030000	TCD	FBL1N		S

Abbildung 4.17: Tabelle AGR_1251 – Ergebnisliste

Insbesondere bei manuellen S_TCODE-Berechtigungsobjekten ist es erforderlich, die S_TCODE-Berechtigungsobjekte Ihrer bestehenden Rollen mithilfe der Tabelle AGR_1251 zu analysieren. Unabhängig davon, ob Sie eine standardkonforme Migration oder eine technische Konvertierung bevorzugen, empfiehlt es sich ebenfalls, eine Analyse des Berechtigungsobjekts S_SERVICE zur Überprüfung von Webserviceaktivitäten sowie eine Analyse des Berechtigungsobjekts S_START für Web-Dynpro-Anwendungen durchzuführen.

Eine weitere effektive Analysemethode ist die Nutzung der Transaktion *SUIM* (Benutzerinformationssystem) und der dort verfügbaren Berichte wie »Rollen nach komplexen Auswahlkriterien« oder »Benutzer nach komplexen Auswahlkriterien«. Diese Methode liefert die erforderlichen Daten zu den Startobjekten, wobei der Datenbrowser mittels Transaktion *SE16(N)* eine schnellere und einfachere Abfrage ermöglicht. Unabhängig davon, ob Sie eine standardkonforme Berechtigungsmigration oder nur eine technische Konvertierung vollziehen können, müssen alle Funktionen, wie Transaktionen, Webservices, Funktionsbausteine und Web-Dynpros über das Rollenmenü gepflegt sein. Andernfalls können Sie das SAP-Standardtool zur Analyse der SAP S/4HANA-bedingten Änderungen nicht adäquat nutzen, da das Ergebnis nicht valide ist.

Hashwerte in der Tabelle AGR_1251

Falls Sie in der Tabelle AGR_1251 Hashwerte für das Berechtigungsobjekt S_SERVICE vorfinden, kopieren Sie diese Werte und suchen in der Tabelle USOBHASH nach ihnen, und zwar, indem Sie die Hashwerte im Namensfeld der anfänglichen Auswahlmaske eintragen. Dieses Vorgehen legt den korrekten Klartextnamen des Webservice offen.

Analyse der Transaktionsnutzung

Neben dem Abgleich Ihres aktuellen Rollenkonzepts mit den Änderungen aus der Vereinfachungsliste bietet sich die Gelegenheit, die Qualität Ihrer Rollen zu evaluieren. Es ist ratsam, Ihr bestehendes Rollenkonzept an die tatsächliche Geschäftsnutzung Ihrer Endbenutzer anzupassen. Diese Strategie legt den Schwerpunkt auf Geschäftsprozesse und vermeidet die Zuweisung unnötiger Anwendungen zu vordefinierten Arbeitsprofilen, was gleichzeitig Ihren Migrationsaufwand minimiert.

Daten aus Transaktion ST03N als Konzipierungsgrundlage

Die Nutzungsdaten der Benutzer lassen sich in der Transaktion *ST03N* (Systemlastmonitor) einsehen. Sie können als valide Datengrundlage dienen, insbesondere wenn Sie aufgrund der Migrationsanforderungen verschiedene Systeme mit unterschiedlichen Geschäftsprozessen konsolidieren müssen. Unabhängig vom Migrationsansatz sind diese Daten essenziell, um ein maßgeschneidertes Rollenkonzept aufzubauen. Wenn Sie im SAP-S/4HANA-System neue Benutzer-IDs haben oder verschiedene neue Prozesse integrieren müssen, sollten Sie konzeptionell einen Querverweis zu den alten Benutzer-IDs integrieren. Mittels der historischen SAP-ERP-Nutzungsdaten können Sie nicht nur ein maßgeschneidertes Rollenkonzept gemäß Least Leverage Principle aufbauen, vielmehr hilft Ihnen diese umfangreiche Datengrundlage auch in den kommenden Fachbereichsgesprächen bezüglich der SAP-S/4HANA-bedingten Änderungen und Neuheiten in den Rollen.

Verwenden Sie die Transaktion *ST03N*, um transaktionale und aufgabenbezogene Endbenutzungsdaten zu prüfen und den erforderlichen Zugriff für jede Arbeitsfunktion zu bewerten. Zunächst können vorhandene Daten aus SAP ERP (ECC) 6.0 herangezogen werden, allerdings ist es anschließend notwendig, die Lücken in SAP S/4HANA zu adressieren. Führen Sie diese Auswertung während Ihres Integrationstests im SAP-S/4HANA-System erneut durch, um sicherzustellen, dass Ihr aktuelles Rollenkonzept den neuen Geschäftsanforderungen entspricht.

Für die Analyse der Transaktionsnutzung starten Sie die Transaktion *ST03N*. Führen Sie den Bericht zur Geschäftstransaktionsanalyse aus, der im Abschnitt DETAILLIERTE ANALYSE verfügbar ist. Wählen Sie einen Benutzer, alle Transaktionen *(*)*, und geben Sie ein Zeitintervall von *100* Stunden an. Anschließend erhalten Sie eine Übersicht über die in diesem Zeitraum genutzten Transaktionscodes (siehe Abbildung 4.18). Achten Sie darauf, dass Sie iterativ die Daten aus mehreren Monaten aus dem System abziehen. Eine Gesamtübersicht aller benutzten Transaktionen ohne Benutzerkontext finden Sie in der Transaktion *ST03N* in der Rubrik ANALYSESICHTEN und dort TRANSAKTIONSPROFIL im STANDARD.

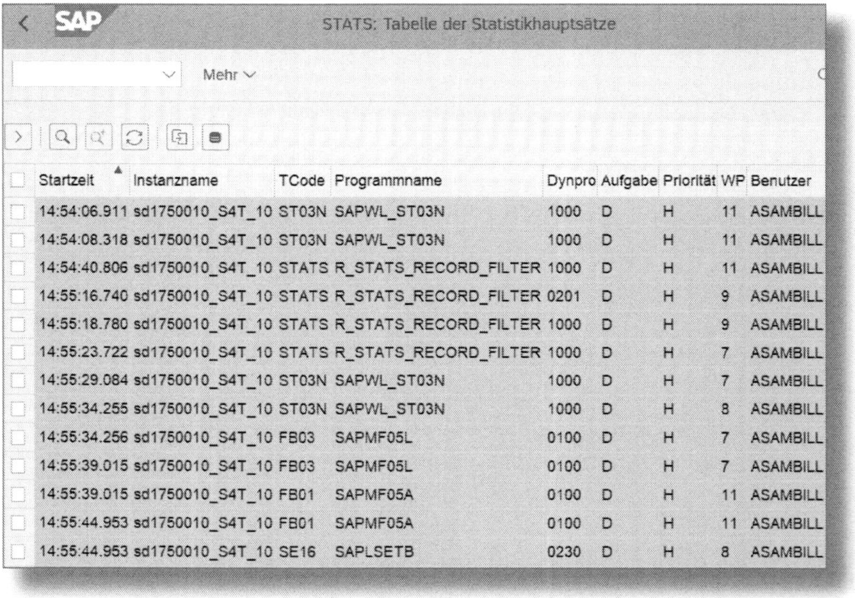

STATS: Tabelle der Statistikhauptsätze

Startzeit	Instanzname	TCode	Programmname	Dynpro	Aufgabe	Priorität	WP	Benutzer
14:54:06.911	sd1750010_S4T_10	ST03N	SAPWL_ST03N	1000	D	H	11	ASAMBILL
14:54:08.318	sd1750010_S4T_10	ST03N	SAPWL_ST03N	1000	D	H	11	ASAMBILL
14:54:40.806	sd1750010_S4T_10	STATS	R_STATS_RECORD_FILTER	1000	D	H	11	ASAMBILL
14:55:16.740	sd1750010_S4T_10	STATS	R_STATS_RECORD_FILTER	0201	D	H	9	ASAMBILL
14:55:18.780	sd1750010_S4T_10	STATS	R_STATS_RECORD_FILTER	1000	D	H	9	ASAMBILL
14:55:23.722	sd1750010_S4T_10	STATS	R_STATS_RECORD_FILTER	1000	D	H	7	ASAMBILL
14:55:29.084	sd1750010_S4T_10	ST03N	SAPWL_ST03N	1000	D	H	7	ASAMBILL
14:55:34.255	sd1750010_S4T_10	ST03N	SAPWL_ST03N	1000	D	H	8	ASAMBILL
14:55:34.256	sd1750010_S4T_10	FB03	SAPMF05L	0100	D	H	7	ASAMBILL
14:55:39.015	sd1750010_S4T_10	FB03	SAPMF05L	0100	D	H	7	ASAMBILL
14:55:39.015	sd1750010_S4T_10	FB01	SAPMF05A	0100	D	H	11	ASAMBILL
14:55:44.953	sd1750010_S4T_10	FB01	SAPMF05A	0100	D	H	11	ASAMBILL
14:55:44.953	sd1750010_S4T_10	SE16	SAPLSETB	0230	D	H	8	ASAMBILL

Abbildung 4.18: Transaktion »ST03N« – Ergebnisliste

Bei der Konsolidierung mehrerer Systeme ist es erforderlich, die Endbenutzungsdaten aus jedem System in einer konsolidierten Zuordnungsdatei zusammenzuführen. Diese Vorgehensweise gewährleistet eine präzise Anpassung der Rollen an die tatsächlichen Anforderungen und trägt zur erfolgreichen Berechtigungsmigration bei.

☛ OData-Services in der Transaktion ST03N

Beachten Sie, dass Sie seit der Basisversion 7.55 für SAP S/4HANA über die Transaktion *ST03N* auch Informationen zu OData-Service-Aufrufen und somit zu den dazugehörigen Fiori-Apps erhalten können. Die Nutzungsdaten umfassen auch andere Menüobjekte wie Transaktionen, Funktionsmodule oder Web-Dynpro-Anwendungen.

4.6.3 Pflege der Berechtigungsvorschlagswerte

Die Einhaltung festgelegter Standards ist bei der Erstellung und Pflege Ihres Berechtigungskonzepts für jede SAP Business Suite, insbesondere SAP S/4HANA, von essenzieller Bedeutung. Ihre Rollen dürfen bei einer standardkonformen Migration keine manuellen Berechtigungsobjekte beinhalten, und Ihre Berechtigungsdaten müssen konsistent sowie stets mit den technischen Release-Upgrades aktuell gehalten werden. Andernfalls wird eine Migration Ihres Berechtigungskonzepts auf der Basis des Programmquellcodes undurchführbar. Infolgedessen ist auch der Einsatz der Transaktionen *SU24* und *SU25* erforderlich. Alle notwendigen Berechtigungsobjekte für individuelle Entwicklungen müssen kontinuierlich in der Transaktion *SU24* gepflegt werden, um eine dauerhafte und effiziente Rollenpflege für eigenen Code zu gewährleisten.

Die Berechtigungsvorschlagswerte und zugehörigen Prüfkennzeichen bilden das Fundament Ihres Berechtigungskonzepts. Um sicherzustellen, dass diese Bedingungen erfüllt sind, sollten Sie folgende Schritte durchführen (siehe Abbildung 4.19):

- Importieren Sie initial die Daten aus der Transaktion *SU22* zunächst in die Transaktion *SU24* Ihres komplett neu aufgesetzten Sandbox-Systems (Transaktion *SU25*, Schritt 1).

- Überprüfen Sie neue SAP-Vorschlagswerte, und importieren Sie diese in Ihre eigenen Vorschlagswertetabellen (Tabellen *UBOST_C* und *USOBX_C*) (Transaktion *SU25*, Schritte 2a bis 2d).
- Transportieren Sie die Daten aus der Transaktion *SU24* vom Entwicklungssystem (DEV) in das nachfolgende Qualitätssicherungssystem (QAS), sofern notwendig. Ein lineares Schichtenkonzept der Systeme (DEV, QAS, PRD) sollte bestehen (Transaktion *SU25*, Schritt 3).

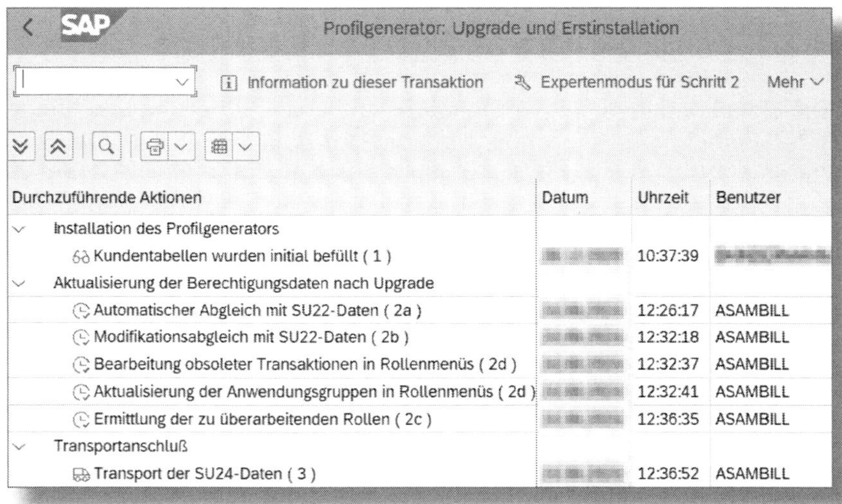

Abbildung 4.19: Transaktion »SU25« –Aktualisierungsschritte

Diese Wartungsschritte erleichtern eine nachhaltige und sichere Rollenerstellung unter Verwendung des SAP-Standardmechanismus. Wenn Sie Ihre Rollen über das Rollenmenü in der Transaktion *PFCG* erstellen und pflegen, importiert das System automatisch alle relevanten Berechtigungsobjekte, Felder und Werte für die jeweilige Anwendung in das Berechtigungsprofil der Rolle.

Um das Berechtigungsprofil einer Rolle zu aktualisieren, empfiehlt sich der Einsatz des Expertenmodus im Profilgenerator: »Alten Stand lesen und mit neuen Daten abgleichen«. Auf diese Weise integrieren Sie die aktualisierten Vorschläge effizient in Ihre Rollenprofile.

Sollte Ihr System aufgrund einer neuen SAP-Version neue Vorschlagsdaten in der Transaktion *SU22* enthalten, aktualisieren Sie Ihre Systemvorschlagsdaten stets mit der Transaktion *SU25*. Diese Aktualisierung gewährleistet die Aktualität der Vorschlagswerte in der Transaktion *SU24*. Zudem ist es ratsam, Ihre Vorschlagsdaten kontinuierlich zu pflegen und für Ihre Geschäftsprozesse zu optimieren, um den Verwaltungsaufwand für Rollen und Endbenutzer signifikant zu reduzieren.

4.6.4 Analyse der durch SAP S/4HANA bedingten Rollenänderungen

Nach der Validierung der Qualität Ihrer Rollen ist es unerlässlich, die Anforderungen Ihrer Businessrollen – einschließlich der Transaktionen – mit den notwendigen Änderungen für SAP S/4HANA abzugleichen. Die Simplifikationsliste, die detailliert alle erforderlichen Modifikationen im Zusammenhang mit der Implementierung von SAP S/4HANA aufzeigt, dient dabei als primäre Informationsquelle. SAP stellt mehrere Ressourcen zur Verfügung, um diese Anpassungen zu untersuchen. Dazu gehören das standardmäßige PDF der Simplifikationsliste aus dem SAP-Hilfeportal, die Vereinfachungsitemprüfung sowie der SPN.

Obgleich die Analyse der Rollenänderungen lediglich einen Teil umfangreicherer Vorbereitungsmaßnahmen darstellt, empfehle ich Ihnen, die prozessbezogenen und technischen Rollenmodifikationen in Form von Workshops mit den Fachabteilungen zu verifizieren. Diese Vorgehensweise gewährleistet, dass Sie bezüglich der Rollenmenüobjekte, etwa Transaktionen, Funktionsmodule oder Web-Dynpro-Anwendungen, stets auf dem aktuellen Stand Ihrer SAP-S/4HANA-Version sind. Von einer Version zur nächsten können signifikante Änderungen erforderlich sein. Bei einem Update Ihrer SAP-S/4HANA-Version ist es möglicherweise notwendig, neue Funktionen und Berechtigungen zu berücksichtigen. Die Analyse gestattet es Ihnen zudem, veraltete, nicht mehr nutzbare Transaktionen oder Fiori-Apps in Ihrem Rollenmenü zu identifizieren. Die Datengrundlage hierfür ist die Tabelle PRGN_CORR2.

Zur Durchführung dieser Analyse starten Sie die Transaktion *SU25* und führen Schritt 2D aus (siehe Abbildung 4.19). Sie erhalten eine Ausgabeliste des Austauschs (siehe Abbildung 4.20). Ergänzen Sie diese Ergebnisse durch Informationen aus anderen SAP-Quellen.

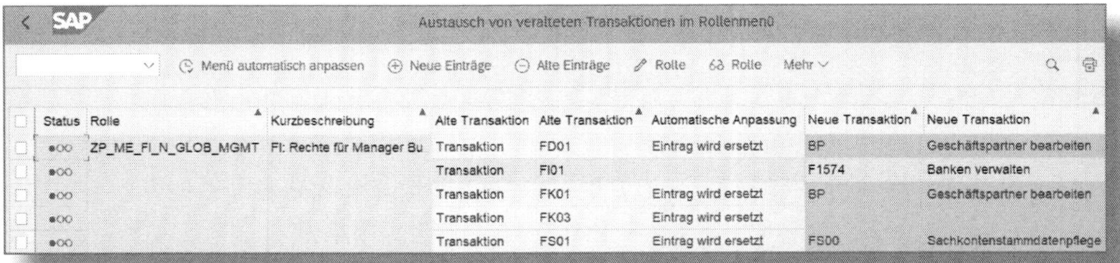

Status	Rolle	Kurzbeschreibung	Alte Transaktion	Alte Transaktion	Automatische Anpassung	Neue Transaktion	Neue Transaktion
●○○	ZP_ME_FI_N_GLOB_MGMT	FI: Rechte für Manager Bu	Transaktion	FD01	Eintrag wird ersetzt	BP	Geschäftspartner bearbeiten
●○○			Transaktion	FI01		F1574	Banken verwalten
●○○			Transaktion	FK01	Eintrag wird ersetzt	BP	Geschäftspartner bearbeiten
●○○			Transaktion	FK03	Eintrag wird ersetzt		
●○○			Transaktion	FS01	Eintrag wird ersetzt	FS00	Sachkontenstammdatenpflege

Abbildung 4.20: Veraltete SAP-GUI-Transaktionen ersetzen

Da die Liste nicht zwingend Ersatzanwendungen umfasst, sollten Sie sich nicht ausschließlich auf sie als einzige Informationsquelle verlassen. Ansonsten riskieren Sie möglicherweise Lücken im Funktionsumfang Ihrer Rollen und das Nichterfüllen einiger Anforderungen.

Bei der Überarbeitung Ihrer Rollen sollte auch SAP Fiori berücksichtigt werden. Nutzen Sie hierfür neben der oben genannten Datenquelle auch die SAP Fiori Apps Reference Library, um zu ermitteln, ob Fiori-Apps für bestimmte Arbeitsfunktionen oder Aufgaben erforderlich sind. So können Sie beispielsweise eine herkömmliche Transaktion eingeben, um die entsprechende(n) Fiori-App(s) zu identifizieren. Dies ermöglicht es Ihnen, weitere Anforderungen und Schritte, wie z. B. notwendige technische Voraussetzungen oder die Gültigkeit von Geschäftsanforderungen, zu eruieren. Eine weitere Option, Ihre Transaktionen den entsprechenden Fiori-Apps zuzuordnen, ist die Nutzung der SAP-Fiori-App-Empfehlungsitems.

Hierfür bieten sich zwei Möglichkeiten an:

- geführte und vordefinierte Prüfung per SAP Signavio Process Insights, Discovery Edition (siehe *https://bpi-discovery-proxy.cfapps.eu10.hana.ondemand.com/request/BSR/*)

- manuelle und eigenständige Prüfung per SAP Fiori Apps Reference Library Recommendations (siehe *https://fioriappslibrary.hana.ondemand.com/sap/fix/externalViewer/#wizard*)

4.6.5 Implementierung von Jobfunktionsrollen

Nach der Überprüfung der Qualität Ihrer Rollen ist es erforderlich, Besprechungen mit Ihren Geschäftsbereichen zu organisieren, um Ihre technischen Erkenntnisse zu teilen und zu validieren. Dieser entscheidende Schritt umfasst die Einbeziehung Ihrer Geschäftsanwender, darunter Key-User, Prozesseigner und Anwendungsmanager, um sowohl technischen als auch geschäftlichen Anforderungen Rechnung zu tragen. In diesen Meetings sollten mögliche Kürzungen oder Erweiterungen des Funktionsumfangs relevanter Rollen diskutiert werden. Diese Gespräche können zur Überprüfung der Relevanz von Arbeitsfunktionen im Zusammenhang mit SAP S/4HANA und zur Integration neuer Prozesse und Verantwortlichkeiten führen. Es könnte sich herausstellen, dass die Erstellung neuer Endbenutzerrollen notwendig ist, um die antizipierten Änderungen umzusetzen.

Im Kontext einer standardkonformen Berechtigungsmigration liegt der Fokus dieser Workshops auf den Ergebnissen Ihrer technischen Analyse der Nutzungsdaten sowie aktiv zugewiesenen Endbenutzerrollen je Geschäftsbereich oder Abteilung. Klären Sie Ihre Vorgehensweise anhand folgender Fragen:

- Ist der transaktionale Umfang der derzeitigen Rollen im Vergleich zu den vorliegenden Nutzungsdaten reduzierbar?
- Wie behandeln Sie Transaktionen, die nicht mehr in SAP S/4HANA verfügbar sind?
- Sind Erweiterungen von bestehenden Rollen mit Transaktionen oder SAP-Fiori-Anwendungen erforderlich, oder sind Reduktionen nötig?
- Erfordert SAP S/4HANA Prozessanpassungen, und welche Auswirkungen haben diese auf die aktuellen oder neuen Jobfunktionsrollen?

- Besteht Interesse oder Bedarf an der Implementierung vollständig neuer SAP-S/4HANA-Funktionalitäten?

Das primäre Ziel dieser Geschäftsbereichsinterviews ist die Formulierung eines potenziellen SAP-S/4HANA-Rollenkonzepts, das in direktem Zusammenhang mit Endbenutzern und ihren Arbeitsfunktionen steht. Die Workshops fördern die direkte Interaktion zwischen IT und Geschäftsbereichen und ermöglichen sowohl einen Top-down- als auch einen Bottom-up-Ansatz für die Entwicklung Ihres Berechtigungskonzepts.

Verbindung von Top-down- und Bottom-up-Ansatz

Der Top-down-Ansatz impliziert die Integration von Geschäftsvorgaben in das Berechtigungskonzept, beginnend mit der Analyse vom Geschäftsbereich hin zum System. Der Bottom-up-Ansatz hingegen fokussiert die technischen Daten wie Nutzungsdaten aus der Transaktion *ST03N*, SAP-Fiori-Entitäten und benutzerdefinierte Entwicklungen, beginnend vom System hin zum Geschäftsbereich. Nutzen Sie beide Ansätze bei der Migration.

Sollten Sie nicht in der Lage sein, alle Änderungen zu überblicken, die SAP S/4HANA in Ihrem Unternehmen erforderlich macht, ziehen Sie die Nutzung von SAP-Businessrollenvorlagen als Ideenindikation in Betracht. Diese Vorlagen sind in der Transaktion *PFCG* hinterlegt, beginnend mit dem Präfix SAP_, daneben enthalten ihre Rollennamen die Zeichenfolge BR (siehe Abbildung 4.21).

Verwenden Sie alle erfassten technischen Informationen, wie das Nutzungsdatum, Rollenänderungen aufgrund der Vereinfachungsliste oder Risikoanalysen, um ein nachhaltiges und sicheres Rollenkonzept mit allen integrierten Geschäftsanforderungen zu entwickeln. Nachdem Sie die Matrix der relevanten Arbeitsfunktionen, der zugehörigen Endbenutzerrollen und ihres Funktionsumfangs in SAP S/4HANA für Ihr Unternehmen ermittelt haben, ordnen Sie diese den jeweiligen Endbenutzern zu. Das Ergebnis kann eine Liste mit SAP-Benutzer-IDs, Arbeitsfunktionen, Abteilungen und den zugehörigen Rollen samt ihren Menüobjekten sein.

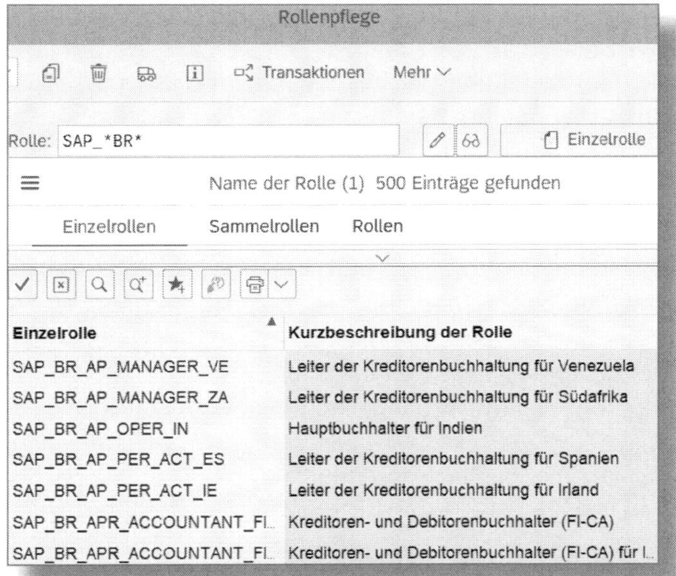

Rollenpflege

Transaktionen Mehr

Rolle: SAP_*BR*

Einzelrolle

Name der Rolle (1) 500 Einträge gefunden

Einzelrollen Sammelrollen Rollen

Einzelrolle	Kurzbeschreibung der Rolle
SAP_BR_AP_MANAGER_VE	Leiter der Kreditorenbuchhaltung für Venezuela
SAP_BR_AP_MANAGER_ZA	Leiter der Kreditorenbuchhaltung für Südafrika
SAP_BR_AP_OPER_IN	Hauptbuchhalter für Indien
SAP_BR_AP_PER_ACT_ES	Leiter der Kreditorenbuchhaltung für Spanien
SAP_BR_AP_PER_ACT_IE	Leiter der Kreditorenbuchhaltung für Irland
SAP_BR_APR_ACCOUNTANT_FI...	Kreditoren- und Debitorenbuchhalter (FI-CA)
SAP_BR_APR_ACCOUNTANT_FI...	Kreditoren- und Debitorenbuchhalter (FI-CA) für I...

Abbildung 4.21: Transaktion »PFCG« – SAP-Businessrollen

4.6.6 Durch SAP S/4HANA bedingte Rollenanpassungen

In diesem Projektabschnitt liegt die Verantwortung für die technische Umsetzung der genehmigten Änderungen in Ihrem Rollenkonzept im Hinblick auf SAP S/4HANA bei Ihnen. Nun beginnt die Phase der Implementierung und Anpassung von Rollen, die Sie anhand vorausgegangener Rollenanalysen und Workshops ermittelt haben.

Anpassung betroffener Rollen

Hierfür aktualisieren Sie zuerst alle betroffenen Businessrollen im Rahmen einer standardkonformen Migration. Dies umfasst die Einführung neuer Transaktionen und/oder das Entfernen veralteter Transaktionen oder anderer Menüobjekte aus den Rollen. Es ist ebenfalls erforderlich, offene Berechtigungsfeldwerte in Ihren Berechtigungsprofilen zu pflegen oder Berechtigungsobjektinstanzen zu deaktivieren, sofern diese nicht benötigt werden. Falls Sie diese Instanzen doch benötigen sollten, können Sie diese für die Testphasen wieder reaktivieren. Denken Sie während der Pflege der Berechtigungen auch an mögliche Geschäfts- und Prozessänderungen gemäß Fachbereichsfeedback. Abschließend generieren Sie jedes Rollenprofil neu.

☛ Beibehaltung der SAP-ERP-Transaktionen in den Rollen

Entfernen Sie bestehende Transaktionen nicht gänzlich, wenn diese im Rahmen des SAP-S/4HANA-Simplifikationansatzes ersetzt werden sollen. Ihre aktuellen Berechtigungsvorschläge sowie die gepflegten Berechtigungen werden oft auch für die Ersatztransaktionen benötigt. Durch Nutzung Ihrer bisherigen Berechtigungsprofile minimieren Sie den SAP-S/4HANA-bedingten Wartungsaufwand Ihrer Rollen. Zudem können Sie so bei konsolidierten Transaktionen wie *BP* Rückschlüsse ziehen, welche Geschäftsvorfälle auf Basis der SAP-ERP-Transaktionen in den SAP-S/4HANA-Transaktionen berechtigungsseitig abgedeckt werden müssen.

Dieser Ansatz ist umsetzbar, wenn Ihre Geschäftsprozesse nicht vollständig neu gestaltet werden und Sie bestehende Berechtigungswerte wiederverwenden können.

Falls Sie bisher lediglich eine technische Konvertierung vorgenommen haben, haben Sie möglicherweise noch nicht mit Berechtigungsvorschlagswerten gearbeitet. Da SAP S/4HANA jedoch eine stärkere Standardkonformität und Aktualisierbarkeit als SAP ERP (ECC) 6.0 erfordert, ist es nun notwendig, sie kennenzulernen. Als nächsten Schritt erfassen Sie deshalb den aktuellen Status Ihrer Rollenprofile, um die gepflegten Berechtigungswerte der bestehenden Rollen zu sichern, die migriert werden. Auf diese Weise können Sie jederzeit auf den zuletzt aktualisierten Rollenprofilstand mit allen manuellen und veränderten Objekten, die keinen direkten Bezug zu den Vorschlagswerten gemäß Transaktion *SU24* haben, zurückgreifen. Kopieren Sie hierfür den Namen des Rollenprofils jeder Rolle (siehe Abbildung 4.22). Fügen Sie ihn anschließend erneut in dieselbe Rolle ein. Beachten Sie bitte, dass diese manuelle Rollenprofilsicherung nicht der standardkonformen Berechtigungsmigration entspricht. Sie stellt lediglich einen Lift-and-Shift-Ansatz im Kontext der technischen Konvertierung Ihres nicht Best-Practice-basierten Berechtigungskonzepts zu SAP S/4HANA dar.

Abbildung 4.22: Transaktion »PFCG« – Rollenprofilnamen kopieren

Gehen Sie hierfür zum Berechtigungsprofil und navigieren Sie über den Pfad Mehr • Bearbeiten • Einfügen Berecht. • Aus Profil..., um das Profil manuell in derselben Rolle einzuführen (siehe Abbildung 4.23). Diese Schritte sichern den gesamten Status Ihres Berechtigungsprofils und verhindern automatische Änderungen durch neue Vorschlagswerte.

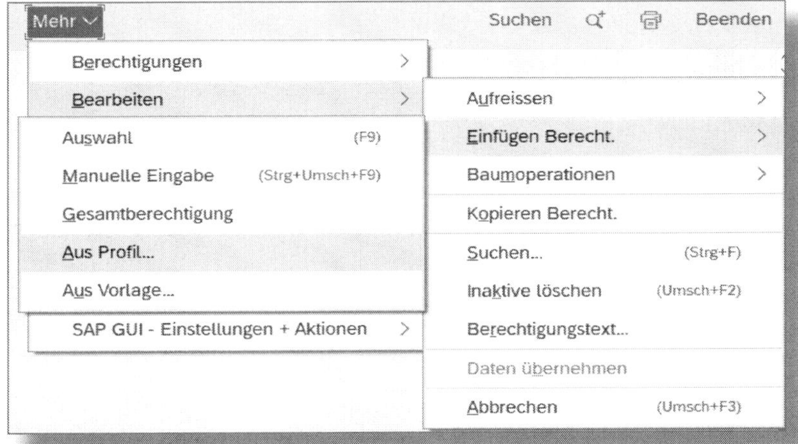

Abbildung 4.23: Manuelle Rollenprofile einfügen

Beachten Sie, dass auf diese Weise manuelle Berechtigungsobjekte ohne Verwendungsnachweis bestehen bleiben. Deshalb wird die technische Konvertierung auch als schnelle und einfache Transition (»Lift-and-Shift«) zu SAP S/4HANA ohne gezielte Sicherheitsoptimierung gesehen. Im nächsten Schritt integrieren Sie in Ihre Rollenmenüs alle erforderlichen Anwendungen, basierend auf Ihren Analysen (beispielsweise der Vereinfachungsliste und/oder den Daten aus der Transaktion *SU25*) und den Anforderungen der Fachbereiche. Danach gehen Sie in das Rollenprofil, um die aktuellen Berechtigungsdaten inklusive Vorschlagswerte in Ihrer Rolle zu definieren. Pflegen Sie die Berechtigungen gemäß den Fachbereichsvorgaben, und generieren Sie das Rollenprofil erneut.

Integration von SAP Fiori

Das SAP Fiori Launchpad ist für alle Unternehmen, die zu SAP S/4-HANA migrieren, obligatorisch. Passen Sie daher Ihre bestehende globale Endbenutzerrolle an. Diese Rolle umfasst vornehmlich grundlegende SAP-Funktionen wie die Transaktionen *SU53*, *SMX*, *SP02*, *SU3* oder *LAST_SHORTDUMP*.

Abhängig von Ihrer SAP-Fiori-Bereitstellungsoption benötigen Sie eventuell zwei Rollen (für jedes Frontend- und Backend-System). Dies ist in einem Standalone-Bereitstellungsszenario der Fall. Bei einem Embedded-Szenario hingegen ist lediglich eine Rolle erforderlich (siehe Abbildung 4.24).

Tabelle 4.8 führt die grundlegenden Rollenmenüobjekte auf, die Endbenutzer für das SAP Fiori Launchpad berechtigen. Vergessen Sie nicht, zusätzliche Berechtigungen zu berücksichtigen (z. B. für die Integration des SAP-Easy-Access-Menüs oder für Bereiche, Seiten und Abschnitte in SAP Fiori). Einige dieser Objekte benötigen eventuell spezifische Anpassungen in der Transaktion *SU24*.

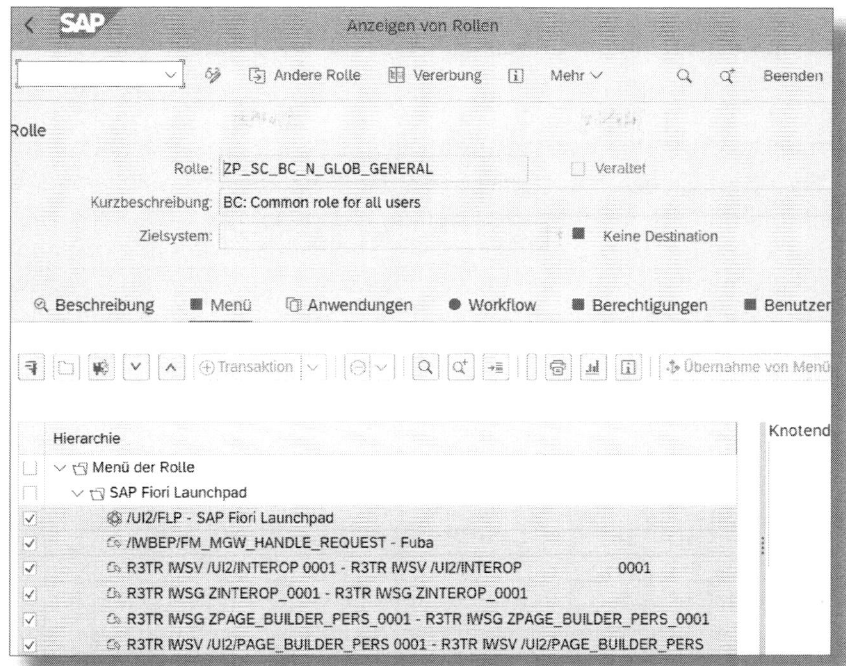

Abbildung 4.24: Grundlegende Rollenmenüobjekte für die Nutzung des SAP Fiori Launchpad

Ebene	Rollenmenü-objekt	Beschreibung
Frontend	Transaktion	/UI2/FLP
Frontend	OData-Service	/UI2/PAGE_BUILDER_PERS_0001
Frontend	OData-Service	/UI2/INTEROP_0001
Frontend	OData-Service	ZPAGE_BUILDER_PERS_0001
Frontend	OData-Service	ZINTEROP_0001
Backend	Funktions-modul	/IWBEP/FM_MGW_HANDLE_REQUEST

Tabelle 4.8: SAP Fiori Launchpad – Rollenmenüobjekte

Nach dieser Anpassung der generellen Endbenutzerrolle beginnen Sie mit der Pflege der erforderlichen SAP-Fiori-Anwendungen in Ihren Businessrollen.

Wenn Sie bei offenen oder deaktivierten Berechtigungsfeldern während Ihrer Berechtigungspflege nicht genau wissen, welche Werte sinnvoll für Ihre internen Prozesse sind, wenden Sie sich am besten direkt an die jeweilige Abteilung. Pflegen Sie diese Felder nicht eigenständig mit expliziten Werten, wenn Sie sich nicht sicher sind. Fragen Sie stattdessen Fachspezialisten (intern/extern) nach geschäftsrelevanten Informationen und Anforderungen, um die erforderlichen Berechtigungswerte zu klären, oder warten Sie bei komplexen Fällen die Berechtigungstests ab.

4.6.7 Testphase des neuen Berechtigungskonzepts

Das Testen erweiterter und neuer Rollen ist entscheidend für einen erfolgreichen Produktionsstart und ein zukunftssicheres Rollenkonzept. Abhängig von den individuellen SAP-S/4HANA-Bereitstellungsoptionen, Migrationsstrategien, Prozessen und den erforderlichen neuen Geschäftsfunktionen ist es notwendig, Ihr gesamtes Berechtigungskonzept anzupassen oder neu zu entwickeln. Beim Umgang mit den Herausforderungen, denen Sie gegenüberstehen, haben Sie möglicherweise nur begrenzte Referenzen aus einem früheren SAP-ERP-System zur Verfügung. Deshalb erfordert die Transition zu SAP S/4HANA und die Berechtigungsmigration die Durchführung mehrerer Testszenarien. Ich empfehle Ihnen, Ihre Testphase in drei Hauptkategorien zu gliedern, namentlich in Funktionstests, Integrationstests und Benutzerakzeptanztests. Sie haben die Möglichkeit, Ihr zuvor genehmigtes Rollenkonzept entweder in einem Sandbox-System oder in einer Qualitätssicherungsumgebung der Produktivlinie zu testen. Beachten Sie, dass die Berechtigungstests für SAP S/4HANA ein iterativer Prozess sein können, der sich über mehrere Monate erstreckt.

Funktionstests

Da in der Regel keine Referenzen aus Ihrem früheren ERP-System verfügbar sind, benötigen Ihre Geschäfts- und IT-Abteilungen einen initialen Funktionstest des Systems. In dieser Phase ist es wichtig, ausreichende Berechtigungen für Ihre Endbenutzer bereitzustellen, damit sie die neuen Prozesse und Funktionen erkunden und ausprobieren können. Der Funktionstest dient als Basis für Geschäfts- und IT-Tests, um die Auswirkungen von prozeduralen und prozessbezogenen Änderungen zu bewerten sowie zu überprüfen, ob alle Systemspezifikationen und Tools wie vorgesehen funktionieren. Diese Testphase ist Teil der Entdeckungsphase in SAP S/4HANA.

Obwohl es sich dabei nicht primär um eine Berechtigungstestphase handelt, stellen Sie als Sicherheitsadministrator die notwendigen Berechtigungen bereit. Um eine umfassende Benutzererfahrung (UX) während der Funktionstests und der anschließenden Tests zu gewährleisten, sind umfangreiche Berechtigungen für alle neuen SAP-S/4-HANA-Funktionen essenziell. Die SAP_APP-Rolle als gesamtheitliche Projektrolle für die Testphasen stellt eine optimale Lösung dar, um diesen Zugriff zu ermöglichen, ohne Systemeinstellungen und den Zugang zu kritischen Unternehmensdaten, wie Personalinformationen, zu weit zu öffnen. Sie bietet darüber hinaus umfangreiche Berechtigungen für das gesamte SAP-S/4HANA-System, schließt jedoch den Zugriff auf SAP-Fiori-Anwendungen aus.

Die Rolle wird mittels Vorkonfiguration automatisch generiert, wenn Sie den Bericht in der Transaktion *SU25* ausführen (siehe Abbildung 4.25).

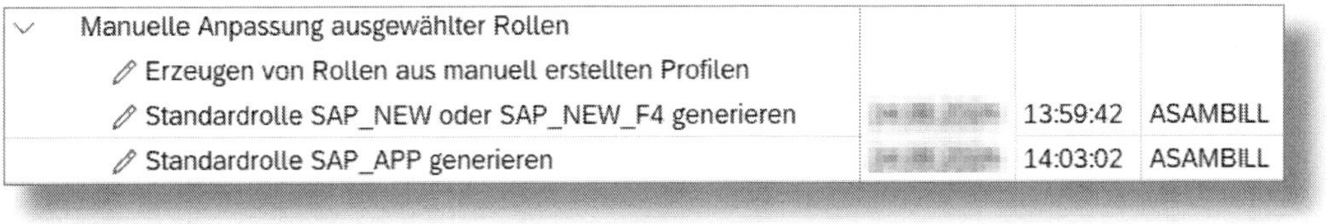

Manuelle Anpassung ausgewählter Rollen			
Erzeugen von Rollen aus manuell erstellten Profilen			
Standardrolle SAP_NEW oder SAP_NEW_F4 generieren	[illegible]	13:59:42	ASAMBILL
Standardrolle SAP_APP generieren	[illegible]	14:03:02	ASAMBILL

Abbildung 4.25: Transaktion »SU25« – Standardrolle SAP_APP generieren

Vor dem Generieren der Rolle können Sie den Berechtigungsumfang anpassen. So sollten beispielsweise Basis- und HR-Berechtigungsobjekte in SAP_APP-Rollen für das breite Business ausgeschlossen werden (siehe Abbildung 4.26). Es ist ratsam, diese Berechtigungen ausschließlich HR-Mitarbeitern und Administratoren vorzubehalten, indem Sie eine oder sogar zwei weitere SAP_APP-Rollen je Umfang generieren.

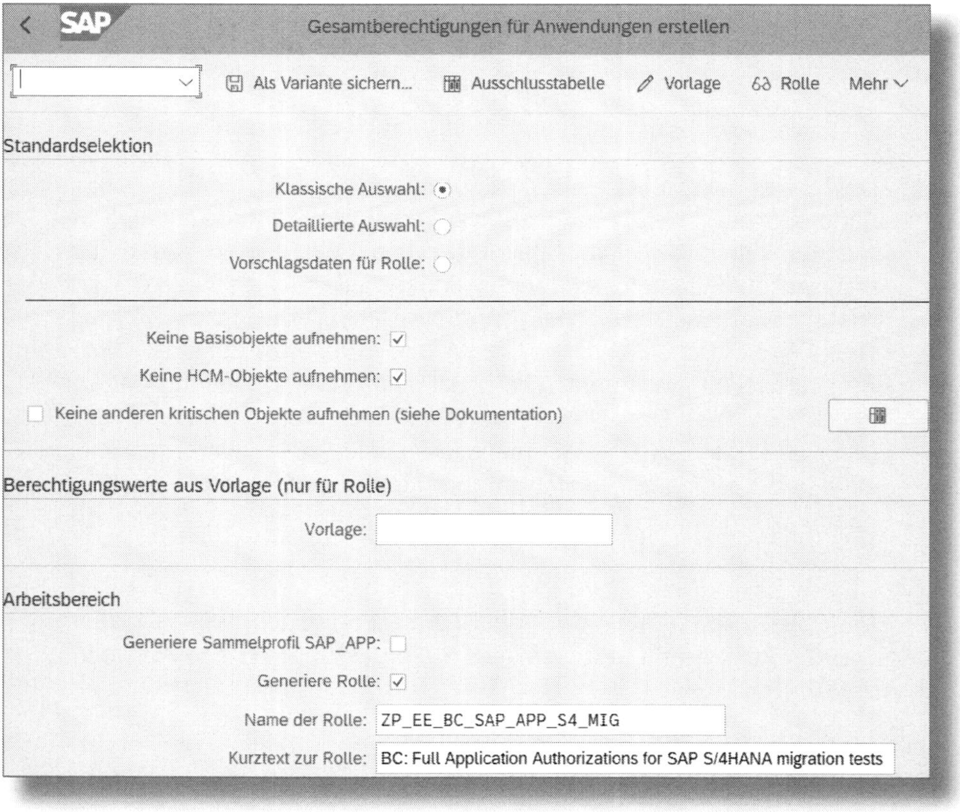

Abbildung 4.26: Transaktion »SU25« – Standardrolle SAP_APP anpassen

Nun können Sie geschäftsbezogene Vorlagenrollen auswählen, die als Basis verschiedener SAP_APP-Rollen für Geschäftsprozesse dienen. Diese Differenzierung ist sinnvoll, aber nicht zwingend erforderlich.

Danach sollten Sie das Berechtigungsprofil der SAP_APP-Rolle im Hinblick auf interne und externe Compliance-Vorschriften evaluieren. Bedenken Sie, dass Ihr Sandbox-System größtenteils eine Kopie des Produktivsystems ist und somit auch sensible Geschäftsdaten enthält. Basierend auf diesen Einschränkungen deaktivieren Sie kritische Berechtigungsobjekte. Ein wesentlicher Schritt ist zudem, die Berechtigungsobjekte S_TCODE (für Transaktionen), S_SERVICE (für Webdienste) und S_START (für Web-Dynpro-Anwendungen) manuell mit einem Stern (*) für vollen Anwendungszugriff hinzuzufügen, um sicherzustellen, dass Endbenutzer Transaktionen oder Webdienste starten können. Es ist des Weiteren möglich, einige Basisberechtigungsobjekte in das Berechtigungsprofil der SAP_APP-Rolle aufzunehmen, etwa S_DATASET oder S_ARCHIVE, um zusätzliche Systemfunktionen für Endbenutzer abzudecken.

Die SAP_APP-Rolle erlaubt während des initialen Funktionstests vollen Zugriff auf alle Applikationen, ohne dass Sie Bedenken hinsichtlich fehlender Berechtigungen haben müssten. Hiervon ausgenommen ist SAP Fiori. Um den SAP-Fiori-Zugang innerhalb eines Funktionstests zu gestatten, können Sie auch SAP-Standardrollen inkl. der entsprechenden Fiori-Komponenten zuweisen. Im weiteren Verlauf der SAP-S/4HANA-Berechtigungsmigration empfehle ich die notwendigen Fiori-Komponenten entsprechend dem Best-Practice-Ansatz in die expliziten Businessrollen zu überführen. Klären Sie für den Funktionstest mit den Fachbereichen, welche Benutzer mit welchen Berechtigungen (SAP_APP-Rollen sowie SAP-Fiori-Umfang) auf dem Testsystem den Funktionstest durchführen werden. Ein bewährter Ansatz besteht darin, Key-User oder Prozessverantwortliche diese Testphase durchführen zu lassen, da sie bereits in ihren bisherigen Rollen umfangreiche Berechtigungen und organisatorische Zugänge besitzen. Dies ermöglicht nicht nur ein zielgerichteten Funktionstest, sondern verhindert auch unbeabsichtigten Datenzugriff, da das Sandbox-System produktive Daten für Tests verwendet und die SAP_APP-Rolle umfangreiche Berechtigungen bietet.

Während dieser Phase müssen Sie noch keine Berechtigungstests mit den neuen SAP-S/4HANA-Rollen durchführen.

Integrationstests

Diese Testphase ist entscheidend, um das neue oder angepasste Berechtigungskonzept umfassend zu überprüfen. Ausgewählte Tester arbeiten mit den modifizierten oder neuen SAP-S/4HANA-Rollen. Die Neugestaltung von Rollen erreicht nicht immer sofort eine optimale Reife, deshalb können erforderliche Zuweisungen von Businessrollen und entsprechende Berechtigungen fehlen. Sollten Sie während der Berechtigungspflege seitens des Fachbereichs keine eindeutigen Informationen für explizite Berechtigungswerte bekommen, können Sie zur Überbrückung Dummyzeichen wie ein »?« oder »@« für die Berechtigungsausprägung benutzen. Lassen Sie die fehlenden Werte dann in einem Sandbox-System gemäß den von den Fachbereichen definierten Prozesstestfällen testen.

Dieser Integrationstest inklusive umfangreichen Testmanagements ermöglicht eine vollständige Überprüfung aller neuen Geschäftsprozesse mit den freigegebenen Jobfunktionsrollen, migrierten kundenspezifischen Entwicklungen und neuen SAP-S/4HANA-Funktionen einschließlich SAP Fiori. Sie können SAP-Standardtools wie die Transaktionen *SU53*, *STAUTHTRACE*, *STUSERTRACE*, *STSIMAUTHCHECK* oder *STUSOBTRACE* verwenden, um fehlende Endbenutzerberechtigungen während dieser Testphase zu identifizieren.

☛ Transaktion STSIMAUTHCHECK

Es ist hilfreich, während des Integrationstests auch die Transaktion *STSIMAUTHCHECK* zu verwenden, um Ihre SAP-S/4HANA-Rollen mit den Endbenutzertestdaten zu simulieren und diese miteinander abzugleichen Dieser Ansatz erlaubt Ihnen, im Gegensatz zur klassischen Prüfung mit vordefinierten Testzeitfenstern und direkter administrativer Unterstützung während der gesamten Testphase, eine direkte Rollenvalidierung ohne Unterbrechungen zu simulieren.

Die Durchführung von Integrationstests ist für einen reibungslosen Übergang und die Sicherstellung eines zukunftsorientierten Berechtigungskonzepts essenziell. Dabei sind von Ihnen einige bewährte Vorgehensweisen zu berücksichtigen, die ich Ihnen im Folgenden vorstelle.

Testplanung

Es empfiehlt sich, den Integrationstest in mehrere Phasen zu gliedern, die sich jeweils auf spezifische Geschäftsbereiche und deren Key-User, Prozessverantwortliche oder andere definierte Endbenutzergruppen konzentrieren. Diese strukturierte Herangehensweise ermöglicht eine zielgerichtete Zuordnung der Benutzer zu unterschiedlichen Testphasen, die jeweils auf ähnliche Geschäftsprozesse oder organisatorische Strukturen abzielen. Planen Sie diese Tests sorgfältig in Abstimmung mit den betroffenen Geschäftsabteilungen, und integrieren Sie sie in die übergreifenden Unternehmensteststrategien. Ziel ist es, durch dieses gestaffelte Vorgehen ein durchdachtes System mit adäquaten Berechtigungen für die neuen Funktionen und Prozesse aufzubauen, indem mindestens zwei Integrationstests durchgeführt werden.

Positivtests

Im Vorfeld der Berechtigungstests ist es notwendig, dass die Tester sich auf Positivtests konzentrieren. Dies bedeutet die korrekte Ausführung vordefinierter Aktionen oder Geschäftsprozesse gemäß Testplan. Nur durch die strikte Einhaltung der vorgegebenen Testszenarien lässt sich garantieren, dass alle erforderlichen Berechtigungen korrekt gemäß Testdatensammlung durch die Rollenbearbeiter in den SAP-S/4HANA-Rollen definiert werden. Positivtests sind für die Validierungsphase während der Berechtigungsmigration zu SAP S/4HANA unerlässlich und bilden die Grundlage für einen erfolgreiche Integrationstest. Sollten die Benutzer sich nicht an die strikten Vorgaben halten, können unter Umständen mehr Berechtigungen als erwünscht vergeben werden; denn bei den großen Testdatenmengen kann auf technischer Basis nicht klar unterschieden werden, ob ein bestimmter expliziter Berechtigungswert auf dem echten Testfall oder auf einem zufälligen Klicken basiert.

Auswertung von Berechtigungsfehlern

Bei auftretenden Berechtigungsfehlern sollten Tester mittels Transaktion *SU53* nach fehlenden Berechtigungen suchen. Für umfangreichere Analysen in größeren Organisationen ist die Aktivierung des Systemtrace über die Transaktion *STAUTHTRACE* oder des Benutzertrace durch Transaktion *STUSERTRACE* zu empfehlen. Die Kombination dieser Daten mit der Transaktion *STSIMAUTHCHECK* ermöglicht eine effiziente Simulation und somit die Identifikation fehlender Berechtigungen in den neu gestalteten Rollen.

☛ Abfangen von Transaktionsnutzungsdaten

Nutzen Sie den Integrationstest als Gelegenheit, die Transaktionsnutzungsdaten und Geschäftsprozesse Ihrer Endbenutzer zu überprüfen und entsprechend ihren Rollen zu aktualisieren.

Pflege von Berechtigungsvorschlagswerten

Der Integrationstest stellt den idealen Zeitpunkt dar, um potenzielle Kandidaten für Ihre Daten aus der Transaktion *SU24* zu identifizieren. Basierend auf den Ergebnissen der positiven Tests können Sie sicherstellen, dass die überprüften Berechtigungen für das individuelle Berechtigungskonzept Ihres Unternehmens erforderlich sind. Nutzen Sie ebenfalls die Transaktion *STAUTHTRACE* oder die Langzeit-Berechtigungsvorschlagswertanalyse über Transaktion *STUSOBTRACE*, um potenzielle Vorschlagskandidaten zu sammeln und mit Ihren Geschäftsabteilungen abzustimmen. Nach Genehmigung aktualisieren Sie die Vorschläge in der Transaktion *SU24* und passen die betroffenen Rollenprofile entsprechend an.

Benutzerakzeptanztests

Der *Benutzerakzeptanztest* (engl.: User Acceptance Test, UAT) ist ein entscheidender Schritt vor dem Produktivstart, der die Konfiguration von Geschäftsprozessen, Berechtigungen und Tools für den Einsatz im Produktivsystem validiert. Effizientes Testmanagement und die Einhaltung technischer Anforderungen sind hierbei essenziell. Sowohl normale Endbenutzer als auch Key-User sollten am UAT teilnehmen, um eine umfassende Validierung des Berechtigungskonzepts sicherzustellen.

Negativtests

Negativtests sind unerlässlich, um einen unbeabsichtigten Zugriff zu evaluieren und unerwünschte sowie kritische Zugriffsprozesse zu identifizieren. Im Rahmen dieser Tests sind die Tester angehalten, innerhalb ihres Geschäftsbereichs explizit so viele Funktionen wie möglich im System auszuführen, um zu prüfen, ob mit den derzeitigen Rollen unerwünschte Systemzugänge und Datenabfragen möglich sind. Dies hilft Ihnen dabei, Funktionstrennungskonflikte oder andere kritische Datenoperationen bzw. kritische Berechtigungen zu erkennen, zu analysieren, zu vermeiden und somit ein sicheres Berechtigungskonzept zu gestalten.

Regressionstests

Regressionstests sind insbesondere dann relevant, wenn neue Upgrades, Systemkonfigurationen oder Tools eingeführt werden. Diese Testart ist meist erst nach der Transformation notwendig, außer Ihre SAP-S/4HANA-Migration dauert so lange, dass sie während dieser Zeit zwei Releases implementieren müssen. Der Regressionstest ist wie ein erweiterter Funktionstest nach der Erstimplementierung. Er soll sicherstellen, dass Änderungen an einer Anwendung oder an anderen zugehörigen Softwarekomponenten keine neuen Fehler eingeführt haben, und wird meistens von Key-Usern oder der IT-Abteilung durchgeführt. Sie gewährleisten damit, dass bestehende Geschäftsprozesse und Berechtigungen auch nach den Neuerungen korrekt funktionieren und keine unerwünschten Auswirkungen haben.

4.6.8 Go-live-Phase des neuen Berechtigungskonzepts

Nach der erfolgreichen Optimierung Ihres Berechtigungskonzepts und der Durchführung der Testphasen steht der Pilot-Go-live an. Ich empfehle Ihnen, nur eine kleinere Anzahl an Benutzern, im besten Fall Key-User, mit den neuen Berechtigungen ihrem Alltagsgeschäft nachgehen zu lassen. Nach dieser Pre-Go-Live-Phase wird das neue und erweiterte Rollenkonzept für alle Endbenutzer freigegeben. Eine umfassende Unterstützung der Endbenutzer während des Go-live ist entscheidend und erfordert eine schnelle Fehlerbehebung bei auftretenden Berechtigungsproblemen. Dafür können Sie auf die bekannten Analysetools aus der Validierungsphase zurückgreifen.

Nach Abschluss der SAP-S/4HANA-Migration benötigen Sie nicht nur ein technisch implementiertes Berechtigungskonzept, Sie müssen darüber hinaus auch eine detaillierte Dokumentation dieses Konzepts erstellen. Dieses Dokument sollte alle sicherheitsrelevanten Informationen zu Systemeinstellungen, dem aktuellen Benutzer- und Rollenkonzept sowie alle Maßnahmen zur Risikominimierung und zum damit verbunden unternehmensinternen Risikoregelwerk umfassen und kontinuierlich aktualisiert werden.

Projektdokumente

Zum Projektabschluss sollten Sie, basierend auf Ihren bisherigen Projektnotizen und Feststellungen, einen umfassenden Projektbericht erstellen, der wichtige Ansätze, Lösungen, Anomalien und offene Themen dokumentiert. Dieser Bericht sollte auch Ihre neue SAP-S/4HANA-Benutzermatrix, Jobfunktionen, Rollenkatalog, Rolleninhaber, Rolleninhalte und Sicherheitsanforderungen enthalten.

4.7 Zusammenfassung

SAP S/4HANA eröffnet durch den Einsatz innovativer Funktionen weitreichende Geschäftschancen in der Ära von Big Data und Industrie 4.0. Um diese fortschrittlichen Funktionen effektiv nutzen zu können, ist eine nahtlose Integration der neuen Lösung sowie der erforderlichen Hardware in Ihre bestehende Systemlandschaft unerlässlich. Der Übergang von SAP ERP (ECC) 6.0 zu SAP S/4HANA erfordert umfassende Anpassungen im technischen, organisatorischen, prozessualen und berechtigungsspezifischen Bereich. Hinzu kommen die sich immer schneller verändernden staatlichen und Auditvorgaben sowie Richtlinien, die explizit in Form von Berechtigungen in das System integriert werden müssen.

Die Berechtigungsmigration zu SAP S/4HANA stellt eine komplexe Herausforderung dar, die weit über ein simples Update hinausgeht. Eine Eins-zu-eins-Übertragung aller systemabhängigen Kriterien wie Berechtigungen, Systemarchitektur oder Geschäftsprozesse ist nicht möglich. Daher zielte dieses Kapitel darauf ab, Ihnen grundlegende und zugleich entscheidende Informationen über SAP S/4HANA zu vermitteln. Dazu gehören die SAP-HANA-Datenbank, verschiedene Bereitstellungsoptionen, modifizierte Geschäftsprozesse und Einflüsse der neuesten Suite auf komplexe Berechtigungsstrukturen. All das bildet eine solide und obligatorische Wissensbasis für den Beginn Ihrer Berechtigungsmigration.

Darüber hinaus wurden die erforderlichen Vorbereitungen und Ansätze für eine erfolgreiche Migration erörtert. Damit Sie die Abhängigkeiten und möglichen Einflüsse auf die Berechtigungen verstehen, habe ich Ihnen zudem einen Überblick über nicht direkt berechtigungsbezogene Themen gegeben, etwa über den Simplifikationscheck, den SAP Readiness Check, das Migrationscockpit oder auch die Kundencodevalidierung mittels SAP Code Inspector und ABAP Text Cockpit.

Diese umfassenden Informationen und Vorbereitungen sind entscheidend, um die Komplexität der Berechtigungsmigration zu validieren und zu bewältigen sowie die neuen Geschäftsmöglichkeiten von SAP S/4HANA voll auszuschöpfen.

5 Fazit

In diesem Buch haben wir gemeinsam eine umfassende Reise durch die Welt der SAP-Berechtigungen unternommen und dabei entscheidende Konzepte und Strategien für die Implementierung und Verwaltung von Berechtigungen in SAP-Systemen beleuchtet.

Dieses Praxishandbuch ist ein umfassender Leitfaden für den optimalen Umgang mit Berechtigungen im SAP-S/4HANA-Umfeld sowie für die Migration von einem SAP-ERP-ECC-System nach SAP S/4HANA. Angesichts der kontinuierlichen Entwicklungen seitens der SAP und der wachsenden Bedeutung hybrider Landschaften – also der Kombination von Cloud- und On-Premise-Systemen – müssen Unternehmen ihre Berechtigungskonzepte strategisch und dynamisch anpassen, um effizient und sicher zu bleiben.

SAP S/4HANA und SAP Fiori entwickeln sich kontinuierlich weiter, insbesondere mit Blick auf die Benutzerfreundlichkeit und die Integration moderner Technologien wie der Künstlichen Intelligenz (KI) und dem maschinellen Lernen. Diese Technologien verbessern nicht nur die Effizienz der Geschäftsprozesse, sondern bedingen auch eine dynamische Anpassung der Rollen und Berechtigungen an die sich schnell ändernden Geschäfts- und Compliance-Anforderungen. So wird in hybriden Landschaften, in denen Unternehmen sowohl Cloud- als auch On-Premise-Lösungen nutzen, das Management von Berechtigungen immer komplexer. Die SAP hat verschiedene Tools und Integrationsmöglichkeiten entwickelt, um eine nahtlose Verwaltung von Identitäten und Zugriffsrechten über unterschiedliche Systeme hinweg zu gewährleisten. Unternehmen müssen dabei sicherstellen, dass ihre Berechtigungskonzepte flexibel genug sind, diese Integration unterstützen zu können, während gleichzeitig die Sicherheit und Compliance sowie die Standardkonformität für eine stringente Upgrade- und Erweiterungsfähigkeit gewährleistet bleibt. Ein weiterer wichtiger neuer Aspekt ist die Lizenzierung in SAP S/4HANA. Mit der Umstellung auf die Cloud und mit den damit einhergehenden Änderungen im Lizenzmodell wird das

Lizenzmanagement zu einem zentralen Element des Rollendesigns. Denn das neue Lizenzmodell der SAP hat nicht nur Auswirkungen auf die Cloud-, sondern auf alle On-Premise-Produkte. Unternehmen müssen somit sicherstellen, dass ihr Rollenkonzept nicht nur den funktionalen und Compliance-Anforderungen entspricht, sondern auch optimal auf die Lizenzbedingungen gemäß Geschäftsvorgaben abgestimmt ist, um unnötige Kostentreiber zu vermeiden. Dies erfordert zwischen den technischen Teams, den Fachbereichen und den Lizenzmanagern eine engere Zusammenarbeit denn je, um maßgeschneiderte, effiziente und kosteneffiziente Rollenkonzepte zu entwickeln.

Insgesamt wird deutlich, dass Unternehmen, die SAP S/4HANA und SAP Fiori nutzen, proaktiv auf die neuesten Entwicklungen reagieren müssen, um ihre Berechtigungsstrategien zukunftssicher zu gestalten. Dies schließt die Integration von KI-Funktionen, mobiler Datenbereitstellung, direktem Datenbankzugriff, sich schneller entwickelnder Gesetzesanforderungen sowie die Anpassung an hybride Landschaften und die Berücksichtigung von Lizenzanforderungen im Rollendesign ein. Die Richtung der SAP ist deutlich zu erkennen: Eine On-Premise-Welt, die allein auf der SAP GUI basiert, wird es langfristig nicht mehr in der bekannten Form geben, da die SAP in ihrer Entwicklungsstrategie nicht nur einen »Fiori-first-Ansatz« präferiert, sondern gleichzeitig der Weiterentwicklung ihrer Cloud-Produkte einen klaren Vorrang gegenüber den On-Premise-Produkten einräumt. Somit werden sich über kurz oder lang alle SAP-Kunden mit der berechtigungsseitigen Integration von SAP Fiori und hybriden Landschaften beschäftigen müssen.

A Über den Autor

In seiner Rolle als SAP-Security- und Berechtigungsexperte besitzt **Alexander Sambill** ein vielseitiges Portfolio. Dazu gehören die administrative und operative Leitung von SAP-Fiori-Implementierungsprojekten, die Steuerung und Umsetzung von SAP-S/4HANA-Berechtigungsmigrationen, das Redesign von SAP-ERP-Berechtigungskonzepten, die Integration von internen Kontroll- und Compliance-Systemen inklusive Notfallbenutzerkonzepten, das Redesign von technischen Benutzern, die berechtigungsseitige SAP-Lizenzoptimierung, SAP-Sicherheitsaudits sowie die Ausarbeitung von detaillierten Best-Practice-Berechtigungskonzepten. Seine akademische Grundlage bildet ein Master of Business Administration an der Technischen Universität Bergakademie Freiberg.

Alexander Sambills Fachkompetenz wird durch seine langjährige Projekterfahrung sowie durch Akkreditierungen, wie ein IPMA-Zertifikat im Projektmanagement, verschiedene Security-Zertifikate der SAP und eine IHK-Zertifizierung als Ausbilder, belegt. Als offizieller SAP-Trainer vermittelt er sein Fachwissen in SAP-Berechtigungskursen, um anderen zu helfen, ein vollständig gesichertes SAP-System zu implementieren und nachhaltig zu provisionieren. Neben seinen praktischen Projekten trägt er als Autor und engagierter Blogger zur Branchendiskussion bei und verfasst SAP-Fachbücher, die als Impulsgeber fungieren sollen. Abseits der SAP-Welt spielt er gerne Tischtennis und genießt es, sich durch Wanderungen und Fahrradtouren in der Natur zu erholen.

B Index

G

H

I

J

L

M

T

V

W

Z

C Disclaimer

Die in diesem Werk wiedergegebenen Gebrauchsnamen, Handelsnamen, Warenbezeichnungen usw. können auch ohne besondere Kennzeichnung Marken sein und als solche den gesetzlichen Bestimmungen unterliegen. Sämtliche in diesem Werk abgedruckten Bildschirmabzüge unterliegen dem Urheberrecht der SAP SE, Dietmar-Hopp-Allee 16, 69190 Walldorf.

In dieser Publikation wird auf Produkte der SAP SE Bezug genommen. SAP®, ABAP®, ExpenseIt®, Joule, OpenSAP®, SAP ActiveAttention®, SAP® Adaptive Server® Enterprise, SAP® Advantage Database Server®, SAP® AppGyver®, SAP Ariba®, SAP Business ByDesign®, SAP® Business Explorer®, SAP® Bex, SAP® BusinessObjects, SAP® BusinessObjects Explorer®, SAP® BusinessObjects Web Intelligence®, SAP Business One®, SAP Business Workflow®, SAP BW/4HANA®, SAP Concur®, SAP® Crystal Reports®, SAP EarlyWatch®, SAP® Emarsys®, SAP Fieldglass®, SAP Fiori®, SAP Garden®, SAP® Global Trade Services (SAP® GTS®), SAP HANA®, SAP® Jam, SAP Lumira®, SAP MaxAttention®, SAP® MaxDB®, SAP NetWeaver®, SAP® PartnerEdge®, SAP® Sapphire®, SAP® PowerBuilder®, SAP® PowerDesigner®, SAP® R/3®, SAP® Replication Server®, SAP® Roambi®, SAP S/4HANA®, SAP S/4HANA® Cloud, SAP Signavio®, SAP® SQL Anywhere®, SAP Strategic Enterprise Management® (SAP® SEM®), SAP SuccessFactors®, SAP Vora®, Taulia®, The Best Run SAP®, TripIt® und weitere im Text erwähnte SAP-Produkte und -Dienstleistungen sowie die entsprechenden Logos sind Marken oder eingetragene Marken der SAP SE in Deutschland und anderen Ländern. Die Angaben im Text sind unverbindlich und dienen lediglich zu Informationszwecken. Produkte können länderspezifische Unterschiede aufweisen.

Der SAP-Konzern übernimmt keinerlei Haftung oder Garantie für Fehler oder Unvollständigkeiten in dieser Publikation. Der SAP-Konzern steht lediglich für SAP-Produkte und -Dienstleistungen nach der Maßgabe ein, die in der Vereinbarung über die jeweiligen Produkte und Dienstleistungen ausdrücklich geregelt ist. Aus den in dieser Publikation enthaltenen Informationen ergibt sich keine weiterführende Haftung.

Weitere Bücher von Espresso Tutorials

Julian Harfmann, Sabrina Heim, Andreas Dietrich:

Compliant Identity Management mit SAP® IdM und GRC AC

- Vorteile eines Compliant Identity Managements
- Stärken und Schwächen von SAP IdM und GRC AC
- Integrierte Rollen- und Berechtigungsverwaltung
- Gemeinsame Benutzeroberfläche über SAP Enterprise Portal

http://5222.espresso-tutorials.de

Bianca Folkerts:

Praxishandbuch für die Risikoanalyse mit SAP® GRC Access Control

- Design und Ausprägung eines Risikokatalogs
- Wartung und Erweiterung des Regelwerks
- Risikoanalysen interpretieren
- Best-Practice-Ansätze zur Risikobereinigung

http://5292.espresso-tutorials.de